GUERRA DE LA INDEPENDENCIA

Edición reservada a
LOS AMIGOS DE LA HISTORIA
Conrado del Campo, 9-11 Madrid-27

Edición íntegra de la obra

HISTORIA DEL LEVANTAMIENTO, GUERRA
y REVOLUCION DE ESPAÑA

del Conde de Toreno, testigo presencial y excepcional del 2 de mayo en Madrid y de todo el proceso militar y político de la Guerra de la Independencia

CONDE DE TORENO

GUERRA DE LA INDEPENDENCIA

EL 2 DE MAYO DE 1808

VOLUMEN I

CIRCULO DE AMIGOS DE LA HISTORIA

INTRODUCCION

La Casa de Toreno es una de las más ricas y antiguas de Asturias. Su Jefe ostentaba por linaje, con el título de Conde, el de Alférez Mayor del Principado, tan lleno de privilegios como de honrosas obligaciones; y el primogénito de la familia, mientras el padre vivía, ostentó el muy romántico título de Vizconde de Matarrosa.

A finales del siglo XVIII lo era don José Queipo de Llano, quien casó con una noble heredera conquense, doña Dominga Ruiz de Saravia, Dávila y Enríquez de Cabrera. Siendo una muchacha, su tutor, el marqués de Monterreal, la ingresó en el Colegio de Dominicas de León, cuya superiora era hermana del Conde de Toreno. Allí recibió una educación esmerada que incluía las ciencias naturales, de modo que su cultura y su inteligencia la convirtieron en una de las damas más distinguidas de la alta sociedad y en una guía excepcional para sus hijos.

El primero, don José María Queipo de Llano y Ruis de Saravia vio la luz en Oviedo, en la casa solariega de los Toreno, el 26 de noviembre de 1786. Más tarde nacerían cuatro hermanas, una de las cuales contrajo matrimonio con el infortunado general Porlier, víctima ilustre de su amor por la libertad. Era en los tiempos de la

Ilustración, cuando la influencia de los enciclopedistas franceses había llegado a España, introduciendo su filosofía social hasta en los medios aristocráticos. Y la familia Toreno podía considerarse entre las más liberales.

Si la cuna hace al hombre, así fue la del niño José María, que permaneció en Oviedo hasta los cuatro años; entonces sus padres se establecieron en Madrid y Toledo, y más tarde en Cuenca, donde doña Dominga poseía bienes y fincas. Allí comenzó la verdadera educación del primogénito; de ella se encargó, bajo la vigilancia de su madre, un preceptor asturiano apellidado Valdés, tan repleto de sabiduría como imbuido de ideas liberales. Cuando los de Toreno se trasladaron nuevamente a Madrid, en 1797, Valdés continuó con ellos, afianzando su influencia sobre el joven educando.

José María tenía entonces pocos años, pero sus buenas disposiciones —tenacidad, mente despierta y deseos de aprender— fueron bien aprovechadas. Estudió Humanidades, con su latín y su griego; Matemáticas con Rossell y Botánica con Cavanilles; Física y Química experimental; idiomas, llegando a dominar el francés, el inglés y el italiano, y a conocer lo bastante el alemán. Pero en este aspecto de la cultura le interesaba sobre todo el castellano, que pronto manejó con la soltura de quien conoce bien a los clásicos.

Tales *prendas* —como entonces se decía— le valieron una reputación impropia de un muchacho, y el trato con hombres ya maduros y de talla excepcional. Uno de ellos fue el abad del monasterio de Montserrat, establecido en la calle Ancha de San Bernardo, en Madrid, donde todavía continúa la iglesia. Exaltado liberal y amigo de propagar sus ideas entre la juventud, puso en manos de José María dos libros tan capitales como *nefandos:* el *Emilio* y el *Contrato social,* del *execrado* Juan Jacobo Rousseau, dicho así por seguir la fraseología propia de aquel tiempo.

Mientras, su familia había regresado a Oviedo, ya en 1803. Pero el joven Toreno pasaba largas temporadas en Madrid, siguiendo sus estudios, leyendo ávidamente y frecuentando a otros muchachos de ideas tan avanzadas como las suyas. Alguno se haría famoso más tarde, como Agustín de Argüelles, con quien corrió aventuras y a quien le unió una larga y profunda amistad, nunca desmentida pese a todos los azares.

La época era pródiga en ellos. En Europa la llenaban el estallido y el eco de la Revolución francesa, y los éxitos fulminantes y aparatosos de Napoleón Bonaparte; en España, el bochornoso reinado de Carlos IV, con María Luisa y su Godoy. Y también la engañadora esperanza que los descontentos ponían en el Príncipe de Asturias, el que después sería Fernando VII, el *Deseado* durante algún tiempo.

Una confusión parecida imperaba en las ideas filosóficas, en las doctrinas sociales y en las intrigas políticas, tanto nacionales como internacionales. Un giro de las últimas hizo que Bonaparte pusiera su atención en España, fácil presa en apariencia para su garra poderosa. Todos sabemos cuán rotundamente se equivocó, incluso al tomar los asuntos de Portugal como pretexto para que el Príncipe de la Paz concediera derecho de tránsito por España a las tropas imperiales. Pocos españoles, excepto el favorito y su camarilla, dejaron de prever lo que sucedería.

Pero lo que nadie podía imaginar era el hecho grandioso del dos de mayo de 1808, en Madrid: ni las repercusiones de aquella auténtica convulsión al extenderse por España entera; ni tampoco que la gesta de los patriotas perdurase largos años, hasta adquirir dimensión histórica y significar el primer anuncio de ocaso del astro napoleónico. Pero no es momento para detenerse en aquella epopeya, que tan magistralmente expondría más tarde el Conde de Toreno.

En lo que se refiere al Dos de Mayo madrileño, el futuro historiador fue, como en tantas otras ocasiones, un excepcional testigo. El que ya era vizconde de Matarrosa, por heredar su padre el Condado, estaba en la capital ese día famoso. Además, sus gestiones para salvar la vida de un amigo le hicieron recorrer valientemente los lugares en donde se decidía y ejecutaba la muerte de los sublevados. Así pudo relatar de primera mano aquellas horas de angustia, de horror y de heroísmo; y aunque escritas veinte años más tarde, esas páginas de antología conservan la emoción mal reprimida de lo visto y sentido personalmente, emoción que se transmite al lector.

A los pocos días del 2 de mayo, después de impregnarse del entusiasmo y decisión del pueblo madrileño, el vizconde se trasladó a sus tierras, que encontró como en seguida estarían las demás. Porque, dicho con la palabra expresiva de su biógrafo y contemporáneo, «cundieron a manera de llama eléctrica por todos los ángulos de la monarquía un ardoroso sentimiento de independencia y despecho, y un clamor de venganza que hicieron estallar al punto un alzamiento general, el más rápido, espontáneo y magnánimo de que la historia hace mención. Asturias, baluarte en remotos tiempos de la independencia española, tuvo en esta ocasión la gloria de ser la primera provincia que se levantó, audaz y denodada, contra la dominación extranjera...

»Ya en Oviedo, el vizconde contribuyó con no poca eficacia a acelerar el deseado rompimiento, ora poniendo en juego la influencia de que gozaba su familia, ora enardeciendo los ánimos con la animada relación de los atentados y horrores que acababa de presenciar...» Añadamos que contaba también con el atractivo de su persona. Quienes le conocieron entonces —y poco habría de cambiar con los años, al menos en su aspecto exterior y en su carácter— lo pintan «aunque bajo de cuerpo, altivo de pensamiento»; de una valentía impetuosa sólo atemperada por la serenidad propia de los hombres fuertes; «de exterior si no bello, simpático», de maneras naturalmente distinguidas y muy atildado en el vestir.

Pero estaba muy lejos de parecer un pisaverde, un petimetre como tantos de su clase, y para ello le bastaba con su continente, su mirada fija y audaz, su fino ingenio y sus recursos, cuando se trataba de esgrimir la ironía y el sarcasmo; ocasiones que abundaron en su vida, pues sus adversarios pronto «lastimaban su amor propio, escrupuloso y fácil de alarmarse».

A sus dotes personales unía el prestigio de su linaje y el de su cultura, ya entonces conocida y admirada; eso explica que, siendo un mozo de veintiún años, se le encomendara una misión cargada de dificultades. La Junta General del Principado, que se reunía de tarde en tarde, había sido convocada con antelación; estaba constituida por representantes de los concejos y por el conde de Toreno, miembro nato en su calidad de Alférez Mayor. Declarándose soberana, como hicieran tantas otras Juntas provinciales, acordó enviar delegados a Inglaterra para solicitar medios con que defender la independencia: y el vizconde fue designado, junto con otro hijo ilustre de Asturias.

La embajada se inició con un trance novelesco: pareciendo aventurado embarcar en un buque español, lo hicieron en un corsario de Jersey que apareció oportunamente por el cabo de Peñas. Los embajadores salieron de Gijón el 30 de mayo de 1808, para llegar a tierra inglesa una semana después. Trasladados a Londres inmediatamente, fueron recibidos por el ministro de Relaciones extranjeras que, al conocer la situación en España, se dio cuenta de lo que significaría para la suerte de Europa, dominada por Napoleón, un levantamiento general en la Península.

Los ingleses, cualquiera que fuese su condición social y sus ideas políticas, prodigaron a los enviados asturianos continuas muestras de admiración y simpatía. Se cuenta que cierta noche, en que asistieron a la Opera en el palco del duque de Queensbury, «fue forzoso suspender la representación cerca de una hora...» Para el vizconde, en particular, su embajada supuso algo más que una valiosa experiencia: pudo anudar buenas relaciones con personajes tan destacados de la época, como eran Wellington, lord Holland y el orador y literato Sheridan, de cuya elocuencia ingeniosa y mordaz tomaría ejemplo. Y también volvió a encontrarse con su amigo Argüelles, enviado a Londres por Godoy para una misión obligadamente infructuosa.

En diciembre del mismo año regresó José María a Oviedo. Su padre había fallecido, él heredaba el condado de Toreno y, para hacerse cargo de hacienda y obligaciones, tuvo que permanecer en Asturias hasta mayo de 1809. No tuvo otra intervención pública que la de rehusar el cargo que le ofrecían en una Junta que estimaba ilegítima, nombrada arbitrariamente por el Jefe militar de la región, contra quien se revolvió. Y mal lo habría pasado el joven díscolo si las tropas napoleónicas no invaden el Principado.

«El Conde —copiamos de la biografía de Cueto— continuó en Asturias mientras duró la ocupación, ora andando por sus brañas, ora al lado de las tropas españolas que se habían abrigado en las célebres asperezas de Covadonga. No tardaron los enemigos en evacuar la provincia, llamados por los acontecimientos de Oporto y otros de no menor trascendencia y cuantía, y Toreno se resolvió a pasar a Andalucía, como lo verificó por mar; llegando a Sevilla, donde se hallaba la Junta Central, por el mes de septiembre de 1809.»

Aún no había cumplido los 23 años; pero como hombre de un tiempo en que los jóvenes de valía maduraban pronto, ya había pasado por múltiples azares y experiencias, entre ellas la muy española de conspirador y guerrillero. Sin embargo su vocación era sobre todo política, y sólo podía agudizarse en la Sevilla de entonces, sede del máximo organismo popular y refugio de patriotas disconformes. Algunos eran tan ilustres como don Gaspar Melchor de Jovellanos, paisano suyo a quien había tratado en Madrid y de quien recibió, entre otros favores, el que le habilitaran para administrar sus bienes antes de llegar a la edad legal.

Entre los refugiados cundían las discordias, entre otras razones por opinar diversamente sobre dos puntos esenciales: la convocatoria de Cortes y la actuación de la Junta Central. A ésta se la culpaba de pasiva e ineficaz, y ciertamente ayudaba poco a su prestigio la calamitosa situación pública, quizás inevitable en aquellas circunstancias, y los recientes reveses sufridos en la guerra contra el francés. El 20 de enero de 1810 había entrado en los puertos del Rey y del Muradal, y en algunas poblaciones andaluzas que no resistieron como se esperaba. La Junta, temiendo la ocupación de Sevilla, resolvió trasladarse a la Isla de León, haciéndolo sin mucho orden durante los días 23 y 24. Un motín en la capital andaluza acabó con su mandato, se erigió en suprema la Junta provincial, surgió otra con iguales pretensiones en Cádiz, y el 31 de enero la máxima autoridad nacional quedó en manos del Consejo Supremo de la Regencia, que ya estaba nombrado previamente.

Toreno y sus amigos se instalaron también en Cádiz, seguro abrigo contra el invasor y nuevo centro de maniobras políticas. Apenas llegado, el conde recibió poderes de la Junta de León para que la representara, junto con un notable leonés; y poco más tarde hacía lo mismo la de Asturias. El ejemplo cundía en toda España, y los presuntos diputados se reunían con frecuencia para tratar de los asuntos públicos del momento y, sobre todo, del tema de las Cortes. La Regencia no se mostraba muy decidida, aun habiéndose comprometido a convocarla; además, alentada por el Consejo Real, pretendía perpetuar anticuadas prácticas de gobierno. El disgusto, ya muy crecido, comenzó a fermentar.

Toreno se contaba entre los más impacientes, y «aumentando el ardor de la juventud la natural actividad de su ánimo, exhortó a los demás apoderados de las provincias a pedir a la Regencia que sin demora congregase las Cortes. Accedieron a su propuesta y le dieron el encargo de redactar la exposición, que salió en términos algo imperiosos y como de gente preponderante y mal dispuesta a tolerar una negativa. Encargóse además a Toreno que, en compañía de don Guillermo Hualde... presentase en persona a la Regencia la petición...

De nuevo encarnaba el joven político a la España de su época; pero ya no lo hacía en papeles secundarios, aunque siempre dignos, como hasta entonces. Ahora se adelantaba al proscenio como protagonista de un hecho quizá más importante que la propia Guerra de Independencia. Las Cortes de Cádiz, que tanto representarían para el futuro de la Nación, fueron impulsadas por Toreno, cuando menos en mayor medida que por otros patriotas. Porque el 17 de junio de 1810 leyó ante la Regencia su atrevida petición; y después de una «enojada destemplanza» del obispo de Orense y de una sensata intervención del general Castaños, al día siguiente se promulgaba el decreto de convocatoria a Cortes.

La reacción fue fulminante y dio fama a Toreno, tanto por los ecos despertados en sus amigos como en sus adversarios. Siete miembros del Consejo Real llegaron a pedir que se castigara a los firmantes de la solicitud, y en particular a su instigador y portavoz. Pero el ambiente era poco «apostólico» y muy liberal, y nada ocurrió. Que así había de ser lo confirma el propio Cueto: después de señalar el imperio de la juventud y sus ansias de renovación, el conservador biógrafo confiesa que las ideas democráticas eran preponderantes, y que hasta los disconformes con las soluciones representativas apoyaron la convocatoria de una sola Cámara.

En cuanto a la Regencia, por mucho que quiso retrasar la apertura de las Cortes, se vio forzada a señalarla para el 24 de septiembre. Día que el conde de Toreno consideró como inicial de una etapa de regeneración y de gloria; y con él «muchos hombres de luces, de patriotismo y de intención pura...»

Gustara o no, en aquella fecha culminaba un proceso ideológico que venía de lejos y al que habían contribuido muchos factores: los aciertos de gobernantes «ilustrados» como los condes de Aranda, Campomanes y Floridablanca, que actuaron según la filosofía política, moderada pero abierta, que preconizaba Montesquieu; las doctrinas de los enciclopedistas franceses sobre la soberanía popular; y también las torpezas y desafueros del reinado de Carlos IV, cuyos hombres públicos, a más de amontonar errores, se empecinaban en no dar paso alguno que significara un cambio en sus privilegios.

La situación sólo necesitaba un fulminante que provocara el estallido, y como tal actuó la invasión napoleónica, el comportamiento heroico del pueblo, el clamor juvenil que, por aquellas fechas, hablaba con la voz impetuosa de Toreno. No había contención posible, y de poco podían servir menudas intrigas como la sufrida por él, cuando le negaban la diputación por Asturias alegando que no había cumplido los veinticinco años exigidos por la ley. Bastó con recordar que la propia Regencia le había dispensado en unas elecciones para suplentes, y que estaba habilitado para administrar sus bienes y señoríos; y el 18 de marzo de 1811, el conde juró su cargo y ocupó un escaño en las Cortes de Cádiz.

Al principio apenas intervino en los debates: ni su oratoria estaba todavía forjada ni tampoco se improvisa la parlamentaria, expuesta en todo momento a la interrupción y la réplica. Pero lo hizo extensamente y con cierta brillantez al discutirse la abolición de señoríos y privilegios feudales. Aunque no se practicaran, todavía estaban vigentes, entre otros igualmente abusivos, el *derecho de pernada* y la *servidumbre luctuosa*. Su oración fue escuchada atentamente y recibida con la simpatía que despiertan las acciones generosas, pues el noble Toreno defendía el abandono de sus propios intereses. Y eso que su discurso se pronunció al día siguiente de otro de Argüelles tan aplaudido por el público que obligó a levantar la sesión.

Ecos igualmente favorables despertaron sus argumentos al debatirse la exención de pruebas de nobleza para el ingreso en los Colegios militares. «Nobleza —dijo— había en el siglo XVI; más considerada y respetada era entonces que en el día, y por cierto no tenía semejante privilegio. Aquellos invencibles Tercios que aterraron la Italia y la Flandes y llevaron sus banderas victoriosas hasta los muros de París, desconocían estas distinciones para sus ascensos... Y si la clase noble existía, y existía con más brillo cuando no se conocía tal prerrogativa, ¿cómo osa nadie aventurarse a pronunciar de un modo insidioso que se socavan los cimientos de la nobleza?»

Ya con mayor aplomo, Toreno intervino frecuentemente —y siempre respaldando a su amigo Argüelles— al tratarse el tema principal de aquellas Cortes: la futura Constitución. Se opuso al veto del rey y ensalzó la soberanía popular, bien ganada en aquellos momentos, cuando en Cádiz sonaban muy cerca los cañonazos franceses y no había lenguas bastantes para describir las hazañas de tropas y guerrilleros. Sin duda el Conde estuvo con quienes ovacionaron al diputado Mejía, al oírle decir: «¡Desaparezcan de una vez esas odiosas expresiones de *pueblo bajo, plebe, canalla*! ¡Este pueblo bajo, esta plebe, esta canalla es la que libertará a España!»

No podemos detenernos relatando lo sucedido en las Cortes de Cádiz, donde acabó de forjarse el Toreno parlamentario que después rayaría a tanta altura. Sus intervenciones continuaron siendo generosas y apasionadamente liberales, pero cada vez argumentó con más solidez y expuso con más serenidad. Por fin terminó la legislatura extraordinaria, fue aprobada la Constitución de 1812; y como los mismos diputados se habían prohibido la reelección, el conde quedó «sin responsabilidad ni ocupación oficial, aunque la fama que ya había ganado le colocaba en la primera línea de los personajes políticos.»

Cuando la Guerra de la Independencia fue tomando rumbos claramente favorables, se trasladaron a Madrid los organismos de la Regencia y las nuevas Cortes, que debían comenzar los debates el 15 de enero de 1814. Y allí estuvo Toreno, siguiendo directamente los avatares de la gobernación, confusos y a veces desalentadores. La pluma de Cueto, imparcial cuando su conservadurismo no lo impide, describiría así los hechos más destacados:

«Apurado Napoleón por este tiempo con los reveses de Alemania, alentada la coalición y rotas las negociaciones de Châtillon, recibió su libertad el rey Fernando; y entró de allí a poco en España, más como caudillo de un partido implacable y rencoroso que como monarca agradecido a un pueblo fiel y entusiasmado, que acababa de alzarle un trono de gloria sobre los escombros de sus hogares.

»Permaneció el Conde en Madrid hasta el 5 de mayo, en que salió para Asturias, llamándole sus asuntos domésticos y juzgando precario y mal seguro el sistema de gobierno que a la sazón regía. Pero por fieles que le fuesen sus presentimientos e infalibles sus previsiones, no pudo caber en su razón imaginar que, el día antes de su salida de la capital, firmaba Fernando VII en Valencia un odioso decreto, injusto en el fondo, violento en las formas y engañoso y pérfido en las promesas, en el cual eran declarados rebeldes y facciosos los que, aun errando, se habían hecho merecedores de alabanzas y galardón...»

Quedaba a plena luz el revés de la medalla, patente en las más odiosas decisiones: disolución de las Cortes, persecución y cárcel para ministros y diputados... Toreno recibió aviso de que iban a prenderle y pudo huir, por mar y tierra, hasta refugiarse en Lisboa a mediados de junio de 1814; pero como también la policía portuguesa le buscaba, a primeros de julio burló su vigilancia y embarcó rumbo a

Inglaterra. En Londres permaneció hasta diciembre, en que se trasladó a París. El inesperado retorno de Napoleón le obligó a volver a la capital inglesa, donde recibió la noticia de que sus bienes estaban confiscados y de que una comisión, nombrada expresamente por el Rey, le había condenado a muerte.

Durante aquellos bruscos y continuos saltos, yendo de un mal a otro peor, Toreno se esforzaba por comprender las razones de una persecución tan despótica y, sobre todo, de la increíble pasividad del pueblo. Al comprender su condición mudable todavía le buscó atenuantes, y sólo encontró el viejo prestigio del rey *Deseado,* presente al fin en Madrid, el aturdimiento producido por unos golpes de autoridad tan brutales como inesperados, y los «escarmientos» perpetrados por sicarios de los absolutistas, seguros de su impunidad. Poco podía esperarse de un pueblo tan distinto del que se entusiasmó con la Constitución de Cádiz, pero mucho menos de un rey que elegía, entre tantos caminos posibles, el más ruin y pernicioso.

Luego todo fue cambiando, aunque no siempre para bien, pues las alternativas políticas se sucedían sin orden ni concierto. La derrota de Napoleón en Waterloo puso en el trono a Luis XVIII, y con ello parecía Francia otra vez refugio seguro. Allí se trasladó Toreno en agosto de 1815. Por entonces, su cuñado, el general Juan Díaz Porlier, dio el primer paso ostentoso en favor de la Constitución, sublevándose en La Coruña; le engañó su confianza en que el levantamiento sería secundado, y pagó cara su precipitada buena fe. De rechazo vino a sufrirla también el conde, residente en Bayona con otros liberales: los legitimistas franceses, en estrecha amistad con los españoles, le pusieron en prisión, en abril de 1816, con el general Mina y varios amigos. Dos meses permanecieron en la cárcel.

«Desde entonces —escribe Cueto— permaneció en París hasta el término de los seis años que duró aquella primera proscripción, pobre y oscurecido pero apreciado cual merecía por todos los hombres imparciales, contento de sí mismo y dedicado al estudio y a la observación. Entonces escribió un opúsculo... que tuvo gran aceptación y fue traducido a varias lenguas, cuyo título es: *Noticia de los principales sucesos ocurridos en el gobierno de España desde 1808 hasta la disolución de las Cortes en 1814*. En fin, en aquella época de padecimientos Toreno no se humilló, no se retractó, no hizo una sola petición para mejorar la situación en que se hallaba, y aguardó con paciente confianza la llegada de días más venturosos, dando sin cesar testimonio de un carácter noble y de un entendimiento elevado.»

Los hechos parecían confirmar sus esperanzas. Comenzaron a menudear los pronunciamientos, aunque todavía de poca importancia. Hasta que el 1 de enero de 1820 don Rafael de Riego, comandante del 2.º batallón de Asturias, proclamó la Constitución de 1812 en Cabezas de San Juan. Durante dos meses nadie se sumó al movimiento; pero la apatía del Gobierno acabó con todos los temores y las llamas prendieron en España entera. El 9 de marzo, Fernando VII juraba la Constitución, y el día 10 lanzaba un manifiesto declarando que *marchaba francamente por la senda constitucional*.

La situación de Toreno cambió radicalmente: no sólo le fueron restituidos bienes y honores sino que fue nombrado embajador en Berlín. Tres veces se negó a aceptar el cargo, y ni aun así le admitió el Rey la renuncia. Al parecer, el conde prefería ser diputado por Asturias, y en efecto lo consiguió por unanimidad. Entonces volvió a Madrid, y del entusiasmo con que fue recibido da idea el que sus amigos le propusieran como Presidente de las Cortes; quizá lo hubiesen logrado, pero él se opuso. De todos modos fue designado, con Martínez de la Rosa y otros ilustres compañeros, para redactar la contestación al discurso del Rey.

En ese documento, que reflejaba sus ideas, ya se advierte la huella dejada en Toreno por la emigración y las desgracias, por los ejemplos ajenos y las propias meditaciones. Una vez más, su biógrafo sabe describirlas como pocos lo harían, puesto que el conde conoció el texto y lo aprobó. Dice Cueto: «Todavía amaba ardientemente la libertad, porque ése era un sentimiento arraigado para siempre en su pecho; pero ya no la comprendía del mismo modo que en su primera juventud, y empezaba a ver claro que la libertad se cimenta exclusivamente en el orden público, y que éste no es posible apadrinando las exigencias desatentadas de la plebe...»

El solo empleo de la última palabra, aun escrita por mano ajena, encierra un mundo de significados y retrata la nueva ideología de Toreno. El conde era un hombre tan distinto del anterior como es posible, y el cambio se fue acentuando con los años. Pero seguía siendo paradigma acabado de los españoles de su época, divididos por una barricada que el político acababa de saltar, pasándose al otro lado aunque todavía apoyara en ella las espaldas.

Todos los errores y aciertos en que incurriría el político a partir de entonces procedían de esa transición, que no es momento de juzgar. Sólo puede afirmarse que a ella hay que atribuir, aparte de sus fracasos, el que sus éxitos fueran más reducidos y precarios de lo que podía esperarse de quien tantas dotes poseía. No vio claro, por ejemplo, que había diferencias entre los liberales de 1820 y los de 1812; y que los «doceañistas» no estaban dispuestos a plegarse, como Toreno, a las circunstancias del momento.

Tampoco quiso comprender la importancia de los clubs y sociedades secretas, en los que se reunían los ambiciosos y exaltados, pero también los patriotas de corazón que trabajaban por un futuro mejor. Su temperamento le llevó más bien a secundar a Martínez de la Rosa, el hombre de las componendas y los aplazamientos, de las palabras suaves y el orden sobre todo: y por ello pronto fue motejado, como él, de *pastelero*.

Sólo cuando los disturbios parecían tomar carta de naturaleza en España; cuando Cádiz y Sevilla se rebelaron y el Gobierno respondió con excesiva blandura, sus instintos autoritarios y su noción de Estado fuerte le dictaron, en un Congreso que se comportaba anárquicamente, los siguientes conceptos: «Nosotros estamos aquí reunidos para decidir la suerte de España, y debemos tener presente que los pueblos, en semejantes crisis, no se salvan nunca con benignidad ni con transacciones, sino con energía y entereza; ése es el modo de defender las libertades públicas de la nación.»

Otro discurso suyo, al discutirse la Ley de imprenta, fue tan mal acogido que, al acabar la sesión y salir a la calle, Toreno y Martínez de la Rosa fueron atacados por una turba que intentaba matarles, y que al verse fracasada se dirigió a casa del conde para allanarla. Los amotinados no tuvieron en cuenta que allí residía también su hermana, la viuda del general Porlier, que había muerto en el patíbulo por enfrentarse con el despotismo.

Como es lógico, ni esos desmanes ni otras amenazas doblegaron a Toreno, que multiplicaba sus intervenciones en las Cortes y que el 9 de septiembre de 1820 fue elegido Presidente. Destacó sobre todo en materias de Administración y de Hacienda, y su figura se iba perfilando, pese a sus sólo 35 años, como la de un gran gobernante en plazo no lejano. Sin embargo, las Cortes se clausuraron en febrero de 1822, no podía ser reelegido y se retiró a la vida privada después de renunciar definitivamente a la embajada en Berlín.

Por otra parte, preveía que España iba a entrar en muy difíciles pasos, que el Rey arbitraría soluciones reñidas con sus conceptos de gobierno, y quiso esquivarse de una responsabilidad inútil. Efectivamente, Fernando VII temía con razón a las nuevas Cortes, y a la vez quería contar con gobernantes más enérgicos que los anteriores. Pensó en Toreno, y le pidió que nombrase un ministerio y que lo presidiera. El conde se negó. Ni creía en la buena fe del rey ni era capaz de encabezar una revolución contra él, como se desataría si Fernando no se anticipaba.

Así ocurrió el 7 de julio de 1822, pero todavía quiso el Rey contar con Toreno, pidiéndole por un emisario una relación de los hombres que debían secundarle. Tanto Martínez de la Rosa como los demás que aconsejó fueron nombrados por Fernando; pero, temiendo que le forzase a desempeñar algún cargo si continuaba en Madrid, la noche misma en que entregó la lista salió con dirección a París. Actitud más que discreta, pues de todos es sabido lo que sucedió como resultado del Congreso de Verona: un ejército mandado por el duque de Angulema traspuso los Pirineos y quedó registrado en la historia con el nombre de los *Cien mil hijos de San Luis*.

Había comenzado la era de Calomarde, *los años indignos*, que para Toreno supusieron diez de destierro voluntario, que llenó viajando por Europa, leyendo y estudiando, pero sin conspirar como casi todos los emigrados de tan infausta época. Sin embargo ayudó a no pocos, entre ellos a su viejo amigo Argüelles; también cultivó amistades tan dinstinguidas como las de Chateaubriand, Madame de Stäel, Guizot, Thiers y «otros insignes liberales —así los califica Cueto— que prepararon la nueva senda de libertad ordenada en que entró la Francia de 1830.»

Hizo más todavía, para añadir a su fama de político la de historiador. Después de documentarse y de reunir notas y recuerdos personales, a fines de 1827, estando en París, comenzó a redactar la *Historia* que sigue en estas páginas. Aunque con interrupciones, alguna muy larga, pudo completar en aquel tiempo los cuatro primeros tomos. Más tarde, otras poderosas razones le impusieron nueva pausa; sobre todo lo que estaba ocurriendo en España, donde los acontecimientos políticos se sucedían de modo que cada uno empujaba a los siguientes, siempre en el mismo sentido: el de las tendencias reformistas.

Ese proceso —que incluía la discusión de la Ley Sálica que más tarde dio motivo a las guerras carlistas— culminó con el abierto retorno a las ideas liberales. A tal extremo, que María Cristina de Nápoles, la Reina Cobernadora, promulgaba el 15 de octubre de 1832 una ley de amnistía lo bastante amplia para alcanzar a Toreno. Aun así, el conde no entró en España hasta julio del año siguiente, para sufrir una tremenda decepción: apenas llegado a Madrid, y además enfermo de tercianas, el gobierno de Cea Bermúdez le expulsó de la capital. Y en sus tierras de Asturias estuvo hasta la muerte de Fernando.

El absurdo destierro se debía al temor que entonces inspiraban los emigrados, en su mayoría muy activos y de ideas más avanzadas que las de un gobierno sólo tibiamente liberal. Ese era, precisamente, el clima propicio para Toreno, como lo demuestra el que, después de regresar a Madrid para felicitar a Isabel II en nombre del Principado, la Reina Gobernadora le nombrase ministro de Hacienda, en junio de 1834. En las elecciones de julio siguiente fue elegido diputado por Asturias y de nuevo repitió, acrecentada, la serie de sus éxitos como parlamentario y como hombre de gobierno.

Saneó el Erario, casi equilibró el presupuesto y consiguió fuertes empréstitos; y, aunque sin salir del Gabinete, le instó a que reprimiera con más energía los motines y levantamientos que tanto abundaban entonces, añadiendo quebrantos a los producidos por la marcha de la guerra carlista. Tan mal iban las cosas en el Norte, que los propios generales isabelinos aconsejaron que se pidiera ayuda militar a Francia. Se resistía Martínez de la Rosa, jefe del Gobierno, pero por fin accedió, contra los deseos de la opinión pública; el disgusto creció hasta llegar a los salones de Palacio, y al saberse que Francia negaba el auxilio, el ministerio dimitió en bloque.

Era la ocasión de Toreno, y en efecto fue nombrado jefe del nuevo gobierno el 7 de junio de 1835. De los asuntos de Hacienda encargó a un hombre novel en política pero bien reputado en finanzas: don Juan Alvarez y Mendizábal. Los maldicientes censuraron al conde por ambicioso, acusándole de haber «empujado» a Martínez de la Rosa; pero, en general, su ministerio «ni gustó ni disgustó a nadie», aunque decepcionase a los impacientes. Según el enterado Cueto, en su breve período de gobierno se mostró «tolerante y liberal..., mas era inflexible en cuestiones de orden público y tenía, como Montesquieu, la firme convicción de que los hombres se gobiernan con moderación y no con excesos».

Los elementos más conservadores se lo reprocharon acremente, porque el «estado moral» del país era en exceso levantisco. Ocupadas las tropas en el Norte, la Milicia urbana se sublevó en casi todas las capitales, y en el propio Madrid el 15 de agosto de 1835. El Gobierno de Toreno se abstuvo de violencias esperando —como sucedió— que el movimiento se agotara por sí mismo. Quizá le faltaba el aliento de la opinión, pues la guerra en el Norte emprendía rumbos favorables para Isabel II. Con todo, las intrigas políticas no desmayaban, y a ellas se sumó el ministro Mendizábal rompiendo su solidaridad con el Gabinete y ganándose así las simpatías de la oposición.

En consecuencia, y aunque la Reina Gobernadora se negaba a admitirla, el conde presentó la dimisión de su Gobierno el 14 de septiembre de 1835. Fue sustituido por su ministro de Hacienda, el que tan famoso se haría arbitrando ingresos por medio de la Desamortización y a costa de los institutos religiosos. El Gabinete de Toreno había durado exactamente cien días. En esa época, y teniendo casi 49 años, contrajo matrimonio con doña María del Pilar Gayoso y Téllez Girón, hija de los marqueses de Camarasa. Con ella se retiró a la vida privada, para una temporada de sosiego que dedicó a continuar su *Historia*.

Pero no por ello doblegó su carácter: ni quiso exiliarse como le aconsejaban, ni renunciar a la diputación por Asturias para las Cortes de noviembre de aquel año. Disueltas muy pronto por Mendizábal, Toreno se quedó sin escaño en las de marzo de 1836; tampoco lo tuvo Martínez de la Rosa, mientras que el audaz hacendista lograba nada menos que siete actas. Parecía inconmovible, pero el golpe de La Granja, en agosto, acabó con él. Y como los nuevos gobernantes prometían una era de venganzas, el conde se exilió nuevamente a París y Londres.

Durante su ausencia le fueron confiscados, por enésima vez, bienes y distinciones; pero dio fin a su gran obra, escribiendo la parte final. Y la rueda volvió a girar: la Constitución de 1837 le facilitaba el regreso a España, dejó a su esposa en París y fue elegido diputado por Asturias. También etuvo muy cerca de ser nombrado Presidente del Gobierno, pero Toreno se mostró pasivo y hasta ayudó a quien lo sería últimamente.

Ello no obstante, y audaz como siempre, se atrevió a pronunciar en las Cortes la palabra *transacción,* hablando de la guerra carlista, lo que provocó gran escándalo en las tribunas. «No importa —exclamó, sin perder su serena compostura—: diré la verdad. Las guerras civiles nunca terminan por el exterminio de un partido... Si con *transacción* y *olvido* se concluyese la nuestra, conclúyase en buena hora con tal de que triunfen el trono de Isabel II y la causa de la libertad»: En aquella época, por lo menos, la Historia le dio pronto la razón.

Entre la primera y la segunda etapa de aquella legislatura, el conde regresó a París y viajó por Italia. Al reanudarse los debates tuvo que responder a unas torpes acusaciones sobre cierta decisión tomada mientras estuvo en el Poder; lo hizo con toda brillantez y buen resultado, demostrando su honestidad y sus dotes de hacendista. Mientras, la Reina le había concedido la Grandeza de España de primera clase. En cambio, el 24 de febrero de 1840, las turbas cercaron el Palacio del Congreso y, durante más de tres horas, amenazaron a los diputados y pidieron la muerte de algunos, entre ellos de Toreno.

Con eso no terminaban los sinsabores del conde, prolongados durante la privanza de Espartero, el «espadón» liberal. Como relata su autorizado biógrafo, «declarado el General en Jefe caudillo del bando exaltado, transtornada la monarquía con el levantamiento de septiembre; realizadas, en fin, las consecuencias naturales de la política desatentada y débil que se había seguido, pasó el conde al extranjero juntamente con otros insignes, expatriados voluntariamente o por no creerse seguros en su país reinando el nuevo orden de cosas».

Toreno se exilió en febrero de 1841, dedicándose a recoger materiales con que redactar una historia de los reyes de la Casa de Austria; deseaba poner en ésta el mismo cuidado que en la anterior, que le valió universal aplauso. Con esa finalidad viajó por Alemania, Suiza, Italia y Flandes, escenario de muchos de los relatos que proyectaba.

Ya se disponía a escribir su nueva obra en España, cuando una congestión cerebral le causó la muerte el 16 de septiembre de 1843. Dejaba tres hijos, en cuya presencia y en la de su viuda fue enterrado su cadáver en el cementerio de San Isidro de Madrid.

Hasta sus últimos años, lo mismo en 1808 con las exaltaciones de la Guerra de la Independencia y las euforias de las Cortes de Cádiz, que bajo el despótico yugo de Fernando VII y el imperio del general Espartero, el conde de Toreno fue viva encarnación de la España de su tiempo. Así hay que considerarlo sobre todo, además de agradecerle que nos legara la espléndida, la incomparable *Historia* que el lector encontrará y podrá admirar seguidamente.

LIBRO PRIMERO
(1808)

La turbación de los tiempos, sembrando por el mundo discordias, alteraciones y guerras, había estremecido hasta en sus cimientos antiguas y nombradas naciones. Empobrecida y desgobernada España, hubiera, al parecer, debido antes que ninguna ser azotada de los recios temporales que a otras habían afligido y revuelto. Pero, viva aún la memoria de su poderío, apartada al ocaso, y en el continente europeo postrera de las tierras, habíase mantenido firme y conservado casi intacto su vasto y desparramado imperio. No poco, y por desgracia, habían contribuido a ello la misma condescendencia y baja humillación de su gobierno, que, ciegamente sometido al de Francia, fuese democrático, consular o monárquico, dejábale éste disfrutar en paz hasta cierto punto de aparente sosiego, con tal que quedasen a merced suya las escuadras, los ejércitos y los caudales que aún restaban a la ya casi aniquilada España.

Mas, en medio de tanta sumisión, y de los trastornos y continuos vaivenes que trabajaban a Francia, nunca habían olvidado sus muchos y diversos gobernantes la política de Luis XIV, procurando atar al carro de su suerte la de la nación española. Forzados al principio a contentarse con tratados que estrechasen la alianza, preveían, no obstante, que cuanto más onerosos fuesen aquéllos para una de las partes contratantes, tanto menos serían para la otra estables y duraderos.

Menester, pues, era que para darles la conveniente firmeza se aunasen ambas naciones, asemejándose en la forma de su gobierno, o confundiéndose bajo la dirección de personas de una misma familia, según que se mudaba y trastocaba en Francia la constitución del Estado. Así era que apenas aquel gabinete tenía un respiro, susurrábanse proyectos varios, juntábanse en Bayona tropas, enviábanse expediciones contra Portugal, o aparecían muchos y claros indicios de querer entrometerse en los asuntos interiores de la península hispana.

Crecía este deseo, ya tan vivo, a proporción que las armas francesas afianzaban fuera la prepotencia de su patria, y que dentro se restablecían la tranquilidad y buen orden. A las claras empezó a manifestarse cuando Napoleón, ciñendo sus sienes con la corona de Francia, fundadamente pensó que los Borbones sentados en el solio de España mirarían siempre con ceño, por sumisos que ahora se mostrasen, al que había empuñado un cetro que de derecho correspondía al tronco de donde se derivaba su rama. Confirmáronse los recelos del francés después de lo ocurrido en 1805, al terminarse la campaña de Austria con la paz de Presburgo.

Desposeído por entonces de su reino Fernando IV de Nápoles, hermano de Carlos de España, había la corte de Madrid rehusado, durante cierto tiempo,[1] asentir a aquel acto y reconocer al nuevo soberano José Bonaparte. Por natural y justa que fuese esta resistencia, sobremanera desazonó al Emperador de los franceses, quien hubiera dado quizá señales de su enojo, si otros cuidados no hubiesen fijado su mente y contenido los ímpetus de su ira.

En efecto, la paz ajustada con Austria estaba todavía lejos de extenderse a Rusia, y el gabinete prusiano, de equívoca e incierta conducta, desasosegaba el suspicaz ánimo de Napoleón. Si tales motivos eran obstáculo para que éste se ocupase en cosas de España, lo fueron también, por extremo opuesto, las esperanzas de una pacificación general, nacidas de resultas de la muerte de Pitt. Constantemente había Napoleón achacado a aquel ministro, finado en Enero de 1806, la continuación de la guerra, y como la paz era el deseo de todos hasta en Francia, forzoso le fue a su jefe no atropellar opinión tan acreditada, cuando había cesado el alegado pretexto, y entrado a componer el gabinete inglés Mr. Fox y lord Grenville con los de su partido.

Juzgábase que ambos ministros, sobre todo el primero, se inclinaban a la paz, y se aumentó la confianza al ver que después de su nombramiento se había entablado entre los gobiernos de Inglaterra y Francia activa correspondencia. Dio principio a ella Fox, valiéndose de un incidente que favorecía su deseo. Las negociaciones duraron meses, y aun estuvieron en París como plenipotenciarios los lores Yarmouth y Lauderdale. Dificultoso era en aquella sazón un acomodamiento a gusto de ambas partes. Napoleón en los tratos mostró poco miramiento respecto de España, pues entre las varias proposiciones, hizo la de entregar la isla de Puerto Rico a los ingleses, y las Baleares a Fernando IV de Nápoles, en cambio de la isla de Sicilia, que el último cedería a José Bonaparte.

Correspondió el remate a semejantes propuestas, a las que se agregaba el irse colocando la familia de Bonaparte en reinos y estados, como también el establecimiento de la nueva y famosa confederación del Rin. Rompiéronse, pues, las negociaciones, anunciando a Napoleón como principal razón la enfermedad de Fox y su muerte, acaecida en Septiembre de 1806. Por el mismo término caminaron las entabladas también con Rusia, habiendo desaprobado públicamente el emperador Alejandro el tratado que a su nombre había en París concluido su plenipotenciario M. d'Oubril.

Aún en el tiempo en que andaban las pláticas de paz, dudosos todos y aun quizá poco afectos a su conclusión, se preparaban a la prosecución de la guerra. Rusia y Prusia ligábanse en secreto, y querían que otros estados se uniesen a su causa. Napoleón tampoco se descuidaba, y aunque resentido por lo de Nápoles con el gabinete de España, disimulaba su mal ánimo, procurando sacar de la ciega sumisión de este aliado cuantas ventajas pudiese.

De pronto, y al comenzar el año de 1806, pidió que tropas españolas pasasen a Toscana a reemplazar las francesas que la guarnecían. Con eso, lisonjeando a las dos cortes, a la de Florencia porque consideraba como suya la guardia de españoles, y a la de Madrid por ser aquel paso muestra de confianza, conseguía Napoleón tener libre más gente, y al mismo tiempo acostumbraba al gobierno de España a que insensiblemente se desprendiese de sus soldados. Accedió el último a la demanda, y en principios de Marzo entraron en Florencia de 4 a 5000 españoles, mandados por el teniente general don Gonzalo Ofárril.

Como Napoleón necesitaba igualmente otro linaje de auxilios, volvió la vista, para alcanzarlos, a los agentes españoles residentes en París. Descollaba entre todos don Eugenio Izquierdo, hombre sagaz, travieso y de amaño, a cuyo buen desempeño estaban encomendados los asuntos peculiares de don Manuel Godoy, príncipe de la Paz, disfrazados bajo la capa de otras comisiones. En vano hasta entonces se había desvivido dicho encargado por sondear respecto de su valedor los pensamientos del Emperador de los franceses. Nunca había tenido otra respuesta sino promesas y palabras vagas. Mas llegó Mayo de 1806, y creciendo los apuros del gobierno francés para hacer frente a los inmensos gastos que ocasionaban los preparativos de guerra, reparó éste en Izquierdo, y le indicó que la suerte del Príncipe de la Paz merecería la particular atención de Napoleón si se le acudía con socorros pecuniarios. Gozoso Izquierdo y lleno de satisfacción, brevemente, y sin estar para ello autorizado, aprontó veinte y cuatro millones de francos,[2] pertenecientes a la caja de Consolidación de Madrid, según convenio que firmó el 10 de Mayo. Aprobó el de la Paz la conducta de su agente, y contando ya con ser ensalzado a más eminente puesto en trueque del servicio concedido, hizo que en nombre de Carlos IV se confiriesen, en 26 del mismo Mayo,[3] a dicho Izquierdo plenos poderes para que ajustase y concluyese un tratado.

Pero Napoleón, dueño de lo que quería, y embargados sus sentidos con el nublado que del Norte amagaba, difirió entrar en negociación hasta que se terminasen las desavenencias con Prusia y Rusia. Ofendió la tardanza al Príncipe de la Paz, receloso en todos tiempos de la buena fe de Napoleón, y temió de él nuevos engaños. Afirmáronle en sus sospechas diversos avisos que por entonces le enviaron españoles residentes en París, opúsculos y folletos que debajo de mano fomentaba aquel gobierno, y en que se anunciaba la entera destrucción de la casa de Borbón, y en fin, el dicho mismo del Emperador, de que "si Carlos IV no quería reconocer a su hermano por rey de Nápoles, su sucesor le reconocería".

Tal cúmulo de indicios, que progresivamente vinieron a despertar las zozobras y el miedo del valido español, se acrecentaron con las noticias e informes que le dio M. de Strogonoff, nombrado ministro de Rusia en la corte de Madrid, quien había llegado a la capital de España en Enero de 1806.

Animado el Príncipe de la Paz con los consejos de dicho ministro, y mal enojado contra Napoleón, inclinábase a formar causa común con las potencias beligerantes. Parecióle, no obstante, ser prudente, antes de tomar resolución definitiva, buscar arrimo y alianza en Inglaterra. Siendo el asunto espinoso, y pidiendo, sobre todo, profundo sigilo, determinó enviar a aquel reino un sujeto que, dotado de las convenientes prendas, no excitase el cuidado del gobierno de Francia. Recayó la elección en[4] don Agustín de Argüelles, que tanto sobresalió años adelante en las cortes congregadas en Cádiz. Rehusaba el nombrado admitir el encargo, por proceder de hombre tan desestimado como era entonces el Príncipe de la Paz; pero instado por don Manuel Sixto Espinosa, director de la Consolidación, con quien le unían motivos de amistad y de reconocimiento, y vislumbrando también en su comisión un nuevo medio de contribuir a la caída del que en Francia había destruido la libertad pública, aceptó al fin el importante encargo confiado a su celo.

Ocultóse a Argüelles[5] lo que se trataba con Strogonoff, y tan sólo se le dio a entender que era forzoso ajustar paces con Inglaterra si no se quería perder toda la América, en donde acababa de tomar a Buenos Aires el general Beresford. Recomendóse en particular al comisionado discreción y secreto, y con suma diligencia, saliendo de Madrid a últimos de Septiembre, llegó a Lisboa sin que nadie, ni el mismo embajador, Conde de Campo-Alange, trasluciese el verdadero objeto de su viaje. Disponíase don Agustín de Argüelles a embarcarse para Inglaterra, cuando se recibió en Lisboa una desacordada proclama del Príncipe de la Paz, fecha 5 de Octubre,[6] en la que, apellidando la nación a guerra, sin designar enemigo, despertó la atención de las naciones extrañas, principalmente de Francia. Desde entonces miró Argüelles como inútil la continuación de su viaje, y así lo escribió a Madrid; mas, sin embargo, ordenósele pasar a Londres, en donde su comisión no tuvo resultado, así por repugnar al gobierno inglés tratos con el Príncipe de la Paz, ministro tan desacreditado e imprudente, como también por la mudanza que en dicho príncipe causaron los sucesos del Norte.

Allí Napoleón, habiendo abierto la campaña en Octubre de 1806, en vez de padecer descalabros había entrado victorioso en Berlín, derrotando en Jena al ejército prusiano. Al ruido de sus triunfos, atemorizada la corte de Madrid, y sobre todo el privado, no hubo medio que no emplease para apaciguar el entonces justo y fundado enojo del Emperador de los franceses, quien, no teniendo por concluida la guerra en tanto que la Rusia no viniese a partido, fingió quedar satisfecho con las disculpas que se le dieron, y renovó, aunque lentamente, las negociaciones con Izquierdo.

Mas no por eso dejaba de meditar cuál sería el más acomodado medio para posesionarse de España, y evitar el que en adelante se repitiesen amagos como el del 5 de Octubre. Columbró desde luego ser para su propósito feliz incidente andar aquella corte dividida entre dos parcialidades, la del Príncipe de Asturias y la de don Manuel Godoy. Habían nacido éstas de la inmoderada ambición del último, y de los temores que había infundido ella en el ánimo del primero. Sin embargo, estuvieron para componerse y disiparse en el tiempo en que había resuelto el de la Paz unirse con Inglaterra y las otras potencias del Norte; creyendo éste con razón que en aquel caso era necesario acortar su vuelo, y conformarse con las ideas y política de los nuevos aliados. Para ello, y no exponer su suerte a temible caída, había el valido imaginado casar al Príncipe de Asturias (viudo desde Mayo de 1806) con doña María Luisa de Borbón, hermana de su mujer doña María Teresa, primas ambas del Rey e hijas del difunto infante don Luis. El pensamiento fue tan adelante, que se propuso al Príncipe el enlace. Mas Godoy, veleidoso e inconstante, variadas que fueron las cosas del Norte, mudó de dictamen, volviendo a soñar en ideas de engrandecimiento. Y para que pasaran a realidad condecoróle el Rey, en 13 de Enero de 1807, con la dignidad de almirante de España e Indias, y tratamiento de alteza.

Veníale bien a Napoleón que se aumentase la división y el desorden en el palacio de Madrid. Atento a aprovecharse de semejante discordia, al paso que en París se traía entretenido a Izquierdo y al partido de Godoy, se despachaba a España, para tantear el del Príncipe de Asturias, a M. de Beauharnais, quien, como nuevo embajador, presentó sus credenciales a últimos de Diciembre de 1806. Empezó el recién llegado a dar pasos, mas fueron lentos hasta meses después, que, llevando visos de terminarse la guerra del Norte, juzgó Napoleón que se acercaba el momento de obrar.

Presentósele, en la persona de don Juan Escóiquiz, conducto acomodado para ayudar sus miras. Antiguo maestro del Príncipe de Asturias, vivía como confinado en Toledo, de cuya catedral era canónigo y dignidad, y de donde, por orden de S. A., con quien siempre mantenía secreta correspondencia, había regresado a Madrid en Marzo de 1807. Conferencióse mucho entre él y sus amigos sobre el modo de atajar la ambición de Godoy, y sacar al Príncipe de Asturias de situación que conceptuaban penosa y aun arriesgada.

Habían imaginado sondear al Embajador de Francia, y de resultas supieron por don Juan Manuel de Villena, gentil hombre del Príncipe de Asturias, y por don Pedro Giraldo, brigadier de ingenieros, maestro de matemáticas del Príncipe e infantes, y cuyos sujetos estaban en el secreto, hallarse monsieur de Beauharnais pronto a entrar en relaciones con quien su Alteza indicase. Dudóse si la propuesta encubría o no engaño; y para asegurarse unos y otros, convínose en una pregunta y seña que recíprocamente se harían en la corte el Príncipe y el Embajador. Cerciorados de no haber falsedad, y escogido Escóiquiz para tratar, presentó a éste en casa de dicho Embajador el Duque del Infantado, con pretexto de regalarle un ejemplar de su poema sobre la conquista de Méjico. Entablado conocimiento entre monsieur de Beauharnais y el maestro del Príncipe, avistáronse un día de los de Julio, y a las dos de la tarde, en el Retiro. La hora, el sitio y lo caluroso de la estación les daba seguridad de no ser notados.

Hablaron allí sosegadamente del estado de España y Francia, de la utilidad para ambas naciones de afianzar su alianza en vínculos de familia, y por consiguiente, de la conveniencia de enlazar al príncipe Fernando con una princesa de la sangre imperial de Napoleón. El Embajador convino con Escóiquiz en los más de los puntos, particularmente en el último, quedando en darle posterior y categórica contestación. Siguiéronse a este paso otros más o menos directos, pero que nada tuvieron de importante hasta que en 30 de Septiembre escribió M. de Beauharnais una carta a Escóiquiz, en la que, rayando las expresiones de que *no bastaban cosas vagas,* sino que se necesitaba una *segura prenda* (*une garantie*), daba por lo mismo a entender que aquéllas salían de boca de su amo. Movido de esta insinuación, se dirigió el Príncipe de Asturias, en 11 de Octubre, al Emperador francés, en términos que, según veremos muy luego, hubiera podido resultar grave cargo contra su persona.

Hasta aquí llegaron los tratos del embajador Beauharnais con don Juan Escóiquiz, cuyo principal objeto se enderezaba a arreglar la unión del príncipe Fernando con una sobrina de la Emperatriz, ofrecida después al Duque de Aremberg. Todo da indicio de que el Embajador obró según instrucciones de su amo; y si bien es verdad que éste desconoció como suyos los procedimientos de aquél, no es probable que se hubiera M. de Beauharnais expuesto con soberano tan poco sufrido a dar pasos de tamaña importancia sin previa autorización. Pudo quizás excederse; quizás el interés de familia le llevó a proponer para esposa una persona con quien tenía deudo; pero que la negocia-

El Conde de Toreno

ción tomó origen en París lo acredita el haber después sostenido el Emperador a su representante.

Sin embargo, tales pláticas tenían más bien traza de entretenimiento que de seria y deliberada determinación. Ibale mejor al arrebatado temple de Napoleón, buscar por violencia o por malas artes el cumplimiento de lo que su política o su ambición le sugería. Así fue que para remover estorbos e irse preparando a la ejecución de sus proyectos, de nuevo pidió al gobierno español auxilio de tropas; y conformándose Carlos IV con la voluntad de su aliado, decidió en Marzo de 1807 que una división, unida con la que estaba en Toscana, y componiendo juntas un cuerpo de 14 000 hombres, se dirigiese al norte de Europa.[7] De este modo menguaban cada día en España los recursos y medios de resistencia.

Entretanto Napoleón, habiendo continuado con feliz progreso la campaña emprendida contra las armas combinadas de Prusia y Rusia, había en 8 de Julio siguiente concluido la paz de Tilsit. Algunos se han figurado que se concertaron allí ambos emperadores ruso y francés acerca de asuntos secretos y arduos, siendo uno entre ellos el de dejar a la libre facultad del último la suerte de España. Hemos consultado en materia tan grave respetables personajes, y que tuvieron principal parte en aquellas conferencias y tratos. Sin interés en ocultar la verdad, y lejos ya del tiempo en que ocurrieron, han respondido a nuestras preguntas que no se había entonces hablado sino vagamente de asuntos de España; y que tan sólo Napoleón, quejándose con acrimonia de la proclama del Príncipe de la Paz, añadía a veces que los españoles, luego que le veían ocupado en otra parte, mudaban de lenguaje y le inquietaban.

Sea de ello lo que fuere, lo cierto es que con la paz, asegurado Napoleón de la Rusia, a lo menos por de pronto, pudo, con más desahogo, volver hacia el Mediodía los inquietos ojos de su desapoderada ambición. Pensó desde luego disfrazar sus intentos con la necesidad de extender a todas partes el sistema continental (cuyas bases había echado en su decreto de Berlín, de Febrero del mismo año), y de arrancar la Inglaterra a su antiguo y fiel aliado el Rey de Portugal. Era, en efecto, muy importante para cualquiera tentativa o plan contra la Península someter a su dominio a Lisboa, alejar a los ingleses de los puertos de aquella costa, y tener un pretexto, al parecer plausible, con que poder internar en el corazón de España numerosas fuerzas.

Para dar principio a su empresa promovió muy particularmente las negociaciones entabladas con Izquierdo, y a la sombra de aquéllas y del tratado que se discutía, empezó en Agosto de 1807 a juntar en Bayona un ejército de 25 000 hombres, con el título de cuerpo de observación de la Gironda, nombre con que cautelosamente embozaba el gobierno francés sus hostiles miras contra la península española. Diose el mando de aquella fuerza a Junot, quien, embajador en Portugal en 1805, había desamparado la pacífica misión para acompañar a su caudillo en atrevidas y militares empresas. Ahora se preparaba a dar la vuelta a Lisboa, no ya para ocupar su antiguo puesto, sino más bien para arrojar del trono a una familia augusta, que le había honrado con las insignias de la orden de Cristo.

Aunque no sea de nuestro propósito entrar en una relación circunstanciada de los graves acontecimientos que van a ocurrir en Portugal, no podemos menos de darles aquí algún lugar, como tan unidos y conexos con los de España. En París se examinaba con Izquierdo el modo de partir y distribuirse aquel reino, y para que todo estuviese pronto el día de la conclusión del tratado, además de la reunión de tropas a la falda del Pirineo, se dispuso que negociaciones seguidas en Lisboa abriesen el camino a la ejecución de los planes en que conviniesen ambas potencias contratantes. Comenzóse la urdida trama por notas que en 12 de Agosto pasaron el encargado de negocios francés Mr. de Rayneval y el embajador de España, Conde de Campo-Alange. Decían en ellas que tenían la orden de pedir sus pasaportes, y declarar la guerra a Portugal, si para el primero de Septiembre próximo el Príncipe Regente no hubiese manifestado la resolución de romper con la Inglaterra y de unir sus escuadras con las otras del continente para que juntas obrasen contra el común enemigo, se exigía además la confiscación de todas las mercancías procedentes de origen británico, y la detención, como rehenes, de los súbditos de aquella nación. El Príncipe Regente, de acuerdo con Inglaterra, respondió que estaba pronto a cerrar los puertos a los ingleses y a interrumpir toda correspondencia con su antiguo aliado; mas que en medio de la paz confiscar todas las mercancías británicas, y prender a extranjeros tranquilos, eran providencias opuestas a los principios de justicia y moderación, que le habían siempre dirigido. Los representantes de España y Francia, no habiendo alcanzado lo que pedían (resultado conforme a las verdaderas intenciones de sus respectivas cortes), partieron de Lisboa antes de comenzarse Octubre, y su salida fue el preludio de la invasión.

Todavía no estaban concluidas las negociaciones con Izquierdo; todavía no se había cerrado trato alguno, cuando Napoleón, impaciente, lleno del encendido deseo de empezar su proyectada empresa, e informado de la partida de los embajadores, dio orden a Junot para que entrase en España, y el 18 de Octubre cruzó el Bidasoa la primera división francesa, a las órdenes del general Delaborde; época memorable, principio del tropel de males y desgracias, de perfidias y heroicos hechos que sucesivamente nos va a desdoblar la historia. Pasada la primera división, la siguieron la segunda y la tercera, mandadas por los generales Loison y Travot, con la caballería, cuyo jefe era el general Kellerman. En Irún tuvo orden de recibir y obsequiar a Junot don Pedro Rodríguez de la Buria; encargo que ya había desempeñado en la otra guerra con Portugal. Las tropas francesas se encaminaron por Burgos y Valladolid hacia Salamanca, a cuya ciudad llegaron veinte y cinco días después de haber entrado en España. Por todas partes fueron festejadas y bien recibidas, y muy lejos estaban de imaginarse los solícitos moradores del tránsito la ingrata correspondencia con que iba a pagárseles tan esmerada y agasajadora hospitalidad.

Tocaron, mientras tanto, a su cumplido término las negociaciones que andaban en Francia, y el 27 de Octubre, en Fontainebleau se firmó entre don Eugenio Izquierdo y el general Duroc, gran mariscal de palacio del Emperador francés, un tratado[8] compuesto de catorce artículos, con una convención aneja, comprensiva de otros siete. Por estos conciertos se trataba a Portugal del modo como antes otras potencias habían dispuesto de la Polonia, con la diferencia de que entonces fueron iguales y poderosos los gobiernos que entre sí se acordaron, y en Fontainebleau tan desemejantes y desproporcionados, que al llegar al cumplimiento de lo pactado, repitiéndose la conocida fábula del león y sus partijas, dejóse a España sin nada, y del todo quiso hacerse dueño su insaciable aliado. Se estipulaba por el tratado que la provincia de Entre-Duero-y-Miño se daría en toda propiedad y soberanía, con título de Lusitania septentrional, al Rey de Etruria y sus descendientes, quien, a su vez, cedería, en los mismos términos, dicho reino de Etruria al Emperador de los franceses; que los Algarbes y el Alentejo igualmente se entregarían en toda propiedad y soberanía al Príncipe de la Paz, con la denominación de príncipe de los Algarbes, y que las provincias de Beira, Tras-los-Montes y Extremadura portuguesa quedarían como en secuestro hasta la paz general, en cuyo tiempo podrían ser cambiadas por Gibraltar, la Trinidad o alguna otra colonia de las conquistadas por los ingleses; que el Emperador de los franceses saldría garante a Su Majestad Católica de la posesión de sus estados de Europa al mediodía de los Pirineos, y le reconocería como emperador de ambas Américas a la conclusión de la paz general, o a más tardar dentro de tres años. La convención que acompañaba al tratado circunstanciaba el modo de llevar a efecto lo estipulado en el mismo: 25 000 hombres de infantería francesa y 3000 de caballería habían de entrar en España, y reuniéndose a ellos 8000 infantes españoles y 3000 caballos, marchar en derechura a Lisboa, a las órdenes ambos cuerpos del general francés, exceptuándose solamente el caso en que el Rey de España o el Príncipe de la Paz fuesen al sitio en que las tropas aliadas se encontrasen, pues entonces a éstos se cedería el mando. Las provincias de Beira, Tras-los-Montes y Extremadura portuguesa debían ser administradas y exigírseles las contribuciones en favor y utilidad de Francia. Y al mismo tiempo que una división de 10 000 hombres de tropas españolas tomase posesión de la provincia de Entre-Duero-y-Miño, con la ciudad de Oporto, otra de 6000 de la misma nación ocuparía el Alentejo y los Algarbes, y así aquella primera provincia como las últimas habían de quedar a cargo, para su gobierno y administración, de los generales españoles. Las tropas francesas, alimentadas por España durante el tránsito, debían cobrar sus pagas de Francia. Finalmente se convenía en que un cuerpo de 40 000 hombres se reuniese en Bayona el 20 de Noviembre, el cual marcharía contra Portugal en caso de necesidad, y precedido el consentimiento de ambas potencias contratantes.

En la conclusión de este tratado Napoleón, al paso que buscaba el medio de apoderarse de Portugal, nuevamente separaba de España otra parte considerable de tropas, como antes había alejado las que fueron al Norte, e introducía sin ruido y solapadamente las fuerzas necesarias a la ejecución de sus ulteriores y todavía ocultos planes, y lisonjeando la inmoderada ambición del privado español, le adormecía y le enredaba en sus lazos, temeroso de que desengañado a tiempo y volviendo de su deslumbrado encanto, quisiera acudir al remedio de la ruina que le amenazaba. Ansioso el Príncipe de la Paz de evitar los vaivenes de la fortuna, aprobaba convenios que hasta cierto punto le guarecían de las persecuciones del gobierno español en cualquiera mudanza. Quizá veía también en la compendiosa soberanía de los Algarbes el primer escalón para subir a trono más elevado. Mucho se volvió a hablar en aquel tiempo del criminal proyecto que años atrás se aseguraba haber concebido María Luisa, arrastrada de su ciega pasión, contando con el apoyo del favorito. Y no cabe duda que, acerca de variar de dinastía, se tanteó a varias personas, llegando a punto de buscar amigos y parciales sin disfraz ni rebozo. Entre los solicitados fue uno el coronel de Pavía, don Tomás de Jáuregui, a quien descaradamente tocó tan delicado asunto don Diego Godoy; no faltaron otros que igualmente le promovieron. Mas los sucesos, agolpándose de tropel, convirtieron en humo los ideados e impróvidos intentos de la ciega ambición.

Tal era el deseado remate a que habían llegado las negociaciones de Izquierdo, y tal había sido el principio de la entrada de las tropas francesas en la Península, cuando un acontecimiento con señales de suma gravedad fijó en aquellos días la atención de toda España.

Vivía el Príncipe de Asturias alejado de los negocios, y solo, sin influjo ni poder alguno, pasaba tristemente los mejores años de su mocedad sujeto a la monótona y severa etiqueta de palacio. Aumentábase su recogimiento por los temores que infundía su persona a los que entonces dirigían la monarquía; se observaba su conducta, y hasta los más inocentes pasos eran atentamente acechados. Prorrumpía el Príncipe en amargas quejas, y sus expresiones solían a veces ser algún tanto descompuestas. A ejemplo suyo, los criados de su cuarto hablaban con más desenvoltura de lo que era conveniente, y repetidos, aun quizás alterados al pasar de boca en boca, aquellos dichos y conversaciones avivaron más y más el odio de sus irreconciliables enemigos. No bastaba, sin embargo, tan ligero proceder para empezar una información judicial; solamente dio ocasión a nuevo cuidado y vigilancia. Redoblados uno y otra, al fin se notó que el Príncipe secretamente recibía cartas; que muy ocupado en escribir, velaba por las noches, y que en su semblante daba indicio de meditar algún importante asunto. Era suficiente cualquiera de aquellas sospechas para despertar el interesado celo de los asalariados que le rodeaban, y una dama de la servidumbre de la Reina le dio aviso de la misteriosa y extraña vida que traía su hijo. No tardó el Rey en estar advertido y estimulado por su esposa, dispuso que se recogiesen todos los papeles del desprevenido Fernando. Así se ejecutó, y al día siguiente 29 de Octubre, a las seis y media de la noche, convocados en el cuarto de S. M. los ministros del Despacho y don Arias Mon, gobernador interino del Consejo, compareció el Príncipe, se le sometió a un interrogatorio, y se le exigieron explicaciones sobre el contenido de los papeles aprehendidos. En seguida su augusto padre, acompañado de los mismos ministros y gobernador, con grande aparato y al frente de su guardia, le llevó a su habitación, en donde, después de haberle pedido la espada, le mandó que quedase preso, puestas centinelas para su custodia; su servidumbre fue igualmente arrestada.

Al ver la solemnidad y aun semejanza del acto, hubiera podido imaginarse el atónito espectador que en las lúgubres y suntuosas bóvedas de El Escorial iba a renovarse la deplorable y trágica escena que en el alcázar de Madrid había dado al orbe el sombrío Felipe II; pero otros eran los tiempos, otros los actores y muy otra la situación de España.

Se componían los papeles hasta entonces aprehendidos al Príncipe,[9] de un cuadernillo escrito de su puño, de algo más de doce hojas, de otro de cinco y media, de una carta de letra disfrazada y sin firma, fecha en Talavera a 18 de Marzo, y reconocida después por de Escóiquiz, de cifra y clave para la correspondencia entre ambos, y de medio pliego de números, cifras y nombres que en otro tiempo habían servido para la comunicación secreta de la difunta Princesa de Asturias con la Reina de Nápoles, su madre. Era el cuadernillo de las doce hojas una exposición al Rey, en la que, después de trazar con colores vivos la vida y principales hechos del Príncipe de la Paz, se le acusaba de graves delitos, sospechándole del horrendo intento de querer subir al trono y de acabar con el Rey y toda la reol familia. También hablaba Fernando de sus persecuciones personales, mencionando, entre otras cosas, el haberle alejado del lado del Rey, sin permitirle ir con él a caza ni asistir al despacho. Se proponían como medios de evitar el cumplimiento de los criminales proyectos del favorito, dar al Príncipe heredero facultad para arreglarlo todo, a fin de prender al acusado y confinarle en un castillo. Igualmente se pedía el embargo de parte de sus bienes, la prisión de sus criados, de doña Josefa Tudó y otros sujetos, según se dispusiese en decretos que el mismo Príncipe presentaría a la aprobación de su padre. Indicábase como medida previa, y para que el rey Carlos examinase la justicia de las quejas, una batida en el Pardo o Casa de Campo, en que acudiese el Príncipe, y en donde se oirían los informes de las personas que nombrase S. M., con tal que no estuviesen presentes la Reina ni Godoy; asimismo se suplicaba que llegado el momento de la prisión del valido, no se separase el padre del lado de su hijo, para que los primeros ímpetus del sentimiento de la Reina no alterasen la determinación de S. M.; concluyendo con rogarle encarecidamente que en caso de no acceder a su petición, le guardase secreto, pudiendo su vida, si se descubriese el paso que había dado, correr inminente riesgo. El papel de cinco hojas y la carta eran, como la anterior, obra de Escóiquiz; se insistía en los mismos negocios, y tratando de oponerse al enlace antes propuesto con la hermana de la Princesa de la Paz, se insinuaba el modo de llevar a cabo el deseado casamiento con una parienta del Emperador de los franceses. Se usaban nombres fingidos, y suponiéndose ser consejos de un fraile, no era extraño que mezclando lo sagrado con lo profano se recomendase ante todo, como así se hacía, implorar la divina asistencia de la Virgen. En aquellas instrucciones también se trataba de que el Príncipe se dirigiese a su madre, interesándola como reina y como mujer, cuyo amor propio se hallaba ofendido con los ingratos desvíos de su predilecto favorito. En el concebir de tan desvariada intriga ya despunta aquella sencilla credulidad y ambicioso desasosiego, de que nos dará desgraciadamente, en el curso de esta *Historia,* sobradas pruebas el canónigo Escóiquiz. En efecto, admira cómo pensó que un príncipe mozo e inexperto había de tener más cabida en el pecho de su augusto padre que una esposa y un valido, dueños absolutos por hábito y afición del perezoso ánimo de tan débil monarca. Mas de los papeles cogidos al Príncipe, si bien se advertía, al examinarlos, grande anhelo por alcanzar el mando y por intervenir en los negocios del gobierno, no resultaba proyecto alguno formal de destronar al Rey, ni menos el atroz crimen de un hijo que intenta quitar la vida a su padre. A pesar de eso, fueron causa de que se publicase el famoso decreto de 30 de Octubre, que, como importante, lo insertaremos a la letra. Decía, pues: "Dios, que vela sobre las criaturas, no permite la ejecución de hechos atroces cuando las víctimas son inocentes. Así me ha librado su omnipotencia de la más inaudita catástrofe. Mi pueblo, mis vasallos todos conocen muy bien mi cristiandad y mis costumbres arregladas; todos me aman y de todos recibo pruebas de veneración, cual exige el respeto de un padre amante de sus hijos. Vivía yo persuadido de esta verdad, cuando una mano desconocida me enseña y descubre el más enorme y el más inaudito plan que se trazaba en mi mismo palacio contra mi persona. La vida mía, que tantas veces ha estado en riesgo, era ya una carga para mi sucesor, que preocupado, obcecado y enajenado de todos los principios de cristiandad que le enseñó mi paternal cuidado y amor, había admitido un plan para destronarme. Entonces yo quise indagar por mí la verdad del hecho, y sorprendiéndole en su mismo cuarto, hallé en su poder la cifra de inteligencia e instrucciones que recibía de los malvados. Convoqué al examen a mi gobernador interino del Consejo, para que asociado con otros ministros practicasen las diligencias de indagación. Todo se hizo, y de ella resultan varios reos, cuya prisión he decretado, así como el arresto de mi hijo en su habitación. Esta pena quedaba a las muchas que me afligen; pero así como es la más dolorosa, es también la más importante de purgar, e ínterin mando publicar el resultado, no quiero dejar de manifestar a mis vasallos mi disgusto, que será menor con las muestras de su lealtad. Tendréislo entendido para que se circule en la forma conveniente. En San Lorenzo, a 30 de Octubre de 1807. — Al gobernador interino del Consejo." Este decreto se aseguró después que era de puño del Príncipe de la Paz; así lo atestiguaron cuatro secretarios del Rey, mas no obra original en el proceso.

Por el mismo tiempo escribió Carlos IV al emperador Napoleón dándole parte del acontecimiento del Escorial. En la carta, después de indicarle cuán particularmente se ocupaba en los medios de cooperar a la destrucción del común enemigo (así llamaba a los ingleses), y después de participarle cuán persuadido había estado hasta entonces de que todas las intrigas de la Reina de Nápoles (expresiones notables) se habían sepultado con su hija, entraba a anunciarle la terrible novedad del día. No sólo le comunicaba el designio que suponía a su hijo de querer destronarle, sino que añadía el nuevo y horrendo de haber maquinado contra la vida de su madre, por cuyos enormes crímenes manifestaba el rey Carlos que debía el Príncipe heredero ser castigado, y revocada la ley que le llamaba a suceder en el trono, poniendo en su lugar a uno de sus hermanos; y por último, concluía aquel monarca pidiendo la asistencia y consejo de S. M. I. La indicación estampada en esta carta, de privar a Fernando del derecho de sucesión, tal vez encubría miras ulteriores del partido de Godoy y la Reina; desbaratadas, si las hubo, por obstáculos imprevistos, entre los cuales puede contarse una ocurrencia que, debiendo agravar la suerte del Príncipe y sus amigos si la recta imparcialidad hubiera gobernado en la materia, fue la que salvó a todos ellos de un funesto desenlace. Dieron ocasión a ella los temores del real preso y el abatimiento en que le sumió su arresto.

El día 30, a la una de la tarde, luego que el Rey había salido a caza, pasó el Príncipe un recado a la Reina para que se dignase ir a su cuarto, o le permitiera que en el suyo le expusiese cosa del mayor interés: la Reina se negó a uno y a otro; pero envió al Marqués Caballero, ministro de Gracia y Justicia. Entonces bajo su firma declaró el Príncipe haber dirigido, con fecha de 11 de Octubre, una carta (la misma de que hemos hablado) al Emperador de los franceses, y haber expedido en favor del Duque del Infantado un decreto, todo de su puño, con fecha en blanco y sello negro, autorizándole para que tomase el mando de Castilla la Nueva luego que falleciese su padre; declaró además ser Escóiquiz el autor del papel copiado por S. A., y los medios de que se habían valido para su correspondencia: hubo de resultas varios arrestos. En la carta reservada a Napoleón le manifestaba el Príncipe[10] "el aprecio y respeto que siempre había tenido por su persona; le apellidaba *héroe mayor que cuantos le habían precedido;* le pintaba la opresión en que le habían puesto; el abuso que se hacía del corazón recto y generoso de su padre; le pedía para esposa una princesa de su familia, rogándole que allanase las dificultades que se ofrecieran; y concluía con afirmarle que no accedería, antes bien se opondría con invencible constancia, a cualquiera casamiento, siempre que no precediese el consentimiento y aprobación positiva de S. M. I. y R." Estas declaraciones espontáneas, en que tan gravemente comprometía el Príncipe a sus amigos y parciales, perjudicáronle en el concepto de algunos; su edad pasaba de los veintitrés años, y ya entonces mayor firmeza fuera de desear en quien había de ceñirse las sienes con corona de reinos tan dilatados. El decreto expedido en favor del Infantado hubiera por sí solo acarreado en otros tiempos la perdición de todos los comprometidos en la causa; por nulas se hubieran dado las disculpas alegadas, y el temor de la próxima muerte de Carlos IV y los recelos de las ambiciosas miras del valido, antes bien se hubieran tenido como agravantes indicios que admitídose como descargos de la acusación. Semejantes precauciones, de dudosa interpretación aun entre particulares, en los palacios son crímenes de Estado cuando no llegan a cumplida ejecución y acabamiento. Con más razón se hubiera dado por tal la carta escrita a Napoleón; pero esta carta, en que un príncipe, un español, a escondidas de su padre y soberano legítimo, se dirige a otro extranjero, le pide su apoyo, la mano de una señora de su familia, y se obliga a no casarse en tiempo alguno sin su anuencia; esta carta salvó a Fernando y a sus amigos.

No fue así en la causa de don Carlos de Viana: aquel príncipe, de edad de cuarenta años, sabio y entendido, amigo de Ausias March, con derecho inconcuso al reino de Navarra, creyó que no se excedía en dar por sí los primeros pasos para buscar la unión con una infanta de Castilla. Bastó tan ligero motivo para que el fiero don Juan, su padre, le hiciese en su segunda prisión un cargo gravísimo por su inconsiderada conducta. Probó don Carlos haber antes declarado que no se casaría sin preceder la aprobación de su padre; ni aun entonces se amansó la orgullosa altivez de don Juan, que miraba la independencia y derechos de la corona atropellados y ultrajados por los tratos de su hijo.

Ahora en la sometida y acobardada corte de El Escorial, al oír que el nombre de Napoleón andaba mezclado en las declaraciones del Príncipe, todos se estremecieron y anhelaron poner término a tamaño compromiso, imaginándose que Fernando había obrado de acuerdo con el Soberano de Francia, y que había osado con su arrimo meterse en la arriesgada empresa. El poder inmenso de Napoleón, y las tropas que habiendo empezado a entrar en España amenazaban de cerca a los que se opusiesen a sus intentos, arredraron al generalísimo Godoy, y resolvió cortar el comenzado proceso. Más y más debió confirmarle en su propósito un pliego que desde París,[11] en 11 de Noviembre, le escribió Izquierdo. En él insertaba éste una conferencia que había tenido con Champagny, en la cual el ministro francés exigió, de orden del Emperador, que *por ningún motivo ni razón, y bajo ningún pretexto, se hablase ni se publicase en este negocio cosa que tuviese alusión al Emperador ni a su embajador.* Vacilante todavía el ánimo de Napoleón sobre el modo de ejecutar sus planes respecto de España, no quería aparecer a vista de Europa partícipe en los acontecimientos de El Escorial.

Antes de recibir el aviso de Izquierdo, le fue bastante al Príncipe de la Paz saber las nuevas declaraciones del real preso para pasar al sitio desde Madrid, en donde como amalado había permanecido durante el tiempo de la prisión. Hacía resolución, con su viaje, de cortar una causa cuyo giro presentaba un nuevo y desagradable semblante: vio a los reyes, se concertó con ellos, y ofreció arreglar asunto tan espinoso. Yendo, pues, al cuarto del Príncipe, se le presentó como mediador, y le propuso que aplacase la cólera de sus augustos padres, pidiéndole con arrepentimiento contrito el más sumiso perdón; para alcanzarle, indicó como oportuno medio el que escribiese dos cartas, cuyos borradores llevaba consigo. Fernando copió las cartas. Sus desgracias y el profundo odio que había contra Godoy no dejaron lugar a penosas reflexiones, y aun la disculpa halló cabida en ánimos exclusivamente irritados contra el gobierno y manejos del favorito. Ambas cartas se publicaron con el decreto de 5 de Noviembre, y por lo curioso e importante de aquellos documentos, merecen que íntegramente aquí se inserten. "La voz de la naturaleza (decía el decreto al Consejo) desarma el brazo de la venganza, y cuando la inadvertencia reclama la piedad, no puede negarse a ello un padre amoroso. Mi hijo ha declarado ya los autores del plan horrible que le habían hecho concebir unos malvados: todo lo ha manifestado en forma de derecho, y todo consta con la escrupulosidad que exige la ley en tales pruebas; su arrepentimiento le ha dictado las representaciones que me ha dirigido y siguen:

"Señor: Papá mío: He delinquido, he faltado a V. M. como rey y como padre; pero me arrepiento, y ofrezco a V. M. la obediencia más humilde. Nada debía hacer sin noticia de V. M.; pero fui sorprendido. He delatado a los culpables, y pido a V. M. me perdone por haberle mentido la otra noche; permitiendo besar sus reales pies a su reconocido hijo, *Fernando.* — San Lorenzo, 5 de Noviembre de 1807."

"Señora: Mamá mía: Estoy muy arrepentido del grandísimo delito que he cometido contra mis padres y reyes; y así con la mayor humildad le pido a V. M. se digne interceder con papá para que permita ir a besar sus reales pies a su reconocido hijo, *Fernando.* — San Lorenzo, 5 de Noviembre de 1807."

"En vista de ellos, y a ruego de la Reina, mi amada esposa, perdono a mi hijo, y le volveré a mi gracia cuando con su conducta me dé pruebas de una verdadera reforma en su frágil manejo; y mando que los mismos jueces que han entendido en la causa desde su principio, la sigan, permitiéndoles asociados si los necesitaren, y que concluida me consulten la sentencia ajustada a la ley, según fuesen la gravedad de delitos y calidad de personas en quienes recaigan; teniendo por principio para la formación de cargos las respuestas dadas por el Príncipe a las demandas que se le han hecho; pues todas están rubricadas y firmadas de mi puño, así como los papeles aprehendidos en sus mesas, escritos por su mano; y esta providencia se comunique a mis consejos y tribunales, circulándola a mis pueblos, para que reconozcan en ella mi piedad y justicia y alivien la aflicción y cuidado en que les puso mi primer decreto; pues en él verán el riesgo de su soberano y padre, que como a hijos los ama, y así me corresponden. Tendréislo entendido para su cumplimiento. — San Lorenzo, 5 de Noviembre de 1807."

Presentar a Fernando ante la Europa entera como príncipe débil y culpado; desacreditarle en la opinión nacional, y perderle en el ánimo de sus parciales; poner a salvo al embajador francés, y separar de todos los incidentes de la causa a su gobierno, fue el principal intento que llevó Godoy y su partido en la singular reconciliación de padre e hijo. Alcanzó hasta cierto punto su objeto; mas el público, aunque no enterado a fondo, echaba a mala parte la solícita mediación del privado, y el odio hacia su persona, en vez de mitigarse, tomó nuevo incremento.

Para la prosecución de la causa contra los demás procesados, nombró el Rey, en el día 6, una junta, compuesta de don Arias Mon, don Sebastián de Torres y don Domingo Campomanes, del Consejo Real, y señaló como secretario a don Benito Arias Prada, alcalde de corte. El Marqués Caballero, que en un principio se mostró riguroso, y tanto, que habiendo manifestado delante de los reyes ser el Príncipe por *siete capítulos* reo de pena capital, obligó a la ofendida Reina a suplicarle que se acordase de que el acusado era su hijo; el mismo Caballero arregló el modo de seguir la causa, y descartar de ella todo lo que pudiera comprometer al Príncipe y embajador francés; rasgo propio de su ruin condición. Formada la sumaria, fue elegido para fiscal de la causa don Simón de Viegas, y se agregaron a los referidos jueces, para dar la sentencia, otros ocho consejeros. El fiscal Viegas pidió que se impusiese la pena de traidores, señalada por la ley de Partida, a don Juan Escóiquiz y al Duque del Infantado, y otras extraordinarias, por infidelidad en el ejercicio de sus empleos, al Conde de Orgaz, Marqués de Ayerbe y otras personas de la servidumbre del Príncipe de Asturias. Continuó el proceso hasta Enero de 1808, en cuyo día 25 los jueces, no conformándose con la acusación fiscal, absolvieron completamente y declararon libres de todo cargo a los perseguidos como reos. Sin embargo, el Rey por sí y gubernativamente confinó y envió a conventos, fortalezas o destierros a Escóiquiz y a los duques del Infantado y de San Carlos y a otros varios de los complicados en la causa: triste privilegio de toda potestad suprema que no halla en las leyes justo límite a sus desafueros.

Tal fue el término del ruidoso y escandaloso proceso de El Escorial. Con dificultad se resguardarán de la severa censura de la posteridad los que en él tomaron parte, los que le promovieron, los que le fallaron; en una palabra, los acusados, los acusadores y los mismos jueces. Vemos a un rey precipitarse a acusar en público, sin pruebas, a su hijo del horrendo crimen de querer destronarle, y antes de que un detenido juicio hubiese sellado con su fallo tamaña acusación. Y para colmo de baldón en medio de tanta flaqueza y aceleramiento, se nos presenta como ángel de paz y mediador para la concordia el malhadado favorito, principal origen de todos los males y desavenencias; consejero y autor del decreto de 30 de Octubre, comprometió con suma ligereza la alta dignidad del Rey; promovedor de la concordia y del perdón pedido y alcanzado, quiso desconceptuar al hijo sin dar realce ni brillo a los sentimientos generosos de un apiadado padre. Fue también desusado, y podemos decir ilegal, el modo de proceder en la causa. Según la sentencia, que con una relación preliminar se publicó al subir Fernando al trono, no se hizo mérito en su formación, ni de algunas de las declaraciones espontáneas del Príncipe, ni de su carta a Napoleón, ni de las conferencias con el embajador francés; a lo menos así se infiere del definitivo fallo dado por el tribunal. Difícil sería acertar con el motivo de tan extraño silencio, si no nos lo hubieran ya explicado los temores que entonces infundía el nombre de Napoleón. Mas si la política descubre la causa del extraordinario modo de proceder, no por eso queda intacta y pura la austera imparcialidad de los magistrados; un proceso, después de comenzado, no puede amoldarse al antojo de un tribunal, ni descartarse a su arbitrio los documentos o pruebas más importantes. Entre los jueces había respetables varones, cuya integridad había permanecido sin mancilla en el largo espacio de una honrosa carrera, si bien hasta entonces negocios de tal cuantía no se habían puesto en el crisol de su severa equidad. Fuese equivocación en su juicio, o fuese más bien por razón de estado, lo cierto es que en la prosecución y término de la causa se apartaron de las reglas de la justicia legal, y la ofrecieron al público manca y no cumplidamente formada ni llevada a cabo. Se contaban también en el número de jueces algunos amigos y favorecidos del privado, como lo era el fiscal Viegas. Al ver que se separaron en su voto de la opinión de éste, aunque ya circunscrita a ciertas personas, hubo quien creyera que el nombre de Napoleón, y los temores de la nube que se levantaba en el Pirineo, pesaron más en la flexible balanza de su justicia que los empeños de la antigua amistad. Es de temer que su conciencia, perpleja con lo escabroso del asunto y lo arduo de las circunstancias, no se haya visto bastantemente desembarazada y cual convenía de aquel sobresalto que ya antes se había apoderado del blando y asustadizo ánimo de los cortesanos.

Esta discordia en la familia real, esta división en los que gobernaban, siempre perjudicial y dolorosa, lo era mucho más ahora, en que una perfecta unión debiera haber estrechado a todos para desconcertar las siniestras miras del gabinete de Francia, y para imponerle con la íntima concordia el debido respeto. Ciegos unos y otros, buscaron en él amistad y arrimo; y desconociendo el peligro común, le animaron con sus disensiones a la prosecución de falaces intentos; alucinamiento general a los partidos, que no aspiran sino a cebar momentáneamente su saña, olvidándose de que a veces con la ruina de su contrario, el mismo vencedor facilita y labra la suya propia.

Favorecido por la deplorable situación del Gobierno español, fue el francés adelante en su propósito, y confiado en ella, aceleró más bien que detuvo la marcha de Junot hacia Portugal. Dejamos a aquel general en Salamanca, adonde había llegado en los primeros días de Noviembre, recibiendo de allí a poco orden de Napoleón para que no difiriese la continuación ejecutiva de su empresa bajo pretexto alguno, ni aun por falta de mantenimientos, *pudiendo 20 000 hombres*, según decía, *vivir por todas partes aún en el desierto*. Estimulado Junot con tan premioso mandato, determinó tomar el camino más breve, sin reparar en los tropiezos ni obstáculos de un terreno para él del todo desconocido. Salió el 12 de Salamanca, y tomando la vuelta de Ciudad Rodrigo y el puerto de Perales, llegó a Alcántara al cabo de cinco días. Reunido allí con algunas fuerzas españolas a las órdenes del general don Juan Carrafa, atravesaron los franceses el Erjas, río fronterizo, y llegaron a Castello-Branco sin habérseles opuesto resistencia. Prosiguieron su marcha por aquel fragoso país, y encontrándose con terreno tan quebrado y de caminos poco trillados, quedaron bien pronto atrás la artillería y los bagajes. Los pueblos del tránsito, pobres y desprevenidos, no ofrecieron ni recursos ni abrigo a las tropas invasoras, las que, acosadas por la necesidad y el hambre, cometieron todo linaje de excesos contra moradores desacostumbrados de largo tiempo a las calamidades de la guerra. Desgraciadamente los españoles que iban en su compañía imitaron el mal ejemplo de sus aliados, muy diverso del que les dieron las tropas que penetraron por Badajoz y Galicia, si bien es verdad que asistieron a éstas menos motivos de desorden e indisciplina.

La vanguardia llegó el 23 a Abrantes, distante veinte y cinco leguas de Lisboa. Hasta entonces no había recibido el gobierno portugués aviso cierto de que los franceses hubieran pasado la frontera; inexplicable descuido, pero propio de la dejadez y abandono con que eran gobernados los pueblos de la península. Antes de esto, y verificada la salida de los embajadores, había el gabinete de Lisboa buscado algún medio de acomodamiento, condescendiendo más y más con los deseos que aquéllos habían mostrado a nombre de sus cortes; era el encontrarle tanto más difícil, cuanto el mismo ministerio portugués estaba entre sí poco acorde. Dos opiniones políticas le dividían: una de ellas, la de contraer amistad y alianza con Francia, como medida la más propia para salvar la actual dinastía y aun la independencia nacional; y otra, la de estrechar los antiguos vínculos con la Inglaterra, pudiendo así levantar de los mares allá un nuevo Portugal, si el de Europa tenía que someterse a la irresistible fuerza del Emperador francés. Seguía la primera opinión el ministro Araujo, y contaba la segunda como principal cabeza al consejero de Estado don Rodrigo de Sousa Coutiño. Se inclinaba muy a las claras a la última el Príncipe regente, si a ello no se oponía el bien de sus súbditos y el interés de su familia. Después de larga incertidumbre, se convino, al fin, en adoptar ciertas medidas contemporizadoras, como si con ellas se hubiera podido satisfacer a quien solamente deseaba simulados motivos de usurpación y conquista. Para ponerlas en ejecución sin gran menoscabo de los intereses británicos, se dejó que tranquilamente diese la vela el 18 de Octubre la factoría inglesa, la cual llevó a su bordo respetables familias extranjeras con cuantiosos caudales.

A pocos días, el 22 del mismo mes, se publicó una proclama prohibiendo todo comercio y relación con la Gran Bretaña y declarando que S. M. F. accedía a la causa general del continente. Cuando se creía satisfacer algún tanto con esta manifestación al gabinete de Francia, llegó a Lisboa apresuradamente el embajador portugués en París, y dio aviso de cómo había encontrado en España el ejército imperial, dirigiéndose a precipitadas marchas hacia la embocadura del Tajo. Azorados con la nueva los ministros portugueses, vieron que nada podía ya bastar a conjurar la espantosa y amenazadora nube, sino la admisión pura y sencilla de lo que España y Francia habían pedido en Agosto. Se mandaron, pues, secuestrar todas las mercancías inglesas, y se pusieron bajo la vigilancia pública los súbditos de aquella nación residentes en Portugal. La orden se ejecutó lentamente y sin gran rigor; mas obligó al embajador inglés, lord Strangford, a irse a bordo de la escuadra que cruzaba a la entrada del puerto, a las órdenes de sir Sidney Smith. Muy duro fue al Príncipe regente tener que tomar aquellas medidas: virtuoso y timorato, las creía contrarias a la debida protección, dispensada por anteriores tratados a laboriosos y tranquilos extranjeros; la cruel necesidad pudo sólo forzarle a desviarse de sus ajustados y severos principios. Aumentáronse los recelos y las zozobras con la repentina arribada a las riberas del Tajo de una escuadra rusa, la cual, de vuelta del Archipiélago, fondeó en Lisboa, no habiendo permitido los ingleses al almirante Siniavin, que la mandaba, entrar a invernar en Cádiz. Lo que fue obra del acaso se atribuyó a plan premeditado y a conciertos entre Napoleón y el gabinete de San Petersburgo.

Para dar mayor valor a lo acordado, el gobierno portugués despachó a París, en calidad de embajador extraordinario, al Marqués de Marialva, con el objeto también de proponer el casamiento del Príncipe de Beira con una hija del gran Duque de Berg. Inútiles precauciones; los sucesos se precipitaron de manera que Marialva no llegó ni a pisar la tierra de Francia.

Noticioso lord Strangford de la entrada en Abrantes

del ejército francés, volvió a desembarcar, y reiterando al Príncipe regente los ofrecimientos más amistosos de parte de su antiguo aliado, le aconsejó que sin tardanza se retirase al Brasil, en cuyos vastos dominios adquiriría nuevo lustre la esclarecida casa de Braganza. Don Rodrigo de Sousa Coutiño apoyó el prudente dictamen del Embajador, y el 26 de Noviembre se anunció al pueblo de Lisboa la resolución que la corte había tomado de trasladar su residencia a Río-Janeiro hasta la conclusión de la paz general. Sir Sidney Smith, célebre por su resistencia en San Juan de Acre, quería poner a Lisboa en estado de defensa; pero este arranque, digno del elevado pecho de un marino intrépido, si bien hubiera podido retardar la marcha de Junot, y aun destruir su fatigado ejército, al fin hubiera inútilmente causado la ruina de Lisboa, atendiendo a la profunda tranquilidad que todavía reinaba en derredor por todas partes.

El príncipe don Juan nombró, antes de su partida, un consejo de regencia, compuesto de cinco personas, a cuyo frente estaba el Marqués de Abrantes, con encargo de no dar al ejército francés ocasión de queja, ni fundado motivo de que se alterase la buena armonía entre ambas naciones. Se dispuso el embarco para el 27, y S. A. el Príncipe regente, traspasado de dolor, salió del palacio de Ayuda, conmovido, trémulo y bañado en lágrimas su demudado rostro; el pueblo, colmándole de bendiciones, le acompañaba en su justa y profunda aflicción. La Princesa, su esposa, quien en los preparativos del viaje mostró aquel carácter y varonil energía que en otras ocasiones menos plausibles ha mostrado en lo sucesivo, iba en un coche con sus tiernos hijos, y dio órdenes para pasarlos a bordo y tomar otras convenientes disposiciones con presencia de ánimo admirable. Al cabo de diez y seis años de retiro y demencia apareció en público la Reina madre, y en medio del insensible desvarío de su locura, quiso algunos instantes como volver a recobrar la razón perdida. Molesto y lamentable espectáculo, con que quedaron rendidos a profunda tristeza los fieles moradores de Lisboa: dudosos del porvenir, olvidaban en parte la suerte que les aguardaba, dirigiendo al cielo fervorosas plegarias por la salud y feliz viaje de la real familia. La inquietud y desasosiego creció de punto al ver que por vientos contrarios la escuadra no salía del puerto.

Al fin el 29 dio la vela, y tan oportunamente, que a las diez de aquella misma noche llegaron los franceses a Socaven, distante dos leguas de Lisboa. Junot, desde su llegada a Abrantes, había dado nueva forma a la vanguardia de su desarreglado ejército, y había tratado de superar los obstáculos que con las grandes avenidas retardaban echar un puente para pasar el Cécere. Antes que los ingenieros hubieran podido concluir la emprendida obra, ordenó que en barcas cruzasen el río parte de las fuerzas de su mando, y con diligencia apresuró su marcha. Ahora ofrecía el país más recursos; pero a pesar de la fertilidad de los campos, de los muchos víveres que proporcionó Santarem, y de la mejor disciplina, el número de soldados rezagados era tan considerable, que las deliciosas quintas de las orillas del Tajo y las solitarias granjas fueron entregadas al saco, y pilladas como lo había sido el país que media entre Abrantes y la frontera española.

Amaneció el 30, y vio Lisboa entrar por sus muros al invasor extranjero; día de luto y desoladora aflicción: otros años lo había sido de festejos públicos y general regocijo, como víspera del día en que Pinto Ribeiro y sus parciales, arrojando a los españoles, habían aclamado y ensalzado a la casa de Braganza; época sin duda gloriosa para Portugal, sumamente desgraciada para la unión y prosperidad del conjunto de los pueblos peninsulares. Seguía a Junot una tropa flaca y estropeada, molida con las forzadas marchas, sin artillería y muy desprovista; muestra poco ventajosa de las temidas huestes de Napoleón. Hasta la misma naturaleza pareció tomar parte en suceso tan importante, habiendo, aunque ligeramente, temblado la tierra. Junot, arrebatado por su imaginación, y aprovechándose de este incidente, en tono gentílico y supersticioso daba cuenta de su expedición escribiendo al ministro Clarke: "Los dioses se declaran en nuestro favor; lo vaticina el terremoto que, atestiguando su omnipotencia, no nos ha causado daño alguno." Con más razón hubiera podido contemplar aquel fenómeno, graduándole de présago anuncio de los males que amenazaban a los autores de la agresión injusta de un estado independiente.

Conservó Junot por entonces la regencia que antes de embarcarse había nombrado el Príncipe, pero agregando a ella al francés Hermann. Sin contar mucho con la autoridad nacional, resolvió por sí imponer al comercio de Lisboa un empréstito forzoso de dos millones de cruzados, y confiscar todas las mercancías británicas, aun aquellas que eran consideradas como de propiedad portuguesa. El cardenal Patriarca de Lisboa, el Inquisidor general y otros prelados publicaron y circularon pastorales en favor de la sumisión y obediencia al nuevo gobierno; reprensibles exhortos, aunque hayan sido dados por impulso e insinuaciones de Junot. El pueblo, agitado, dio señales de mucho descontento cuando el 13 vio que en el arsenal se enarbolaba la bandera extranjera en lugar de la portuguesa. Apuró su sufrimiento la pomposa y magnífica revista que hubo dos días después en la plaza del Rocío: allí dio el General en jefe gracias a las tropas en nombre del Emperador, y al mismo tiempo se tremoló en el castillo, con veinte y cinco cañonazos, repetidos por todos los fuertes, la bandera francesa. Universal murmullo respondió a estas demostraciones del extranjero, y hubiérase seguido una terrible explosión, si un hombre audaz hubiera osado acaudillar a la multitud conmovida. La presencia de la fuerza armada contuvo el sentimiento de indignación que aparecía en los semblantes del numeroso concurso; sólo en la tarde, con motivo de haber preso a un soldado de la policía portuguesa, se alborotó el populacho, quiso sacarle de entre las manos de los franceses, y hubo de una y otra parte muertes y desgracias. El tumulto no se sosegó del todo hasta el día siguiente por la mañana, en que se ocuparon las plazas y puntos importantes con artillería y suficientes tropas.

Al comenzar Diciembre, no completa todavía su división, don Francisco María Solano, marqués del Socorro, se apoderó sin oposición de Yelbes, después de haber consultado su comandante al gobierno de Lisboa. Antes de entrar en Portugal había recomendado a sus tropas, por medio de una proclama, la más severa disciplina; conservóse, en efecto, aunque, obligado Socorro a poner en ejecución las órdenes arbitrarias de Junot, causaba a veces mucho disgusto en los habitantes, manifestando, sin embargo, en todo lo que era compatible con sus instrucciones, desinterés y loable integridad. Al mismo tiempo, creyéndose dueño tranquilo del país, empezó a querer transformar a Setúbal en otra Salento, ideando reformas en que generalmente más bien mostraba buen deseo que profundos conocimientos de administración y de hombre de estado. Sus experiencias no fueron de larga duración.

Por Tomar y Coimbra se dirigieron a Oporto algunos cuerpos de la división de Carrafa, los que sirvieron para completar la del general don Francisco Taranco, quien por aquellos primeros días de Diciembre cruzó el Miño con sólo 6000 hombres, en lugar de los 10 000 que era el contingente pedido; modelo de prudencia y cordura, mereció Taranco el agradecimiento y los elogios de los habitantes de aquella provincia. El portugués Accursio das Neves alaba en su historia la severa disciplina del ejército, la moderación y prudencia del general Taranco, y añade: "El nombre de este general será pronunciado con eterno agradecimiento por los naturales, testigos de su dulzura e integridad; tan sincero en sus promesas como Junot pérfido y falaz en las suyas." Agrada oír el testimonio honroso que por boca imparcial ha sido dado a un jefe bizarro, amante de la justicia y de la disciplina militar, al tiempo que muy diversas escenas se representaban lastimosamente en Lisboa.

Así iban las cosas de Portugal, entre tanto que Bonaparte, después de haberse detenido unos días por las ocurrencias de El Escorial, salió, al fin, para Italia el 16 de Noviembre. Era uno de los objetos de su viaje poner en ejecución el artículo del tratado de Fontainebleau, por el que la Etruria o Toscana era agregada al imperio de Francia. Gobernaba aquel reino como regenta desde la muerte de su esposo, la infanta doña María Luisa, quien ignoraba el traspaso hecho sin su anuencia de los estados de su hijo. Y no habiendo precedido aviso alguno, ni confidencial, de sus mismos padres los reyes de España, la Regenta se halló sorprendida el 23 de Noviembre con haberle comunicado el ministro francés d'Aubusson que era necesario se preparase a dejar sus dominios, estando para ocuparlos las tropas de su amo el Emperador, en virtud de cesión que le había hecho España. Aturdida la Reina con la seguridad e importancia de tal nueva, apenas daba crédito a lo que veía y oía, y por de pronto se resistió al cumplimiento de la desusada intimación; pero insistiendo con más fuerza el Ministro de Francia, y propasándose a amenazarla, se vio obligada la Reina a someterse a su dura suerte, y con su familia salió de Florencia el primero de Diciembre. Al paso por Milán tuvo vistas con Napoleón; alegrábase del feliz encuentro, confiando hallar alivio a sus penas; mas en vez de consuelos sólo recibió nuevos desengaños. Y como si no bastase para oprimirla de dolor el impensado despojo del reino de su hijo, acrecentó Napoleón los disgustos de la desvalida Reina, achacando la culpa del estipulado cambio al gobierno de España. Es también de advertir que después de abultarle sobremanera lo acaecido en El Escorial, le aconsejó que suspendiese su viaje, y aguardase en Turín o Niza el fin de aquellas disensiones; indicio claro de que ya entonces no pensaba cumplir en nada lo que dos meses antes había pactado en Fontainebleau. Siguió, sin embargo, la familia de Parma, desposeída del trono de Etruria, su viaje a España, adonde iba a ser testigo y partícipe de nuevas desgracias y trastornos. Así en dos puntos opuestos, y al mismo tiempo, fueron despojados de sus tronos dos esclarecidas estirpes; una quizá para siempre, otra para recobrarle con mayor brillo y gloria.

Aún estaba en Milán Napoleón, cuando contestó a una carta de Carlos IV, recibida poco antes, en la que le proponía este monarca enlazar a su hijo Fernando con una princesa de la familia imperial. Asustado, como hemos dicho, el Príncipe de la Paz con ver complicado el nombre francés en la causa de El Escorial, parecióle oportuno mover al Rey a dar un paso que suavizara la temida indignación del Emperador de los franceses. Incierto éste en aquel tiempo sobre el modo de enseñorearse de España, no desechó la propuesta; antes bien, la aceptó, afirmando en su contestación no haber nunca recibido carta alguna del Príncipe de Asturias; disimulo en la ocasión lícito y aun atento. Debió sin duda inclinarse entonces Bonaparte al indicado casamiento, habiéndosele formalmente propuesto en Mantua a su hermano Luciano, a quien también ofreció allí el trono de Portugal, olvidándose, o más bien burlándose de lo que poco antes había solemnemente pactado, como varias veces nos lo ha dado ya a entender con su conducta. Luciano, o por desvío o por no confiar en las palabras de Napoleón, no admitió el ofrecido cetro; mas no desdeñó el enlace de su hija con el heredero de la corona de España; enlace que, a pesar de la repugnancia de la futura esposa, hubiera tenido cumplido efecto si el Emperador francés no hubiera alterado o mudado su primitivo plan.

Llena, empero, de admiración que en la importantísima empresa de la Península anduviese su prevenido ánimo tan vacilante y dudoso. Una sola idea parece que hasta entonces se había grabado en su mente: la de mandar sin embarazo ni estorbos en aquel vasto país, confiando a su feliz estrella o a las circunstancias el conseguir su propósito y acertar con los medios. Así a ciegas y con más frecuencia de lo que se piensa, suele revolverse y trocarse la suerte de las naciones.

De todos modos, era necesario contar con poderosas fuerzas para el fácil logro de cualquier plan que a lo último adoptase. Con este objeto se formaba en Bayona el segundo cuerpo de observación de la Gironda, en tanto que el primero atravesaba por España. Constaba de 24 000 hombres de infantería, nuevamente organizada con soldados de la conscripción de 1808, pedida con anticipación, y de 3500 caballos sacados de los depósitos de lo interior de Francia, con los que se formaron regimientos provisionales de coraceros y cazadores. Mandaba en jefe el general Dupont, y las tres divisiones en que se destribuía aquel cuerpo de ejército estaban a cargo de los generales Barbou, Vedel y Malher, y al del piamontés Fresia la caballería. Empezó a entrar en España sin convenio anterior ni conformidad del gabinete de Francia con el nuestro, con arreglo a lo prevenido en la convención secreta de Fontainebleau; infracción precursora de otras muchas. Dupont llegó a Irún el 22 de Diciembre, y en Enero estableció su cuartel general en Valladolid, con partidas destacadas camino de Salamanca, como si hubiera de dirigirse hacia los linderos de Portugal. La conducta del nuevo ejército fue más indiscreta y arrogante que la del primero, y daba indicio de lo que se disponía. Estimulaba con su ejemplo el mismo general en jefe, cuyo comportamiento tocaba a veces en la raya del desenfreno. En Valladolid echó por fuerza de su habitación a los marqueses de Ordoño, en cuya casa alojaba, y al fin se vieron obligados a dejársela toda entera a su libre disposición; tal era la dureza y malos tratos, mayormente sensibles por provenir de quien se decía aliado, y por ser en un país en donde era transcurrido un siglo con la dicha de no haber visto ejército enemigo, con cuyo nombre, en adelante, deberá calificarse al que los franceses habían metido en España.

No se habían pasado los primeros días de Enero sin que pisase su territorio otro tercer cuerpo, compuesto de 25 000 hombres de infantería y 2700 caballos, que había sido formado de soldados bisoños, trasladados en posta a Burdeos de los depósitos del Norte. Principió a entrar por la frontera el 9 del mismo Enero, siendo capitaneado por el mariscal Moncey, y con el nombre de cuerpo de observación de las costas del Océano; era el general Harispe jefe de estado mayor; mandaba la caballería Grouchi, y las respectivas divisiones Musnier de la Converserie, Morlot y Gobert. Prosiguió su marcha hasta los lindes de Castilla, como si no hubiera hecho otra cosa que continuar por provincias de Francia, prescindiendo de la anuencia del gobierno español, y quebrantando de nuevo y descaradamente los conciertos y empeños con él contraídos.

Inquietaba a la corte de Madrid la conducta extraña e inexplicable de su aliado, y cada día se acrecentaba su sobresalto con los desaires que en París recibían Izquierdo y el embajador Príncipe Maserano. Napoleón dejaba ver más a las claras su premeditada resolución, y a veces, despreciando altamente al Príncipe de la Paz, censuraba con acrimonia los procedimientos de su administración. Desatendía de todo punto sus reclamaciones, y respondiendo con desdén al manifestado deseo de que se mudase al embajador Beauharnais a causa de su oficiosa diligencia en el asunto del proyectado casamiento, dio, por último, en el *Monitor* de 24 de Enero un auténtico y público testimonio del olvido en que había echado el tratado de Fontainebleau, y al mismo tiempo dejó traslucir las tramas que contra España urdía. Se insertaron, pues, en el diario de oficio dos exposiciones del ministro Champagny, una atrasada del 21 de Octubre, y otra más reciente del 2 de Enero de aquel año. La primera se publicó, digámoslo así, para servir de introducción a la segunda, en la que, después de considerar al Brasil como colonia inglesa, y de congratularse el Ministro de que por lo menos se viese Portugal libre del yugo y fatal influjo de los enemigos del continente, concluía con que intentando éstos dirigir expediciones secretas hacia los mares de Cádiz, la Península entera fijaría la atención de S. M. I. Acompañó a las exposiciones un informe no menos notable del ministro de la Guerra Clarkem, con fecha de 6 de Enero, en el que se trataba de demostrar la necesidad de exigir la conscripción de 1809 para formar el cuerpo de observación del Océano, sobre el que nada se había hablado ni comunicado anteriormente al gobierno español; inútil es recordar que el sumiso senado de Francia concedió pocos días después el pedido alistamiento. Puestas de manifiesto cada vez más las torcidas intenciones del gabinete de Saint-Cloud, llegamos ya al estrecho en que todo disfraz y disimulo se echó a un lado, y en que cesó todo género de miramientos.

En primero de Febrero hizo Junot saber al público, por medio de una proclama, "que la casa de Braganza había cesado de reinar, y que el emperador Napoleón, habiendo tomado bajo su protección el hermoso país de Portugal, quería que fuese administrado y gobernado, *en su totalidad,* a nombre suyo y por el general en jefe de su ejército". Así se desvanecieron los sueños de soberanía del deslumbrado Godoy, y se frustraron a la casa de Parma las esperanzas de una justa y debida indemnización. Junot se apoderó del mando supremo a nombre de su soberano, extinguió la regencia elegida por el príncipe don Juan antes de su embarco, reemplazándola con un consejo de regencia, de que él mismo era presidente. Y para colmar de amargura a los portugueses y aumentar, si era posible, su descontento, publicó en el mismo día un decreto de Napoleón, dado en Milán, a 23 de Diciembre, por el que se imponía a Portugal una contribución extraordinaria de guerra de 100 millones de francos, como redención, decía, de todas las propiedades pertenecientes a particulares: se secuestraban también todos los bienes y heredamientos de la familia real y de los hidalgos que habían seguido su suerte. Con estas arbitrarias disposiciones trataba a Portugal, que no había hecho insulto ni resistencia alguna, como país conquistado, y le trataba con dureza digna de la Edad Media. Gravar extraordinariamente con 100 millones de francos a un reino de la extensión y riqueza de Portugal, al paso que con la adopción del sistema continental se le privaba de sus principales recursos, era lo mismo que decretar su completa ruina y aniquilamiento. No ascendía probablemente a tanto la moneda que era necesaria para los cambios y diaria circulación, y hubiera sido materialmente imposible realizar su pago, si Junot, convencido de las insuperables dificultades que se ofrecían para su pronta e inmediata exacción, no hubiera fijado plazos y acordado ciertas e indispensables limitaciones. De ofensa más bien que de suave consuelo pudiera graduarse el haber trazado al margen de destructoras medidas un cuadro lisonjero de la futura felicidad de Portugal, con la no menos halagüeña esperanza de que nuevos Camoens nacerían para ilustrar el Parnaso lusitano. A poder reanimarse las muertas cenizas del cantor de Gama, sólo hubieran tomado vida para alentar a sus compatriotas contra el opresor extranjero, y para excitarlos vigorosamente a que no empañasen con su sumisión las inmortales glorias adquiridas por sus antepasados hasta en las regiones más apartadas del mundo.

Todavía no había llegado el oportuno momento de que el noble orgullo de aquella nación abiertamente se declarase; pero queriendo con el silencio expresar de un modo significativo los sentimientos que abrigaba en su generoso pecho, tres fueron los solos habitantes de Lisboa que iluminaron sus casas en celebridad de la mudanza acaecida.

Los temores que a Junot infundía la injusticia de sus procedimientos le dictaron acelerar la salida de las pocas y antiguas tropas portuguesas que aún existían y, formando de ellas una corta división de apenas 10 000 hombres, dio el mando al Marqués de Alorna, y no se había pasado un mes cuando tomaron el camino de Valladolid. Gran número desertó antes de llegar a su destino.

Clara ya y del todo descubierta la política de Napoleón respecto de Portugal, disponían en tanto los fingidos aliados de España dar al mundo una señalada prueba de alevosía. Por las estrechuras de Roncesvalles se encaminó hacia Pamplona el general d'Armagnac con tres batallones, y presentándose repentinamente delante de aquella plaza, se le permitió, sin obstáculo, alojar dentro sus tropas; no contento el francés con esta demostración de amistad y confianza, solicitó del virrey, Marqués de Vallesantoro, meter en la ciudadela dos batallones de suizos, so color de tener recelos de su fidelidad. Negóse a ello el Virrey, alegando que no le era lícito acceder a tan grave propuesta sin autoridad de la corte: adecuada contestación, y digna del debido elogio, si la vigilancia hubiera correspondido a lo que requería la crítica situación de la plaza. Pero tal era el descuido, tal el incomprensible abandono, que hasta dentro de la misma ciudadela iban todos los días los soldados franceses a buscar sus raciones, sin que se tomasen ni las comunes precauciones de tiempo de paz. No así desprevenido el general d'Armagnac, se había de antemano hospedado en casa del Marqués de Vesolla, porque situado aquel edificio al remate de la explanada y enfrente de la puerta principal de la ciudadela, podía desde allí con más facilidad acechar el oportuno momento para la ejecución de su alevoso designio. Viendo frustrado su primer intento con la repulsa del Virrey, ideó el francés recurrir a un vergonzoso ardid. Uno a uno, y con estudiada disimulación, mandó que, en la noche del 15 al 16 de Febrero, pasasen con armas a su posada cierto número de granaderos, al paso que en la mañana siguiente soldados escogidos, guiados bajo disfraz por el jefe de batallón Robert, acudieron a la ciudadela a tomar los víveres de costumbre. Nevaba, y bajo pretexto de aguardar a su jefe, empezaron los últimos a divertirse tirándose unos a otros pellas de nieve; distrajeron con el entretenimiento la atención de los españoles y, corriendo y jugando de aquella manera, se pusieron algunos sobre el puente levadizo para impedir que le alzasen. A poco, y a una señal convenida, se abalanzaron los restantes al cuerpo de guardia, desarmaron a los descuidados centinelas, y apoderándose de los fusiles del resto de la tropa, colocados en el armero, franquearon la entrada a los granaderos ocultos en casa de d'Armagnac, a los que de cerca siguieron todos los demás. La traición se ejecutó con tanta celeridad, que apenas había recibido la primera noticia el desavisado Virrey, cuando ya los franceses se habían del todo posesionado de la ciudadela.

Por el mismo tiempo se había reunido en los Pirineos orientales una división de tropas italianas y francesas, compuesta de 11 000 hombres de infantería y 1700 de caballería: en 4 de Febrero tomó en Perpiñán el mando el general Duhesme, quien, en sus Memorias, cuenta sólo disponibles 7000 soldados; a sus órdenes estaban el general italiano Lecchi y el francés Chabran. A pocos días penetraron por la Junquera, dirigiéndose a Barcelona, con intento, decían, de proseguir su viaje a Valencia. Antes de avistar los muros de la capital de Cataluña, recibió Duhesme una intimación del Capitán general Conde de Ezpeleta, sucesor por aquellos días del de Santa Clara, para suspender su marcha hasta tanto que consultase a la corte. Completamente ignoraba ésta el envío de tropas por el lado oriental de España, ni el embajador francés había siquiera informado de la novedad, tanto más importante, cuanto Portugal no podía servir de capa a la reciente expedición. Duhesme, lejos de arredrarse con el requerimiento de Ezpeleta, contestó de palabra con arrogancia que a todo evento llevaría a cabo las órdenes del Emperador, y que sobre el Capitán general de Cataluña recaería la responsabilidad de cualquiera desavenencia. Celebró un consejo el Conde de Ezpeleta, y en él se acordó permitir la entrada en Barcelona a las tropas francesas. Así lo realizaron el 13 de aquel mes, quedando, no obstante, en poder de la guarnición española Montjuich y la ciudadela. Pidió Duhesme que, en prueba de buena armonía, se dejase a sus tropas alternar con las nacionales en la guardia de todas las puertas. Falto de instrucciones, y temeroso de la enemistad francesa, accedió Ezpeleta con harta si bien disculpable debilidad a la imperiosa demanda, colocando Duhesme en la puerta principal de la misma ciudadela una compañía de granaderos, en cuyo puesto había solamente veinte soldados españoles. Pesaroso el Capitán general de haber llevado tan allá su condescendencia, rogó al francés que retirase aquel piquete; pero muy otras eran las intenciones del último, no contentándose ya con nada menos que con la total ocupación. Andaba también Duhesme más receloso a causa de la llegada a Barcelona del oficial de artillería don Joaquín Osma, a quien suponía enviado con especial encargo de que se velase por la conservación de la plaza; probable conjetura, en efecto, si en Madrid hubiera habido sombra de buen gobierno; mas era tan al contrario, que Osma había sido comisionado para facilitar a los aliados cuanto apeteciesen, y para recomendar la buena armonía y mejor trato. Sólo se le insinuó en instrucción verbal que procurase de paso indagar, en las conversaciones con los oficiales, cuál fuese el verdadero objeto de la expedición, como si para ello hubiera habido necesidad de correr hasta Barcelona, y de despachar expresamente un oficial de explorador.

Trató, en fin, Duhesme de apoderarse por sorpresa de la ciudadela y de Montjuich el 28 de Febrero; fue estimulado con el recibo, aquel mismo día, de una carta escrita en París por el Ministro de la Guerra, en la que le suponía dueño de los fuertes de Barcelona; tácito modo de ordenar lo que a las claras hubiera sido inicuo y vergonzoso. Para adormecer la vigilancia de los españoles, esparcieron los franceses por la ciudad que se les había enviado la orden de continuar su camino a Cádiz; mentirosa voz, que se hacía más verosímil con la llegada del correo recibido. Dijeron también que antes de la partida debían revistar las tropas, y con aquel pretexto las juntaron en la explanada de la ciudadela, apostando en el camino que de allí va a la Aduana un batallón de vélites italianos, y colocando las demás fuerzas de modo que llamase hacia otra parte la atención de los curiosos. Hecha la reseña de algunos cuerpos, se dirigió el general Lecchi, con grande acompañamiento de estado mayor, del lado de la puerta principal de la ciudadela, y aparentando comunicar órdenes al oficial de guardia se detuvo en el puente levadizo para dar lugar a que los vélites, cuya derecha se había apoyado en la misma estacada, avanzasen cubiertos por el rebellín que defiende la entrada; ganaron de este modo el puente, embarazado con los caballos, después de haber arrollado al primer centinela, cuya voz fue apagada por el ruido de los tambores franceses que en las bóvedas resonaban. Entonces penetró Lecchi dentro del recinto principal con su numerosa comitiva, le siguió el batallón de vélites, y la compañía de granaderos, que ya de antemano montaba la guardia en la puerta principal, reprimió a los veinte españoles, obligados a ceder al número y a la sorpresa; cuatro batallones franceses acudieron después a sostener al que primero había entrado a hurtadillas, y acabaron de hacerse dueños de la ciudadela. Dos batallones de guardias españolas y walonas la guarnecían; pero llenos de confianza, oficiales y soldados habían ido a la ciudad a sus diversas ocupaciones, y cuando quisieron volver a sus puestos encontraron resistencia en los franceses, quienes, al fin, se lo permitieron, después de haber tomado escrupulosas precauciones. Los españoles pasaron luego la noche y casi todo el siguiente día formados enfrente de sus nuevos y molestos huéspedes; e inquietos éstos con aquella hostil demostración, lograron que se diese orden a los nuestros de acuartelarse fuera y evacuar la plaza. Santilly, comandante español, así que vio tan desleal proceder, se presentó a Lecchi como prisionero de guerra, quien osando recordarle la amistad y alianza de ambas naciones, al mismo tiempo que arteramente quebrantaba todos los vínculos, le recibió con esmerado agasajo.

Entretanto, y a la hora en que parte de la guarnición había bajado a la ciudad, otro cuerpo francés avanzaba hacia Montjuich. La situación elevada y descubierta de este fuerte impidió a los extranjeros tocar, sin ser vistos, el pie de los muros. Al aproximarse se alzó el puente levadizo, y en balde intimó el comandante francés Floresti que se le abriesen las puertas; allí mandaba don Mariano Alvarez. Desconcertado Duhesme en su doloso intento, recurrió a Ezpeleta, y poniendo por delante las órdenes del Emperador, le amenazó tomar por fuerza lo que de grado no se le rindiese. Atemorizado el Capitán general, ordenó la entrega; dudó Alvarez un instante; mas la severidad de la disciplina militar, y el sosiego que todavía reinaba por todas partes, le forzaron a obedecer al mandato de su jefe. Sin embargo, habiéndose conmovido algún tanto Barcelona con la alevosa ocupación de la ciudadela, se aguardó a muy entrada la noche para que, sin riesgo, pudiesen los franceses entrar en el recinto de Montjuich.

Al paso por Figueras había Duhesme dispuesto que se detuviese allí alguna de su gente, alegando especiosos pretextos. Durante más de un mes permanecieron dichos soldados tranquilos, hasta que ocupados todos los fuertes de Barcelona, trataron de apoderarse de la ciudadela de San Fernando con la misma ruin estratagema empleada en las otras plazas. Estando los españoles en vela, acudieron a tiempo a la sorpresa y la impidieron; mas el Gobernador, anciano y tímido, dio permiso dos días después al mayor Piat para que encerrase dentro 200 conscriptos, bajo cuyo nombre metió el francés soldados escogidos, los cuales, con otros que a su sombra entraron, se enseñorearon de la plaza el 18 de Marzo, despidiendo muy luego el corto número de españoles que la guarnecían.

Pocos días antes había caído en manos de los falsos amigos la plaza de San Sebastián: era su gobernador el brigadier español Daiguillon, y comandante del fuerte de Santa Cruz el capitán Douton. Advertido aquél por el Cónsul de Bayona de que Murat, gran duque de Berg, le había indicado en una conversación cuán conveniente sería para la seguridad de su ejército la ocupación de San Sebastián, dio parte de la noticia al Duque de Mahón,[12] comandante general de Guipúzcoa, recién llegado de Madrid. Inmediatamente consultó éste al Príncipe de la Paz, y antes de que hubiera habido tiempo para recibir contestación, el general Monthion, jefe de estado mayor de Murat, escribió a Daiguillon participándole cómo el gran Duque de Berg había resuelto que los depósitos de infantería y caballería de los cuerpos que habían entrado en la Península se trasladasen de Bayona a San Sebastián, y que fuesen alojados dentro, debiendo salir para aquel destino del 4 al 5 de Marzo.

El juego de las «cuatro esquinas» Napoleón repartiendo Europa entre sus hermanos

Apenas había el Gobierno abierto esta carta, cuando recibió otra del mismo jefe avisándole que los depósitos, cuya fuerza ascendería a 350 hombres de infantería y 70 de caballería, saldrían antes de lo que había anunciado. Comunicados ambos oficios al Duque de Mahón, de acuerdo con el Gobernador y con el comandante del fuerte, respondió el mismo Duque rogando al de Berg que suspendiese su resolución hasta que le llegase la contestación de la corte, y ofreciendo entretanto alojar con toda comodidad fuera de la plaza y del alcance del cañón los depósitos de que se trataba. Ofendido el Príncipe francés de la inesperada negativa, escribió por sí mismo en 4 de Marzo una carta altiva y amenazadora al Duque de Mahón, quien, no desdiciendo entonces la conducta propia de un descendiente de Crillón, replicó dignamente y reiteró su primera respuesta. Grande, sin embargo, era su congoja y arriesgada su posición, cuando la flaca condescendencia del Príncipe de la Paz, y la necesidad en que había estrechado a éste su culpable ambición, sacaron a todos los jefes de San Sebastián de su terrible y crítico apuro. Al margen del oficio que en consulta se le había escrito, puso el generalísimo Godoy de su mismo puño, fecha 3 de Marzo, "que ceda el Gobernador la plaza, pues no tiene medio de defenderla; pero que lo haga de un modo amistoso, según lo han practicado los de las otras plazas, sin que para ello hubiese ni tantas razones ni motivos de excusa como en San Sebastián." De resultas ocupó con los depósitos la plaza y el puerto el general Thouvenot.

He aquí el modo insidioso con que en medio de la paz y de una estrecha alianza se privó a España de sus plazas más importantes: perfidia atroz, deshonrosa artería en guerreros envejecidos en la gloriosa profesión de las armas, ajena e indigna de una nación grande y belicosa. Cuando leemos en la juiciosa historia de Coloma el ingenioso ardid con que Fernando Tello Portocarrero sorprendió a Amiens, notamos en la atrevida empresa agudeza en concebirla, bizarría en ejecutarla y loable moderación al alcanzar el triunfo. La toma de aquella plaza, llave entonces de la frontera de Francia del lado de la Picardía, y cuya sorpresa, según nos dice Sully, oprimió de dolor a Enrique IV, era legítima; guerra encarnizada andaba entre ambas naciones, y era lícito al valor y a la astucia buscar laureles que no se habían de mancillar con el quebrantamiento de la buena fe y de la lealtad. El bastardo proceder de los generales franceses no sólo era escandaloso por el tiempo y por el modo, sino que también era tanto menos disculpable cuanto era menos necesario. Dueño el gobierno francés de la débil voluntad del de Madrid, le hubiera bastado una mera insinuación, sin acudir a la amenaza, para conseguir del obsequioso y sumiso aliado la entrega de todas las plazas, como lo ordenó con la de San Sebastián.

Tampoco echó Napoleón en olvido la marina, pidiendo con ahínco que se reuniesen con sus escuadras las españolas. En consecuencia diose el 7 de Febrero la orden a don Cayetano Valdés, que en Cartagena mandaba una fuerza de seis navíos, de hacerse a la vela dirigiendo su rumbo a Tolón. Afortunadamente vientos contrarios, y, según se cree, el patriótico celo del comandante, impidieron el cumplimiento de la orden, tomando la escuadra puerto en las Baleares.

Hechos de tal magnitud no causaron en las provincias lejanas de España impresión profunda. Ignorábanse, en general, o se atribuían a amaños de Godoy: lo dificultoso y escaso de las comunicaciones, la servidumbre de la imprenta, y la extremada reserva del Gobierno, no daban lugar a que la opinión se ilustrase, ni a que se formase juicio acertado de los acaecimientos. En días como aquéllos recoge el poder absoluto con creces los frutos de su imprevisión y desafueros. También los pueblos, si no son envueltos en su ruina, al menos participan bastantemente de sus desgracias; como si la Providencia quisiera castigarlos de su indolencia y culpable sufrimiento.

Por lo demás, la corte estaba muy inquieta, y se asegura que el Príncipe de la Paz fue de los que primero se convencieron de la mala fe de Napoleón y de sus depravados intentos; disfrazábalos, sin embargo, éste, ofreciendo a veces en su conducta una alternativa hija quizá de su misma vacilación e incertidumbre; pues al paso que proyectaba y ponía en práctica hacerse dueño de todo Portugal y de las plazas de la frontera sin miramiento a tratados ni alianzas, no sólo regalaba a Carlos IV, en los primeros días de Febrero, en prueba de su íntima amistad, quince caballos de coche, sino que asimismo le escribía amargas quejas por no haber reiterado la petición de una esposa imperial para el Príncipe de Asturias; y si bien no era unión ésta apetecible para Godoy, por lo menos no indicaba Bonaparte, con semejante demostración, querer derribar del trono la estirpe de los Borbones. Dudas y zozobras asaltaban de tropel la mente del valido, cuando la repentina llegada, por el mes de Febrero, de su confidente don Eugenio Izquierdo acabó de perturbar su ánimo. En la numerosa corte que le tributaba continuado y lisonjero incienso, prorrumpía en expresiones propias de un hombre desatentado y descompuesto. Hablaba de su grandeza, de su poderío; usaba de palabras poco recatadas, y parecía presentir la espantosa desgracia que como en sombra ya le perseguía. Interpretábase de mil maneras la apresurada venida de Izquierdo, y nada por entonces pudo traslucirse, sino que era de tal importancia, y anunciadora de tan malas nuevas, que los reyes y el privado, despavoridos, preparábanse a tomar alguna extraordinaria resolución.

Por una nota que después en 24 de Marzo escribió Izquierdo,[13] y por lo que hemos oído a personas con él conexionadas, podemos fundadamente inferir que su misión ostensible se dirigía a ofrecer de un modo informal ciertas ideas al examen del gobierno español, y a hacer sobre ellas varias preguntas; pero el verdadero objeto de Napoleón fue infundir tal miedo en la corte de Madrid, que la provocase a imitar a la de Portugal en su partida; resolución que le desembarazaba del engorroso obstáculo de la familia real, y le abría fácil entrada para apoderarse sin resistencia del vacante y desamparado trono español. Las ideas y preguntas arriba indicadas fueron sugeridas por Napoleón y escritas por Izquierdo. Reducíanse, con corta variación, a las que él mismo extendió en la nota antes mencionada de 24 de Marzo, y que recibida después del levantamiento de Aranjuez, cayó en manos de los adversarios de Godoy. Eran, pues, las proposiciones en ella contenidas: 1.ª Comercio libre para españoles y franceses en sus respectivas colonias. 2.ª Trocar las provincias del Ebro allá con Portugal, cuyo reino se daría en indemnización a España. 3.ª Un nuevo tratado de alianza ofensiva y defensiva. 4.ª Arreglar la sucesión al trono de España; y 5.ª Convenir en el casamiento del Príncipe de Asturias con una princesa imperial. El último artículo no debía formar parte del tratado principal. Es inútil detenerse en el examen de estas proposiciones, que hubieran ofrecido materia a reflexiones importantes si hubieran sido objeto de algún tratado o seria discusión. Admira, no obstante, la confianza, o más bien el descaro con que se presentaron, sin hacerse referencia al tratado de Fontainebleau, para cuya entera anulación no había España dado ni ocasión ni pretexto. La misión de Izquierdo produjo el deseado efecto; y aunque el 10 de Marzo salió para París con nuevas instrucciones y carta de Carlos IV, habíanse ya perdido las esperanzas de evitar el terrible golpe que amenazaba.

El gobierno francés no había interrumpido el envío sucesivo de tropas y oficiales, y en el mes de Marzo se formó un nuevo cuerpo, llamado de observación de los Pirineos occidentales, que ascendía a 19 000 hombres, sin contar con 6000 de la guardia imperial, en cuyo número se distinguían mamelucos, polacos y todo género y variedad de uniformes propios a excitar la viva imaginación de los españoles. Se encomendó esta fuerza al mando de Bessières, duque de Istria; parte de los cuerpos se acabaron de organizar dentro de la Península, y era continuado su movimiento y ejercicio.

Había ya en el corazón de España, aún no incluyendo los de Portugal, 100 000 franceses, sin que a las claras se supiese su verdadero y determinado objeto, y cuya entrada, según dejamos dicho, había sido contraria a todo lo que solemnemente se había estipulado entre ambas naciones. Faltaban a los diversos cuerpos en que estaba distribuido el ejército francés un general en jefe, y recayó la elección en Murat, gran duque de Berg, con título de lugarteniente del Emperador, de quien era cuñado. Llegó a Bayona en los primeros días de Marzo, solo y sin acompañamiento; pero le habían precedido y le seguían oficiales sueltos de todas graduaciones, quienes debían encargarse de organizar y disciplinar los nuevos alistados que continuamente se remitían a España. Llegó Murat a Burgos el 13 de Marzo, y en aquel día dio una proclama a sus soldados "para que tratasen a los españoles, nación por tantos títulos estimable, como tratarían a los franceses mismos; queriendo solamente el Emperador el bien y felicidad de España."

Tantas tropas y tan numerosos refuerzos, que cada día se internaban más y más en el reino; tanta mala fe y quebrantamiento de solemnes promesas; el viaje de Izquierdo y sus temores; tanto cúmulo, en fin, de sospechosos indicios impelieron a Godoy a tomar una pronta y decisiva resolución. Consultó con los reyes, y al fin les persuadió lo urgente que era pensar en trasladarse del otro lado de los mares. Pareció antes oportuno, como paso previo, adoptar el consejo dado por el Príncipe de Castel-Franco, de retirarse a Sevilla, desde donde con más descanso se pondrían en obra y se dirigirían los preparativos de tan largo viaje. Para remover todo género de tropiezos se acordó formar un campo en Talavera, y se mandó a Solano que de Portugal se replegase sobre Badajoz. Estas fuerzas, con las que se sacarían de Madrid, debían cubrir el viaje de SS. MM., y contener cualquiera movimiento que los franceses intentaran para impedirlo. También se mandó a las tropas de Oporto, cuyo digno general Taranco había fallecido allí de un cólico violento, que se volviesen a Galicia; y se ofició a Junot para que permitiese a Carrafa dirigirse con sus españoles hacia las costas meridionales, en donde los ingleses amenazaban desembarcar; artificio, por decirlo de paso, demasiado grosero para engañar al general francés. Fue igualmente muy fuera de propósito enviar a Dupont un oficial de estado mayor para exigirle aclaración de las órdenes que había recibido, como si aquél hubiera de comunicarlas, y como si en caso de contestar con altanería, estuviera el gobierno español en situación de reprimir y castigar su insolencia.

Tales fueron las medidas preliminares que Godoy miró como necesarias para el premeditado viaje; pero inesperados trastornos desbarataron sus intentos, desplomándose estrepitosamente el edificio de su valimiento y grandeza.

LIBRO SEGUNDO
(1808)

Los habitadores de España, alejados de los negocios públicos, y gozando de aquella aparente tranquilidad, propia de los gobiernos despóticos, estaban todavía ajenos de prever la avenida de males que, rebalsando en su suelo como en campo barbechado, iban a cubrirle de espantosas ruinas. Madrid, sin embargo, agitada ya con voces vagas e inquietadoras, creció en desasosiego con los preparativos que se notaron de largo viaje en casa de doña Josefa Tudó, particular amiga del Príncipe de la Paz, y con la salida de éste para Aranjuez el día 13 de Marzo. Sin aquel incidente no hubiera la última ocurrencia llamado tanto la atención, teniendo el valido por costumbre pasar una semana en Madrid y otra en el sitio en que habitaban SS. MM., quienes de mucho tiempo atrás se detenían solamente en la capital dos meses del año, y aun en aquél, al trasladarse en Diciembre del Escorial a Aranjuez, no tomaron allí su habitual descanso, retraídos por el universal disgusto a que había dado ocasión el proceso del Príncipe de Asturias.

Viose muy luego cuán fundados eran los temores públicos, porque al llegar al Sitio el Príncipe de la Paz, y después de haber conferenciado con los reyes, anunció Carlos IV a los ministros del Despacho la determinación de retirarse a Sevilla. A pesar del sigilo con que se quisieron tomar las primeras disposiciones, se traslució bien pronto el proyectado viaje, y acabaron de cobrar fuerza las voces esparcidas con las órdenes que se comunicaron para que la mayor parte de la guarnición de Madrid se trasladase a Aranjuez. Prevenido para su cumplimiento el capitán general de Castilla la Nueva, don Francisco Javier Negrete, se avistó en la mañana del 16 con el Gobernador del Consejo el coronel don Carlos Velasco, dándole cuenta de la salida de las tropas en todo aquel día, en virtud de un decreto del Generalísimo-almirante, y previniéndole al propio tiempo, de parte del mismo, publicar un bando que calmase la turbación de los ánimos. No bastándole al Gobernador la orden verbal, exigió de don Carlos Velasco que la extendiese por escrito, y con ella se fue al Consejo, en donde se acordó, como medida previa y antes de obedecer el expresado mandato, que se expusiesen reverentemente a S. M. las fatales consecuencias de un viaje tan precipitado. Aplaudióse la determinación del Consejo, aunque nos parece que no fue del todo desinteresada, si consideramos la incierta y precaria suerte que, con la temida emigración más allá de los mares de la dinastía reinante, había de caber a muchos de sus servidores y empleados. Así se vio que hombres que, como el Marqués Caballero, en los días de prosperidad habían sido sumisos cortesanos, fueron los que con más empeño aconsejaron al Rey que desistiese de su viaje.

Fuese influjo de aquellas representaciones, o fuese más bien el fundado temor a que daba lugar el público descontento, el Rey trató momentáneamente de suspender la partida, y mandó circular un decreto a manera de proclama, que comenzaba por la desusada fórmula de "amados vasallos míos".[1] La gente ociosa y festiva comparaba, por la novedad, el encabezamiento de tan sigular publicación al comenzar de ciertas y famosas relaciones que en sus comedias nos han dejado el insigne Calderón y otros ingenios de su tiempo; si bien no asistía al ánimo bastante serenidad para detenerse al examen de las mudanzas e innovaciones del estilo. Tratábase en la proclama de tranquilizar la pública agitación, asegurándose en ella que la reunión de tropas no tenía por objeto ni defender la persona del Rey, ni acompañarle en un viaje que sólo la malicia había supuesto preciso; se insistía en querer persuadir que el ejército del Emperador de los franceses atravesaba el reino con ideas de paz y amistad, y sin embargo, se daba a entender que, en caso de necesidad, estaba el Rey seguro de las fuerzas que le ofrecerían los pechos de sus amados vasallos. Bien que con este documento no hubiese sobrado motivo de satisfacción y alegría, la muchedumbre, que leía en él una especie de retractación del intentado viaje, se mostró gozosa y alborozada. En Aranjuez apresuradamente se agolparon todos a palacio, dando repetidos vivas al Rey y a la familia real, que juntos se asomaron a recibir las lisonjeras demostraciones del entusiasmado pueblo. Mas como se notó que en la misma noche del 16 al 17 habían salido las tropas de Madrid para el Sitio, en virtud de las anteriores órdenes, que no habían sido revocadas, duró poco y se acibaró presto la común alegría.

Entonces se desaprobó generalmente la resolución tomada por la corte de retirarse hacia las costas del Mediodía, y de cruzar el Atlántico en caso urgente. Pero ahora, que con fría imparcialidad podemos ser jueces desapasionados, nos parece que aquella resolución, al punto a que las cosas habían llegado, era conveniente y acertada, ya fuese para prepararse a la defensa, o ya para que se embarcase la familia real. Desprovisto el erario, corto en número el ejército e indisciplinado, ocupadas las principales plazas, dueño el extranjero de varias provincias, no podía en realidad oponérsele otra resistencia fuera de la que opusiese la nación, declarándose con unanimidad y energía. Para tantear este solo y único recurso, la posición de Sevilla era favorable, dando más treguas al sorprendido y azorado Gobierno. Y si, como era de temer, la nación no respondía al llamamiento del aborrecido Godoy ni del mismo Carlos IV, era para la familia real más prudente pasar a América que entregarse a ciegas en brazos de Napoleón. Siendo, pues, esta determinación la más acomodada a las circunstancias, don Manuel Godoy, en aconsejar el viaje, obró atinadamente, y la posteridad no podrá en esta parte censurar su conducta; pero le juzgará, si, gravemente culpable en haber llevado como de la mano a la nación a tan lastimoso apuro, ora dejándola desguarnecida para la defensa, ora introduciendo en el corazón del reino tropas extranjeras, deslumbrado con la imaginaria soberanía de los Algarbes. El reconcentrado odio que había contra su persona fue también causa que al llegar al desengaño de las verdaderas intenciones de Napoleón, se le achacase que de consuno con éste había procedido en todo; aserción vulgar, pero tan generalmente creída en aquella sazón, que la verdad exige que abiertamente la desmintamos. Don Manuel Godoy se mantuvo en aquellos tratos fiel a Carlos IV y a María Luisa, sus firmes protectores, y no anduvo desacordado en preferir para sus soberanos un cetro en los dominios de América, más bien que exponerlos, continuando en España, a que fuesen destronados y presos. Además, Godoy, no habiendo olvidado la manera destemplada con que en los últimos tiempos se había Napoleón declarado contra su persona, receIábase de alguna dañada intención, y temía ser víctima ofrecida en holocausto a la venganza y público aborrecimiento. Bien es verdad que fue después su libertador el mismo a quien consideraba enemigo; mas debiólo a la repentina mudanza acaecida en el gobierno, por la cual fueron atropellados los que confiadamente aguardaban del francés amistad y amparo, y protegido el que se estremecía al ver que su ejército se acercaba: tan inciertos son los juicios humanos.

Averiguada que fue la traslación de las tropas de la capital al Sitio, volviéronse a agitar extraordinariamente las poblaciones de Madrid y Aranjuez con todas las de los alrededores. En el sitio contribuía no poco a sublevar los ánimos la opinión contraria al viaje que pública y decididamente mostraba el Embajador de Francia, sea que ignorase los intentos de su amo y siguiera abrigando la esperanza del soñado casamiento, o sea que tratara de aparentar; nos inclinamos a lo primero. Mas su opinión, al paso que daba bríos a los enemigos del viaje para oponerse a él, servía también de estímulo y espuela a sus partidarios para acelerarlo, esperando unos y temiendo otros la llegada de las tropas francesas que se adelantaban. En efecto, Murat dirigía por Aranda su marcha hacia Somosierra y Madrid, y Dupont, por su derecha, se encaminaba a ocupar a Segovia y El Escorial. Este movimiento, hecho con el objeto de impeler a la familia real, intimidándola, a precipitar su viaje, vino en apoyo del partido del Príncipe de Asturias, alentándole con tanta más razón, cuanto parecía darse la mano con el modo de explicarse del Embajador. Murat en su lenguaje descubría incertidumbre, imputándose entonces a disimulo lo que tal vez era ignorancia del verdadero plan de Napoleón. Al después tan malogrado don Pedro Velarde, comisionado para acompañarle y cumplimentarle, le decían en Buitrago, en 18 de Marzo, que al día siguiente recibiría instrucciones de su gobierno; que no sabía si pasaría o no por Madrid, y que al continuar su marcha a Cádiz, probablemente publicaría en San Agustín las miras del Emperador, encaminadas al bien de España.

Avisos anteriores a éste, y no menos ambiguos, ponían a la corte de Aranjuez en extremada tribulación. Sin embargo, es de creer que cuando el 16 dio el Rey la proclama en que públicamente desmentía las voces de viaje, dudó por un instante llevarlo o no a efecto, pues es más justo atribuir aquella proclama a la perplejidad y turbación propias de aquellos días, que al premeditado pensamiento de engañar bajamente a los pueblos de Madrid y Aranjuez. Continuando, no obstante, los preparativos de viaje, y siendo la desconfianza en los que gobernaban fuera de todo término, se esparció de nuevo y repentinamente en el Sitio que la salida de SS. MM. para Andalucía se realizaría en la noche del 17 al 18. La curiosidad, junto probablemente con oculta intriga, había llevado a Aranjuez, de Madrid y de sus alrededores, muchos forasteros, cuyos semblantes anunciaban siniestros intentos; las tropas que habían ido de la capital participaban del mismo espíritu, y ciertamente hubieran podido sublevarse sin instigación especial. Aseguróse entonces que el Príncipe de Asturias había dicho a un guardia de corps, en quien confiaba: "Esta noche es el viaje, y yo no quiero ir"; y se añadió que con el aviso cobraron más resolución los que estaban dispuestos a impedirlo. Nosotros tenemos entendido que para el efecto advirtió S. A. a don Manuel Francisco Jáuregui, amigo suyo, quien, como oficial de guardias, pudo fácilmente concertarse con sus compañeros de inteligencia, ya con otros de los demás cuerpos. Prevenidos de esta manera, el alboroto hubiera comenzado al tiempo de partir la familia real; una casualidad lo anticipó.

Puestos todos en vela, rondaba voluntariamente el paisanaje durante la noche, capitaneándole disfrazado, bajo el nombre de tío Pedro, el inquieto y bullicioso Conde del Montijo, cuyo nombre en adelante casi siempre estará mezclado con los ruidos y asonadas. Andaba asimismo patrullando la tropa, y unos y otros custodiaban de cerca y observaban particularmente la casa del Príncipe de la Paz. Entre once y doce salió de ella, muy tapada, doña Josefa Tudó, llevando por escolta a los guardias de honor del Generalísimo; quiso una patrulla descubrir la cara de la dama, la cual, resistiéndolo, excitó una ligera reyerta, disparando al aire un tiro uno de los que estaban presentes. Quien afirma fue el oficial Tuyols, que acompañaba a doña Josefa, para que vinieran en su ayuda; quién el guardia Merlo, para avisar a los conjurados. Lo cierto es que éstos lo tomaron por una señal, pues al instante un trompeta apostado al intento tocó a caballo, y la tropa corrió a los diversos puntos por donde el viaje podía emprenderse. Entonces, y levantándose terrible estrépito, gran número de paisanos, otros transformados en tales, criados de palacio y monteros del infante don Antonio, con muchos soldados desbandados, acometieron la casa de don Manuel Godoy, forzaron su guardia, y la entraron como a saco, escudriñando por todas partes y buscando en balde el objeto de su enfurecida rabia. Creyóse por de pronto que, a pesar de la extremada vigilancia, se había su dueño salvado por alguna puerta desconocida o excusada, y que, o había desamparado a Aranjuez, u ocultádose en palacio. El pueblo penetró hasta lo más escondido, y aquellas puertas, antes sólo abiertas al favor, a la hermosura y a lo más brillante y escogido de la corte, dieron franco paso a una soldadesca desenfrenada y tosca, y a un populacho sucio y desaliñado, contrastando tristemente lo magnífico de aquella mansión con el descuidado arreo de sus nuevos y repentinos huéspedes. Pocas horas habían transcurrido cuando desapareció tanta disconformidad, habiendo sido despojados los salones y estrados de sus suntuosos y ricos adornos para entregarlos al destrozo y a las llamas. Repetida y severa lección que a cada paso nos da la caprichosa fortuna en sus continuados vaivenes. El pueblo, si bien quemó y destruyó los muebles y objetos preciosos, no ocultó para sí cosa alguna, ofreciendo el ejemplo del desinterés más acendrado. La publicidad, siendo en tales ocasiones un censor inflexible, y uniéndose a un cierto linaje de generoso entusiasmo, enfrena al mismo desorden, y pone coto a algunos de sus excesos y demasías. Las veneras, collares y todos los distintivos de las dignidades supremas a que Godoy había sido ensalzado, fueron preservados y puestos en manos del Rey; poderoso indicio de que entre el populacho había personas capaces de distinguir los objetos que era conveniente respetar y guardar, y aquellos que podían ser destruidos. La Princesa de la Paz, mirada como víctima de la conducta doméstica de su marido, y su hija, fueron bien tratadas y llevadas a palacio, tirando la multitud de su berlina. Al fin, restablecida la tranquilidad, volvieron los soldados a sus cuarteles, y para custodiar la saqueada casa se pusieron dos compañías de guardias españolas y walonas, con alguna más tropa, que alejase al populacho de sus avenidas.

La mañana del 18 dio el Rey[2] un decreto exonerando al Príncipe de la Paz de sus empleos de generalísimo y almirante, y permitiéndole escoger el lugar de su residencia.[3] También anunció a Napoleón esta resolución, que en gran manera le sorprendió. El pueblo, arrebatado de gozo con la novedad, corrió a palacio a vitorear a la familia real, que se asomó a los balcones, conformándose con sus ruegos. En nada se turbó aquel día el público sosiego sino por el arresto de don Diego Godoy, quien, despojado por la tropa de sus insignias, fue llevado al cuartel de guardias españolas, de cuyo cuerpo era coronel; pernicioso ejemplo, entonces aplaudido y después desgraciadamente renovado en ocasiones más calamitosas.

Parecía que desbaratado el viaje de la real familia, y

abatido el Príncipe de la Paz, eran ya cumplidos los deseos de los amotinados; mas todavía continuaba una terrible y sorda agitación. Los reyes, temerosos de otra asonada, mandaron a los ministros del Despacho que pasasen la noche del 18 al 19 en palacio. Por la mañana, el Príncipe de Castel-Franco y los capitanes de guardias de corps, Conde de Villariezo y Marqués de Albudeite, avisaron personalmente a SS. MM. de que dos oficiales de guardias con la mayor reserva, y bajo palabra de honor, acababan de prevenirles que para aquella noche un nuevo alboroto se preparaba mayor y más recio que el de la precedente. Habiéndoles preguntado el Marqués Caballero si estaban seguros de su tropa, respondieron, encogiéndose de hombros, "que sólo el Príncipe de Asturias podía componerlo todo". Pasó entonces Caballero a verse con S. A., y consiguió que, trasladándose al cuarto de sus padres, les ofreciese que impediría, por medio de los segundos jefes de los cuerpos de casa real, la repetición de nuevos alborotos, como también el que mandaría a varias personas, cuya presencia en el Sitio era sospechosa, que regresasen a Madrid, disponiendo al mismo tiempo que criados suyos se esparciesen por la población para acabar de aquietar el desasosiego que aún subsistía. Estos ofrecimientos del Príncipe dieron cuerpo a la sospecha de que en mucha parte obraban de concierto con él los sediciosos, no habiendo habido de casual sino el momento en que comenzó el bullicio, y tal vez el haber después ido más allá de lo que en un principio se habían propuesto.

Tomadas aquellas determinaciones, no se pensaba en que la tranquilidad volvería a perturbarse, e inesperadamente, a las diez de la mañana, se suscitó un nuevo y estrepitoso tumulto. El Príncipe de la Paz, a quien todos creían lejos del Sitio, y los reyes mismos camino de Andalucía, fue descubierto a aquella hora en su propia casa. Cuando en la noche del 17 al 18 habían sido asaltados sus umbrales, se disponía a acostarse, y al ruido, cubriéndose con un capote de bayetón que tuvo a mano, cogiendo mucho oro en sus bolsillos y tomando un panecillo de la mesa en que había cenado, trató de pasar por una puerta escondida a la casa contigua, que era la de la Duquesa viuda de Osuna. No le fue dado fugarse por aquella parte, y entonces se subió a los desvanes, y en el más desconocido se ocultó, metiéndose en un rollo de esteras. Allí permaneció desde aquella noche por el espacio de treinta y seis horas, privado de toda bebida y con la inquietud y desvelo propio de su crítica y angustiada posición. Acosado de la sed, tuvo, al fin, que salir de su molesto y desdichado asilo. Conocido por un centinela de guardas walonas, que al instante gritó a las armas, no usó de unas pistolas que consigo traía; fuera cobardía, o más bien desmayo con el largo padecer. Sabedor el pueblo de que se le había encontrado, se agolpó hacia su casa, y hubiera allí perecido si una partida de guardias de corps no le hubiese protegido a tiempo. Condujéronle éstos a su cuartel, y en el tránsito, acometiéndole la gente con palos, estacas y todo género de armas e instrumentos, procuraba matarle o herirle, buscando camino a sus furibundos golpes por entre los caballos y los guardias, quienes escudándole le libraron de un trágico y desastroso fin. Para mayor seguridad, creciendo el tumulto, aceleraron los guardias el paso, y el desgraciado preso en medio y apoyándose sobre los arzones de las sillas de dos caballos, seguía su levantado trote jadeando, sofocado y casi llevado en vilo. La travesía considerable que desde su casa había al paraje adonde le conducían, sobre todo teniendo que cruzar la espaciosa plazuela de San Antonio, hubiera dado mayor facilidad al furor popular para acabar con su vida, si temerosos los que le perseguían de herir a alguno de los de la escolta, no hubiesen asestado sus tiros de un modo incierto y vacilante. Así fue que, aunque magullado y contuso en varias partes de su cuerpo, sólo recibió una herida algo profunda sobre una ceja. En tanto, avisado Carlos IV de lo que pasaba, ordenó a su hijo que corriera sin tardanza y salvara la vida de su malhadado amigo. Llegó el Príncipe al cuartel adonde le habían traído preso, y con su presencia contuvo a la multitud. Entonces, diciéndole Fernando que le perdonaba la vida, conservó bastante serenidad para preguntarle, a pesar del terrible trance, "si era ya rey", a lo que le respondió: "Todavía no, pero luego lo seré." Palabras notables y que demuestran cuán cercana creía su exaltación al solio. Aquietado el pueblo con la promesa que el Príncipe de Asturias le reiteró muchas veces de que el preso sería juzgado y castigado conforme a las leyes, se dispersó y se recogió cada uno tranquilamente a su casa. Godoy, desposeído de su grandeza, volvió adonde había habitado antes de comenzar aquélla, y maltratado y abatido, quedó entregado en su soledad a su incierta y horrenda suerte. Casi todos, a excepción de los reyes padres, le abandonaron; que la amistad se eclipsa al llegar el nublado de la desgracia. Y aquel, a cuyo nombre la mayor parte de la monarquía todavía temblaba, echado sobre unas pajas y hundido en la amargura, era quizá más desventurado que el más desventurado de sus habitantes. Así fue derrocado de la cumbre del poder este hombre, que de simple guardia de corps se alzó en breve tiempo a las principales dignidades de la corona, y se vio condecorado con sus órdenes y distinguido con nuevos y exorbitantes honores. ¿Y cuáles fueron los servicios para tantos valimientos; cuáles los singulares hechos que le abrieron la puerta y le dieron suave y fácil subida a tal grado de sublimada grandeza? Pesa el decirlo. La desenfrenada corrupción y una privanza fundada ¡oh baldón! en la profanación del tálamo real. Menester sería que retrocediésemos hasta don Beltrán de la Cueva para tropezar en nuestra historia con igual mancilla, y aun entonces, si bien aquel valido de Enrique IV principió su afortunada carrera por el modesto empleo de paje de lanza, y se encaminó, como Godoy, por la senda del deshonor regio, nunca remontó su vuelo a tan desmesurada altura, teniendo que partir su favor con don Juan Pacheco, y cederlo a veces al temido y fiero rival.

Don Manuel Godoy había nacido en Badajoz, en 12 de Mayo de 1767, de familia noble, pero pobre. Su educación había sido descuidada; profunda era su ignorancia. Naturalmente dotado de cierto entendimiento, y no falto de memoria, tenía facilidad para enterarse de los negocios puestos a su cuidado. Vario e inconstante en sus determinaciones, deshacía en un día y livianamente lo que en otro, sin más razón, había adoptado y aplaudido. Durante su ministerio de Estado, a que ascendió en los primeros años de su favor, hizo convenios solemnes con Francia perjudiciales y vergonzosos; primer origen de la ruina y desolación de España. Desde el tiempo de la escandalosa campaña de Portugal mandó el ejército con el título de generalísimo, no teniendo a sus ojos la ilustre profesión de las armas otro atractivo ni noble cebo que el de los honores y sueldos; nunca se instruyó en los ejercicios militares; nunca dirigió ni supo las maniobras de los diversos cuerpos; nunca se acercó al soldado ni se informó de sus necesidades o reclamaciones; nunca, en fin, organizó la fuerza armada de modo que la nación, en caso oportuno, pudiera contar con un ejército pertrechado y bien dispuesto, ni él con amigos y partidarios firmes y resueltos; así la tropa fue quien primero le abandonó. Reducíase su campo de instrucción a una mezquina parada que algunas veces ofrecía delante de su casa, a manera de espectáculo, a los ociosos de la capital y a sus bajos y, por desgracia, numerosos aduladores; ridículo remedo de las paradas que en París solía tener Napoleón. Tan pronto protegía a los hombres de saber y respeto, tan pronto los humillaba. Al paso que fomentaba una ciencia particular, o creaba una cátedra, o sostenía alguna mejora, dejaba que el Marqués Caballero, enemigo declarado de la ilustración y de los buenos estudios, imaginase un plan general de instrucción pública para todas las universidades, incoherente y poco digno del siglo, permitiéndole también hacer en los códigos legales omisiones y alteraciones de suma importancia. Aunque confinaba lejos de la corte y desterraba a cuantos creía desafectos suyos o le desagradaban, ordinariamente no llevaba más allá sus persecuciones ni fue cruel por naturaleza; sólo se mostró inhumano y duro con el ilustre Jovellanos. Sórdido en su avaricia, vendía, como en pública almoneda, los empleos, las magistraturas, las dignidades, los obispados, ya para sí, ya para sus amigas, o ya para saciar los caprichos de la Reina. La Hacienda fue entregada a arbitristas más bien que a hombres profundos en este ramo, teniéndose que acudir a cada paso a ruinosos recursos para salir de los continuos tropiezos causados por el derroche de la corte y por gravosas estipulaciones. Desembozado y suelto en sus costumbres, dio ocasión a que entre el vulgo se pusiese en crédito el esparcido rumor de estar casado con dos mujeres; habiéndose dicho que era una doña María Teresa de Borbón, prima carnal del Rey, que fue considerada como la verdadera, y otra doña Josefa Tudó, su particular amiga, de buena índole y de condición apacible, y tan aficionada a su persona, que quiso consignar, en la gracia que se le acordó de condesa de *Castillo-Fiel,* el timbre de su incontrastable fidelidad. Conteníale a veces en sus prontos y violentos arrebatos. Godoy en el último año llegó al ápice de su privanza, habiendo recibido con la dignidad de grande almirante el tratamiento de alteza, distinción no concedida antes en España a ningún particular. Su fausto fue extremado, su acompañamiento espléndido, su guardia mejor vestida y arreada que la del Rey; honrado en tanto grado por su soberano, fue acatado por casi todos los grandes y principales personajes de la monarquía. ¡Qué contraste de verle ahora, y comparar su suerte con aquella en que aún brillaba dos días antes! Situación que recuerda la del favorito Eutropio, que tan elocuentemente nos pinta uno de los primeros padres de la iglesia griega: [4] "Todo pereció, dice; una ráfaga de viento soplando reciamente despojó aquel árbol de sus hojas, y nos le mostró desnudo y conmovido hasta en su raíz... ¿Quién había llegado a tanta excelsitud? ¿No aventajaba a todos en riquezas? ¿No había subido a las mayores dignidades? ¿No le temían todos y temblaban a su nombre? Y ahora, más miserable que los hombres que están presos y aherrojados, más necesitado que el último de los esclavos y mendigos, sólo ve agudas armas vueltas contra su persona; sólo ve destrucción y ruina, los verdugos y el camino de la muerte." Pasmosa semejanza, y tal, que en otros tiempos hubiera llevado visos de sobrehumana profecía.

Encerrado el Príncipe de la Paz en el cuartel de guardias de Corps, y retirado el pueblo, como hemos dicho, a instancias y en virtud de las promesas que le hizo el Príncipe de Asturias, se mantuvo quieto y sosegado, hasta que, a las dos de la tarde, un coche con seis mulas a la puerta de dicho cuartel movió gran bulla, habiendo corrido la voz que era para llevar al preso a la ciudad de Granada. El pueblo en un instante cortó los tirantes de las mulas y descompuso y estropeó el coche.

El rey Carlos y la reina María Luisa, sobrecogidos con las nuevas demostraciones del furor popular, temieron peligrase la vida de su desgraciado amigo. El Rey, achacoso y fatigado con los desusados bullicios, persuadido además por las respetuosas observaciones de algunos, que en tal aprieto le representaron como necesaria la abdicación en favor de su hijo, y sobre todo, creyendo, juntamente con su esposa, que aquella medida sería la sola que podría salvar la vida a don Manuel Godoy, resolvió convocar para las siete de la noche del mismo día 19 a todos los ministros del Despacho, y renunciar en su presencia la corona, colocándola en las sienes del Príncipe heredero. Este acto fue concebido en los términos siguientes: "Como[5] los achaques de que adolezco no me permiten soportar por más tiempo el grave peso del gobierno de mis reinos, y me sea preciso, para reparar mi salud, gozar en un clima más templado de la tranquilidad de la vida privada, he determinado, después de la más seria deliberación, abdicar mi corona en mi heredero y mi muy caro hijo el Príncipe de Asturias. Por tanto es mi real voluntad que sea reconocido y obedecido como rey y señor natural de todos mis reinos y dominios. Y para que este mi real decreto de libre y espontánea abdicación tenga su éxito y debido cumplimiento, lo comunicaréis al Consejo y demás a quien corresponda. — Dado en Aranjuez, a 19 de Marzo de 1808. — Yo *el Rey*. — A don Pedro Ceballos."

Divulgada por el sitio la halagüeña noticia, fue indecible el contento y la alegría; y corriendo el pueblo a la plazuela de Palacio, al cerciorarse de tamaño acontecimiento, unánimemente prorrumpió en vítores y aplausos. El Príncipe, después de haber besado la mano a su padre, se retiró a su cuarto, en donde fue saludado, como nuevo rey, por los ministros, grandes y demás personas que allí asistían.

En Madrid se supo en la tarde del 19 la prisión de don Manuel Godoy, y al anochecer se agrupó y congregó el pueblo en la plazuela del Almirante, así denominada desde el ensalzamiento de aquél a esta dignidad, y sita junta al palacio de los duques de Alba. Allí, levantando gran gritería con *vivas* al Rey y *mueras* contra la persona del derribado valido, acometieron los amotinados su casa, inmediata al paraje de la reunión y, arrojando por las ventanas muebles y preciosidades, quemáronlo todo, sin que nada se hubiese robado ni escondido. Después, distribuidos en varios bandos, y saliendo otros de puntos distintos con hachas encendidas, repitieron la misma escena en varias casas, y señaladamente recibieron igual quebranto en las suyas la madre del Príncipe de la Paz, su hermano don Diego, su cuñado Marqués de Branciforte, los exministros Alvarez y Soler y don Manuel Sixto Espinosa; conservándose en medio de las bulliciosas asonadas una especie de orden y concierto.

Siendo universal el júbilo con la caída de Godoy, fue colmado entre los que supieron, a las once de la noche, que Carlos IV había abdicado. Pero como era tarde, la noticia no cundió bastantemente por el pueblo hasta el día siguiente, domingo, confirmándose de oficio por carteles del Consejo, que anunciaban la exaltación de Fernando VII. Entonces el entusiasmo y gozo creció a manera de frenesí, llevando en triunfo por todas las calles el retrato del nuevo Rey, que fue al último colocado en la fachada de la casa de la Villa. Continuó la algazara y la alegría toda aquella noche del 20; pero habiéndose ya notado en ella varios excesos, fueron inmediatamente reprimidos por el Consejo, y por orden suya cesó aquel nuevo género de regocijos.

En las más de las ciudades y pueblos del reino hubo también fiesta y motín, arrastrando el retrato de Godoy, que los mismos pueblos habían a sus expensas colocado en las casas consistoriales; si bien es verdad que ahora su imagen era abatida y despedazada con general consentimiento, y antes habían sido muy pocos los que la habían erigido y reverenciado, buscando por este medio empleos y honores en la única fuente de donde se derivaban las gracias: el pueblo siempre reprobó con expresivo murmullo aquellas lisonjas de indignos conciudadanos.

Fue tal el gusto y universal contento, ya con la caída de don Manuel Godoy, y ya también con la abdicación de Carlos IV, que nadie reparó ya entonces en el modo con que este último e importante acto se había celebrado, y si había sido o no concluido con entera y cumplida libertad: todos lo creían así, llevados de un mismo y general deseo. Sin embargo, graves y fundadas dudas se suscitaron después. Por una parte, Carlos IV se había mostrado a veces propenso a alejarse de los negocios públicos, y María Luisa en su correspondencia declara que tal era su intención cuando su hijo se hubiera casado con una princesa de Francia. Confirmó su propósito Carlos al recibir al cuerpo diplomático con motivo de su abdicación, pues dirigiendo la palabra a Mr. de Strogonoff, ministro de Rusia, le dijo: "En mi vida he hecho cosa con más gusto." Pero, por otra parte, es de notar que la renuncia fue firmada en medio de una sedición, no habiendo Carlos IV en la víspera de aquel día dado indicio de querer tan pronto efectuar su pensamiento, porque exonerando al Príncipe de la Paz del mando del ejército y de la marina, se encargó el mismo Rey del manejo supremo. En la mañana el 19 tampoco anunció cosa alguna relativa a su próxima abdicación, y sólo al segundo alboroto en la tarde, y cuando creyó, juntamente con la Reina, poner a salvo por aquel medio a su caro favorito, resolvió ceder el trono y retirarse a vida particular. El público, lejos de entrar en el examen de tan espinosa cuestión, censuró amargamente al Consejo, porque, conforme a su formulario, había pasado a informe de sus fiscales el acto de la abdicación; también se le reprendió con severidad por los ministros del nuevo Rey, ordenándole que inmediatamente lo publicase, como lo verificó el 20, a las tres de la tarde. El Consejo obró de esta manera por conservar la fórmula con que acostumbraba proceder en sus determinaciones, y no con ánimo de oponerse y menos aún con el de reclamar los antiguos usos y prácticas de España. Para lo primero ni tenía interés, ni le era dado resistir al torrente del universal entusiasmo manifestado en favor de Fernando; y para lo segundo, pertinaz enemigo de Cortes o de cualquiera representación nacional, más bien se hubiera mostrado opuesto que inclinado a indicar o promover su llamamiento. Sin embargo, para desvanecer todo linaje de dudas, conveniente hubiera sido repetir el acto de la abdicación de un modo más solemne y en ocasión más tranquila y desembarazada. Los acontecimientos que de repente sobrevinieron pudieron servir de fundada disculpa a aquella omisión; mas parándonos a considerar quiénes eran los íntimos consejeros de Fernando, cuáles sus ideas y cuál su posterior conducta, podemos afirmar sin riesgo que nunca hubieran para aquel objeto congregado Cortes, graduando su convocación de intempestiva y peligrosa. Con todo, su celebración, a ser posible, hubiera puesto a la renuncia de Carlos IV (conformándose con los antiguos usos de España) un sello firme e incontrastable de legitimidad. Congregar Cortes para asunto de tanta gravedad fue constante costumbre, nunca olvidada en las muchas renuncias que hubo en los diferentes reinos de España. Las de doña Berenguela y la intentada por don Juan I, en Castilla; la de don Ramiro el monje, en Aragón, con todas las otras más o menos antiguas, fueron ejecutadas y cumplidas con la misma solemnidad, hasta que la introducción de dinastías extranjeras alteró práctica tan fundamental, siendo, al parecer, lamentable prerrogativa de aquellos príncipes atropellar nuestros fueros, conservar nuestros vicios y, olvidándose de lo bueno que en su patria dejaban, traernos solamente lo perjudicial y nocivo. Así fue que en las dos célebres sesiones de Carlos I y Felipe V no se llamó a Cortes ni se guardaron las antiguas formalidades. Verdad es que no hubo ni en una ni en otra asomo de violencia, y a la de Carlos I,[6] celebrada en Bruselas públicamente con gran pompa y aparato, asistieron además muchos grandes. La de Felipe V fue más silenciosa, poniendo en esta parte nuestros monarcas más y más en olvido la respetable antigüedad, según que se acercaban a nuestro tiempo. El Rey dijo que obraba[7] "con consentimiento y de conformidad con la Reina, su muy cara y muy amada esposa." Singular modo de autorizar acto de tanta trascendencia y de interés tan general. La opinión entonces, a pesar de estar reprimida, no quedó satisfecha; pues los "jurisperitos y los mismos del Consejo Real,[8] nos dice el Marqués de San Felipe, veían que no era válida la renuncia no hecha con acuerdo de sus vasallos... pero nadie replicó, pues al Consejo Real no se le preguntó sobre la validación de la renuncia, sino se le mandó que obedeciese el decreto..." Ahora lo mismo: ni a nadie se le preguntó cosa alguna, ni nadie replicó, esperándolo todo de la caída de Godoy y del ensalzamiento de Fernando; imprevisión propia de las naciones que, entregándose ciegamente a la sola y casual sucesión de las personas, no buscan en las leyes e instituciones el sólido fundamento de su felicidad.

Exaltado al solio Fernando, VII del nombre, conservó por de pronto a los mismos ministros de su padre, pero sucesivamente removió a los más de ellos. Fue el primero que estuvo en este caso don Miguel Cayetano Soler, dotado de cierto despejo, y que, encargado de la Hacienda, fue más bien arbitrista que hombre verdaderamente entendido en aquel ramo. Se puso en su lugar a don Miguel José de Azanza, antiguo virrey de Méjico, quien, confinado en Granada, gozaba del concepto de hombre de mucha probidad. Quedó en Estado don Pedro Cevallos, con decreto honorífico para que no le perjudicase su enlace con una prima hermana del Príncipe de la Paz. Teníanle en el reinado anterior por un cortesano dócil, estaba adornado de cierta instrucción, y si bien no descuidó los intereses personales y de familia, pasó en la corrompida corte de Carlos IV por hombre de bien. Se notó posteriormente en su conducta propensión fácil a acomodarse a varios y encontrados gobiernos. Continuó al frente de la Marina don Francisco Gil y Lemus, anciano respetable y de carácter entero y firme. Sucedió a pocos días en Guerra al enfermizo y ceremonioso don Antonio Olaguer Feliu, el general don Gonzalo Ofárril, recién venido de Toscana, en donde había mandado una división española. Gozaba créditos de hombre de saber y de más aventajado militar. Empezó por nombrársele director general de artillería, y elevado al ministerio, fue acometido de una enfermedad grave, que causó vivo y general sentimiento: tanta era la opinión de que gozaba, la cual hubiera conservado intacta si la suerte de que todos se lamentaban hubiera terminado su carrera. El Marqués de Caballero, ministro de Gracia y Justicia, enemigo del saber, servidor atento y solícito de los caprichos licenciosos de la Reina, perseguidor del mérito y de los hombres esclarecidos, había sido hasta entonces universalmente despreciado y aborrecido. Viendo en Marzo a qué lado se inclinaba la fortuna, varió de lenguaje y de conducta, y en tanto grado, que se le creyó por algún tiempo autor en parte de lo acaecido en Aranjuez: debió a su oportuna mudanza habérsele conservado en su ministerio durante algunos días; pero, perseguido por su anterior desconcepto, y ofreciendo poca confianza, pasó, en cambio de su puesto, a ser presidente de uno de los Consejos. Contribuyó mucho a su separación el haber maliciosamente retardado cuatro días el despacho de la orden que llamaba a Madrid de su confinamiento a don Juan Escóiquez. Entró en el despacho de Gracia y Justicia don Sebastián Piñuela, ministro anciano del Consejo. Se alzaron los destierros a don Mariano Luis de Urquijo, al Conde de Cabarrús y al sabio y virtuoso don Gaspar Melchor de Jovellanos, víctima la más desgraciada y con más saña perseguida en la privanza de Godoy. También fueron llamados todos los individuos comprendidos en la causa de El Escorial, mereciendo entre ellos particular mención don Juan Escóiquiz, el Duque del Infantado y el de San Carlos.

Era don Juan Escóiquiz hijo de un general, y natural de Navarra. Educado en la casa de Pajes del Rey prefirió al estruendo de las armas el quieto y pacífico estado eclesiástico, y obtuvo una canonjía en la catedral de Zaragoza, de donde pasó a ser maestro del Príncipe de Asturias. En el nuevo y honroso cargo, en vez de formar el tierno corazón de su augusto discípulo, infundiendo en él máximas de virtud y tolerancia; en vez de enriquecer su mente y adornarla de útiles y adecuados conocimientos, se ocupó más bien en intrigas y enredos de corte, ajenos a su estado, y sobre todo de su magisterio. Queriendo derribar a Godoy, se atrajo su propia desgracia, y se le alejó de la enseñanza del Príncipe, dándole en la iglesia de Toledo el arcedianato de Alcaraz. Desde allí continuó sus secretos manejos, hasta que al fin, de resultas de la causa de El Escorial, se le confinó al convento del Tordon. Aficionado a escribir en prosa y en verso, no descolló en las letras más que en la política. Tradujo del inglés, con escaso numen, el *Paraíso perdido,* de Milton, y de sus obras en prosa debe en particular mencionarse una defensa que publicó del tribunal de la Inquisición; parto torcido de su poco venturoso ingenio. Fue siempre ciego admirador de Bonaparte, y creciendo de punto su obcecación, comprometió al Príncipe, su discípulo, y sepultó al reino en un abismo de desgracias. Presumido y ambicioso, somero en su saber, sin conocimiento práctico del corazón humano, y menos de la corte y de los gobiernos extraños, se imaginó que, cual otro Jiménez de Cisneros, desde el rincón de su coro de Toledo, saliendo de nuevo al mundo, regiría la monarquía y sujetaría a la estrecha y limitada esfera de su comprensión la extensa y vasta del indomable Emperador de los franceses. Condecorado con la gran cruz de Carlos III, fue nombrado por el nuevo Rey consejero de Estado, y como tal asistió a las importantes discusiones de que hablaremos muy pronto. El Duque del Infantado, dado al estudio de algunas ciencias, fomentador en sus estados de la industria y de ciertas fábricas, gozaba de buen nombre, realzado por su riqueza, por el lustre de su casa, y principalmente por las persecuciones que su desapego al Príncipe de la Paz le había acarreado. Como coronel ahora de guardias españolas y presidente del Consejo Real, tomó parte en los arduos negocios que ocurrieron, y no tardó en descubrir la flojedad y distracción de su ánimo, careciendo de aquella energía y asidua aplicación que se requiere en las materias graves. Tan cierto es que hombres cuyo concepto ha brillado en la vida privada o en tiempos serenos se eclipsan si son elevados a puesto más alto o si alcanzan días turbulentos o borrascosos. Dio la América el ser al Duque de San Carlos, quien después de haber hecho la campaña contra Francia en 1793, fue nombrado ayo del Príncipe de Asturias y desterrado, al fin, de la corte con motivo de la causa de El Escorial. La reina María Luisa decía que era el más falso de todos los amigos de su hijo; pero sin atenernos ciegamente a tan parcial testimonio, cierto es que durante la privanza de Godoy no mostró respecto del favorito el mismo desvío que el Duque del Infantado y, solícito y lisonjero, buscó en su genealogía el modo de entroncarse y emparentar con el ídolo a quien tanto reverenciaban. Escogido para mayordomo mayor en lugar del Marqués de Mós, estuvo especialmente a su cargo, junto con el del Infantado y Escóiquiz, dirigir la nave del Estado en medio del recio temporal que había sobrevenido, e inexperto y desavisado, la arrojó contra conocidos escollos tan desatentadamente como sus compañeros.

Fueron las primeras providencias del nuevo reinado, o poco importantes o dañosas al interés público, empezándose ya entonces el fatal sistema de echar por tierra lo actual y existente, sin otro examen que el de ser obra del gobierno que había antecedido. Se abolía la superintendencia general de policía, creada el año anterior, y se dejaba resplandeciente y viva la horrible Inquisición. Permitíase en los sitios y bosques reales la destrucción de alimañas, y se suspendía la venta del séptimo de los bienes eclesiásticos, concedida y aprobada dos años antes por la bula del Papa; medida necesaria y urgentísima en España, obstruida en su prosperidad con la embarazosa traba del casi total estancamiento de la propiedad territorial; medida que, repetimos, hubiera convenido mantener con firmeza, cuidando solamente de que se invirtiese el producto de la venta en pro comunal. Se suprimió también un impuesto sobre el vino con el objeto de halagar a los contribuyentes, como si abandonando el verdadero y sólido interés del Estado, no fuera muy reprensible dejarse llevar de una mal entendida y efímera popularidad. Pero aquellas providencias, fueran o no oportunas, apenas fijaron la atención de España, inquieto el ánimo con el cúmulo de acontecimientos que unos en pos de otros sobrevinieron y se atropellaron.

El Príncipe de la Paz, en la mañana del 23 de Marzo, había sido trasladado desde Aranjuez al castillo de Villaviciosa, escoltándole los guardias de Corps, a las órdenes del Marqués de Castelar, comandante de alabarderos, y allí fue puesto en juicio. Fuéronlo igualmente su hermano don Diego, el exministro Soler, don Luis Viguri, antiguo intendente de la Habana; el corregidor de Madrid don José Marquina, el tesorero general don Antonio Noriega, el director de la caja de Consolidación don Manuel Sixto

Espinosa, don Simón de Viegas, fiscal del Consejo, y el canónigo don Pedro Estala, distinguido como literato. Para procesar a muchos de ellos no hubo otro motivo que el haber sido amigos de don Manuel Godoy y haberle tributado esmerado obsequio; delito, si lo era, en que habían incurrido todos los cortesanos y algunos de los que todavía andaban colocados en dignidades y altos puestos. Se confiscaron, por decreto del Rey, los bienes del favorito, aunque las leyes del reino entonces vigentes autorizaban sólo el embargo, y no la confiscación, puesto que para imponer la última pena debía preceder juicio y sentencia legal, no exceptuándose ni aquellos casos en que el individuo era acusado del crimen de lesa majestad. Además conviene advertir que, no obstante la justa censura que merecía la ruinosa administración de Godoy, en un gobierno como el de Carlos IV, que no reconocía límite ni freno a la voluntad del soberano, difícilmente hubiera podido hacérsele ningún cargo grave, sobre todo habiendo seguido Fernando por la pésima y trillada senda que su padre le había dejado señalada. El valido había procedido en el manejo de los negocios públicos autorizado con la potestad indefinida de Carlos IV, no habiéndosele puesto coto ni medida y, lejos de que hubiese aquel soberano reprobado su conducta después de su desgracia, insistió con firmeza en sostenerle y en ofrecer a su caído amigo el poderoso brazo de su patrocinio y amparo. Situación muy diversa de la de don Alvaro de Luna, desamparado y condenado por el mismo rey a quien debía su ensalzamiento. Don Manuel Godoy, escudado con la voluntad expresa y absoluta de Carlos, sólo otra voluntad opresora e ilimitada podía atropellarle y castigarle; medio legalmente atroz e injusto, pero debido pago a sus demasías y correspondiente a las reglas establecidas que le habían guiado en tiempo de su favor.

Pasados los primeros días de ceremonia y públicos regocijos se volvieron los ojos a los huéspedes extranjeros, que insensiblemente se aproximaban a la capital. La nueva corte, soñando felicidades y pensando en efectuar el tan ansiado casamiento de Fernando con una princesa de la sangre imperial de Francia, se esmeró en dar muestras de amistad y afecto al Emperador de los franceses y a su cuñado Murat, gran duque de Berg. Fue al encuentro de éste, para obsequiarle y servirle, el Duque del Parque, y salieron en busca del deseado Napoleón, con el mismo objeto, los duques de Medinaceli y de Frías y el Conde de Fernán-Núñez.

Ya hemos indicado cómo las tropas francesas se avanzaban hacia Madrid. El 15 de Marzo había Murat salido de Burgos, continuando después su marcha por el camino de Somosierra. Traía consigo la guardia imperial, numerosa artillería y el cuerpo de ejército del Mariscal Moncey, el que reemplazaba el de Bessières en los puntos que aquél iba desocupando. Dupont también se avanzaba por el lado de Guadarrama con toda su fuerza, a excepción de una división que dejó en Valladolid para observar las tropas españolas de Galicia. Se había con particularidad encargado a Murat que se hiciera dueño de la cordillera que divide las dos Castillas, antes que se apoderase de ella Solano u otras tropas; igualmente se le previno que interceptara todos los correos, con otras instrucciones secretas, cuya ejecución no tuvo lugar, a causa de la sumisa condescendencia de la nueva corte.

Murat, inquieto y receloso con lo acaecido en Aranjuez, no quiso dilatar más tiempo la ocupación de Madrid, y el 23 entró en la capital, llevando delante, para excitar la admiración, la caballería de la guardia imperial y lo más escogido y brillante de su tropa, y rodeado él mismo de un lujoso séquito de ayudantes y oficiales de estado mayor. No correspondía la infantería a aquella primera y ostentosa muestra, constando en general de conscriptos y gente bisoña. El vecindario de Madrid, si bien ya temeroso de las intenciones de los franceses, no lo estaba a punto que no los recibiese afectuosamente, ofreciéndoles por todas partes refrescos y agasajos. Contribuía no poco a alejar la desconfianza el traer a todos embelesados las importantes y repentinas mudanzas sobrevenidas en el gobierno. Sólo se pensaba en ellas y en contarlas y referirlas una y mil veces, ansiando todos ver con sus propios ojos y contemplar de cerca al nuevo Rey, en quien se fundaban lisonjeras e ilimitadas esperanzas, tanto mayores, cuanto así descansaba el ánimo, fatigado con el infausto desconcierto del reinado anterior.

Fernando, cediendo a la impaciencia pública, señaló el día 24 de Marzo para hacer su entrada en Madrid. Causó el solo aviso indecible contento, saliendo a aguardarle, en la víspera por la noche, numeroso gentío de la capital, y concurriendo al camino con no menor diligencia y afán todos los pueblos de la comarca. Rodeado de tan nuevo y grandioso acompañamiento llegó a las Delicias, desde donde por la puerta de Atocha entró en Madrid a caballo, siguiendo el paseo del Prado, y las calles de Alcalá y Mayor, hasta palacio. Iban detrás y en coche los infantes don Carlos y don Antonio. Testigos de aquel día de placer y holganza, nos fue más fácil sentirlo que nos será dar de él ahora una idea perfecta y acabada. Horas enteras tardó el rey Fernando en atravesar desde Atocha hasta palacio: con una escasa escolta, por doquiera que pasaba estrechado y abrazado por el inmenso concurso, lentamente adelantaba el paso, tendiéndosele al encuentro las capas con deseo de que fueran holladas por su caballo: de las ventanas se tremolaban los pañuelos, y los vivas y clamores, saliendo de todas las bocas, repetían y resonaban en plazuelas y calles, en tablados y casas, acompañados de las bendiciones más sinceras y cumplidas. Nunca pudo monarca gozar de triunfo más magnífico ni más sencillo; ni nunca tampoco contrajo alguno obligación más sagrada de corresponder con todo ahínco al amor desinteresado de súbditos tan fieles.

Murat, oscurecido y olvidado con la universal alegría, procuró recordar su presencia con mandar que algunas de sus tropas maniobrasen en medio de la carrera por donde el Rey había de pasar. Desagradó orden tan inoportuna en aquel día, como igualmente el que, no estando satisfecho en el alojamiento que se le había dado en el Buen Retiro, por sí y militarmente, sin contar con las autoridades, se hubiese mudado a la antigua casa del Príncipe de la Paz, inmediata al convento de doña María de Aragón. Acontecimientos eran éstos de leve importancia, pero que influyeron no poco en indisponer los ánimos del vecindario. Aumentóse el disgusto en vista del desvío que mostró el mismo Murat con el nuevo rey; desvío imitado por el embajador Beauharnais, único individuo del cuerpo diplomático que no le había reconocido. La corte disculpaba a entrambos con la falta de instrucciones, debida a lo impensado de la repentina mudanza; mas el pueblo, comparando el anterior lenguaje de dicho embajador, amistoso y solícito, con su fría actual indiferencia, atribuía la súbita transformación a causa más fundamental. Así fue que la opinión respecto de los franceses de día en día fue trocándose y tomando distinto y contrario rumbo.

Hasta entonces, si bien algunos se recelaban de las intenciones de Napoleón, la mayor parte sólo veía en su persona un apoyo firme de la nación y un protector sincero del nuevo Monarca. La perfidia de la toma de las plazas, u otros sucesos de dudosa interpretación, los achacaban a viles manejos de don Manuel Godoy o a justas precauciones del Emperador de los franceses. Equivocado juicio sin duda, mas nada extraño en un país privado de los medios de publicidad y libre discusión que sirven para ilustrar y rectificar los extravíos de las opiniones. De cerca habían todos sentido las demasías de Godoy, y de Napoleón sólo y de lejos se habían visto sus pasmosos hechos y maravillosas campañas. Los diarios de España, o más bien la miserable *Gaceta de Madrid,* eco de los papeles de Francia, y unos y otros esclavizados por la censura previa, describían los sucesos y los amoldaban a gusto y sabor del que en realidad dominaba acá y allá de los Pirineos. Por otra parte, el clero español, habiendo visto que Napoleón había levantado los derribados altares, prefería su imperio y señorío a la irreligiosa y perseguidora dominación que le había precedido. No perdían los nobles la esperanza de ser conservados y mantenidos en sus privilegios y honores por aquel mismo que había creado órdenes de caballería y erigido una nueva nobleza en la nación en donde pocos años antes había sido abolida y proscrita. Miraban los militares como principal fundamento de su gloria y engrandecimiento al afortunado caudillo, que para ceñir sus sienes con la corona no había presentado otros abuelos ni otros títulos que su espada y sus victorias. Los hombres moderados, los amantes del orden y del reposo público, cansados de los excesos de la revolución, respetaban en la persona del Emperador de los franceses al severo magistrado que con vigoroso brazo había restablecido concierto en la Hacienda y arreglo en los demás ramos. Y si bien es cierto que el edificio que aquél había levantado en Francia no estribaba en el duradero cimiento de instituciones libres, valladar contra las usurpaciones del poder, había entonces pocos en España y contados eran los que extendían tan allá sus miras.

Napoleón, bien informado del buen nombre con que corría en España, cobró aliento para intentar su atrevida empresa, posible y hacedera a haber sido conducida con tino y prudente cordura. Para alcanzar su objeto dos caminos se le ofrecieron, según la diversidad de los tiempos. Antes de la sublevación de Aranjuez, la partida y embarco para América de la familia reinante era el mejor y más acomodado. Sin aquel impensado trastorno, huérfana España y abandonada de sus reyes, hubiera saludado a Napoleón como príncipe y salvador suyo. La nueva dominación fácilmente se hubiera afianzado si, adoptando ciertas mejoras, hubiera respetado el noble orgullo nacional y algunas de sus anteriores costumbres y aun preocupaciones. Acertó, pues, Napoleón cuando vio en aquel medio el camino más seguro de enseñorearse de España, procediendo con grande desacuerdo desde el momento en que, desbaratado por el acaso su primer plan, no adoptó el único y obvio que se le ofrecía en el casamiento de Fernando con una princesa de la familia imperial; hubiera hallado en su protegido un rey más sumiso y reverente que en ninguno de sus hermanos. Cuando su viaje a Italia, no había Napoleón desechado este pensamiento, y continuó en el mismo propósito durante algún tiempo, si bien con más tibieza. El ejemplo de Portugal le sugirió más tarde la idea de repetir en España lo que su buena suerte le había proporcionado en el país vecino. Afirmóse en su arriesgado intento después que sin resistencia se había apoderado de las plazas fuertes y después que vio a su ejército internado en las provincias del reino. Resuelto a su empresa, nada pudo ya contenerle.

Esperaba con impaciencia Napoleón el aviso de haber

salido para Andalucía los reyes de España, a la misma sazón que supo el importante e inesperado acontecimiento de Aranjuez. Desconcertado al principio con la noticia, no por eso quedó largo tiempo indeciso; y obstinado y tenaz, en nada alteró su primera determinación. Claramente nos lo prueba un importante documento. Había el sábado en la noche, 26 de Marzo, recibido en Saint-Cloud un correo con las primeras ocurrencias de Aranjuez, y otro, pocas horas después, con la abdicación de Carlos IV. Hasta entonces sólo él era sabedor de lo que contra España maquinaba: sin compromiso y sin ofensa del amor propio hubiera podido variar su plan. Sin embargo, al día siguiente, el 27 del mismo, decidido a colocar en el trono de España a una persona de su familia, escribió con aquella fecha a su hermano Luis, rey de Holanda: [9] "El Rey de España acaba de abdicar la corona, habiendo sido preso el Príncipe de la Paz. Un levantamiento había empezado a manifestarse en Madrid cuando mis tropas estaban todavía a cuarenta leguas de distancia de aquella capital. El gran Duque de Berg habrá entrado allí el 23 con cuarenta mil hombres, deseando con ansia sus habitantes mi presencia. Seguro de que no tendré paz sólida con Inglaterra sino dando un grande impulso al continente, he resuelto colocar un príncipe francés en el trono de España... En tal estado, he pensado en ti para colocarte en dicho trono... Respóndeme categóricamente cuál sea tu opinión sobre este proyecto. Bien ves que no es sino proyecto, y aunque tengo 100 000 hombres en España, es posible, por circunstancias que sobrevengan, o que yo mismo vaya directamente, o que todo se acabe en quince días, o que ande más despacio, siguiendo en secreto las operaciones durante algunos meses. Respóndeme categóricamente: si te nombro rey de España, ¿lo admites? ¿Puedo contar contigo?..." Luis rehusó la propuesta. Documento es éste importantísimo, porque fija de un modo auténtico y positivo desde qué tiempo había determinado Napoleón mudar la dinastía de Borbón, estando sólo incierto en los medios que convendría emplear para el logro de su proyecto. También por estos días, conferenciando con Izquierdo, le preguntó si los españoles le querrían como a soberano suyo. Replicóle aquél con oportunidad plausible: "Con gusto y entusiasmo admitirán los españoles a V. M. por su monarca, pero después de haber renunciado a la corona de Francia." Imprevista respuesta y poco grata a los delicados oídos del orgulloso conquistador. Continuando, pues, Napoleón en su premeditado pensamiento, y pareciéndole que era ya llegado el caso de ponerle en ejecución, trató de aproximarse al teatro de los acontecimientos, habiendo salido de París el 2 de Abril, con dirección a Burdeos.

En tanto Murat, retrayéndose de la nueva corte, anunciaba todos los días la llegada de su augusto cuñado. En palacio se preparaba la habitación imperial, adornábase el retiro para bailes, y un aposentador, enviado de París, lo disponía y arreglaba todo. Para despertar aún más la viva atención del público, se enseñaba hasta el sombrero y botas del deseado Emperador. Bien que en aquellos preparativos y anuncios hubiese de parte de los franceses mucho de aparente y falso, es probable que, sin el trastorno causado por el movimiento de Aranjuez, Napoleón hubiera pasado a Madrid. Sorprendido con la súbita mudanza, determinó buscar en Bayona ocasión que desenredase los complicados asuntos de España. Ofreciósela oportuna una correspondencia entablada entre Murat y los reyes padres, y a que dio origen el ardiente deseo de libertar a don Manuel Godoy, y poner su vida fuera de todo riesgo. Fue mediadora en la correspondencia la Reina de Etruria, y Murat, considerándola como conveniente al final desenlace de los intentos de Nalopelón, cualesquiera que ellos fuesen, no desaprovechó la dichosa coyuntura que la casualidad le ofrecía. De ella provino la famosa protesta de Carlos IV contra su abdicación, sirviendo de base dicho acto a todas las renuncias y procedimientos que tuvieron después lugar en Bayona[10].

Nació aquella correspondencia poco después del día 19 de Marzo. Ya en el 22 las dos reinas, madre e hija, escribían con eficacia en favor del preso Godoy, manifestando la de España que estaba su felicidad cifrada en acabar tranquilamente sus días con su esposo y el único *amigo* que *ambos* tenían. Con igual fecha lo mismo pedía

Godoy, Príncipe de la Paz. (Carnicero)

Carlos IV, añadiendo que se iban a Badajoz. Es de notar el contexto de dichas cartas, en las que todavía no se hablaba de haber protestado el Rey padre contra la abdicación hecha el día 19, ni de asunto alguno conexo con paso de tanta gravedad. Sin embargo, cuando en 1810 publicó el *Monitor* esta correspondencia, insertó antes de las enunciadas cartas del 22, otra en que se hace mención de aquel acto como de cosa consumada; pero el haberse omitido en ella la fecha, diciendo al mismo tiempo la Reina que a nada aspiraba sino a alejarse con su esposo y Godoy, todos tres juntos, de intrigas y mando, excita contra dicha carta vehementes sospechas, o de que se omitió la fecha por haber sido posteriormente escrita a la del 22, o, lo que es también verosímil, que se intercaló el pasaje en que se habla de haber protestado, no aviniéndose con este acto, e implicando más bien contradicción, los deseos de la Reina allí manifestados. La protesta apareció con la fecha del 21; mas las cartas del 22, con otras aserciones encontradas que se notan en la correspondencia, prueban que en la dicha protesta se empleó una supuesta y anticipada fecha, y que Carlos no tuvo determinación fija de extender aquel acto hasta pasados tres días después de su abdicación.

La lectura atenta de toda la correspondencia, y lo que hemos oído a personas de autoridad, nos induce a creer que Carlos IV se resolvió a formalizar su protesta después de las vistas que el 23 tuvieron él y su esposa con el general Monthion, jefe del estado mayor de Murat. De cualquier modo que dicho general nos haya pintado su conferencia, y bien que haya querido indicarnos que los reyes padres estaban decididos de antemano a protestar contra su abdicación, lo cierto es que hasta aquel día Carlos IV no se había dirigido a Napoleón, y entonces lo hizo, comunicándole cómo se había visto obligado a renunciar: "Cuando el estruendo de las armas y los clamores de una guardia sublevada le habían dado a conocer bastante la necesidad de escoger entre la vida o la muerte; pues (añadía) esta última se hubiera seguido a la de la Reina." Concluía poniendo enteramente su suerte en manos de su poderoso aliado. Acompañaba a la carta el acto de la protesta, así concebido: [11] "Protesto y declaro que todo lo que manifiesto en mi decreto del 19 de Marzo, abdicando la corona en mi hijo, fue forzado, por precaver mayores males y la efusión de sangre de mis queridos vasallos, y por tanto de ningún valor. — Yo el Rey. — Aranjuez, 21 de Marzo de 1808."

Del cúmulo de pruebas que hemos tenido a la vista en un punto tan delicado e importante, conjeturamos fundadamente que Carlos, cuya abdicación fue considerada por la generalidad como un acto de su libre y espontánea voluntad, y la cual el mismo Monarca, de carácter indolente y flojo, dio momentáneamente con gusto; abandonado después por todos, solo y no acatado cual solía cuando empuñaba el cetro, advirtió muy luego la diferencia que media entre un soberano reinante y otro desposeído y retirado. Fuele doloroso, en su triste y solitaria situación, comparar lo que había sido y lo que ahora era, y dio bien pronto indicio de pesarle su precipitada resolución. El arrepentimiento de haber renunciado fue en adelante tan constante y tan sincero, que no sólo en Bayona mostraba a las claras la violencia que se había empleado contra su persona, sino que todavía en Roma, en 1816, repetía a cuantos españoles iban a verle y en quienes tenía confianza, que su hijo no era legítimo rey de España, y que sólo él, Carlos IV, era el verdadero soberano. No menos ahondaba y quebrantaba el corazón de la Reina el triste recuerdo de su perdido influjo y poderío: andaba despechada con la ingratitud de tantos mudables cortesanos, antes en apariencia partidarios adictos y afectuosos, y grandemente la atribulaban los riesgos que cercaban a su idolatrado amigo. Ambos, en fin, sintieron el haber descendido del trono, acusándose a sí mismos de la sobrada celeridad con que habían cedido a los temores de una violenta sublevación. No fueron los primeros reyes que derramaron lágrimas tardías en memoria de su antiguo y renunciado poder.

Pesarosos Carlos y María Luisa, y dispuestos sus ánimos a deshacer lo que inconsideradamente habían ofrecido y ejecutado el día 19, vislumbraron un rayo de halagüeña esperanza al ver el respeto y miramiento con que eran tratados por los principales jefes del ejército extranjero. Entonces pensaron seriamente en recobrar la perdida autoridad, fundando más particularmente su reclamación en la razón poderosa de haber abdicado en medio de una sedición popular y de una sublevación de la soldadesca. Murat, si no fue quien primero sugirió la idea, al menos puso gran conato en sostenerla, porque con ella, fomentando la desunión entre la familia real, minaba por su cimiento la legitimidad del nuevo Rey, y ofrecía a su gobierno un medio plausible de entrometerse en las disensiones interiores, mayormente acudiendo a buscar el anciano y desposeído Carlos reparo y ayuda en su aliado el Emperador de los franceses.

Murat, al paso que urdía aquella trama, o que por lo menos ayudaba a ella, no cesaba de anunciar la próxima llegada de Napoleón, insinuando mañosamente a Fernando, por medio de sus consejeros, cuán conveniente sería que para allanar cualesquiera dificultades que se opusiesen al reconocimiento, saliera a esperar a su augusto cuñado el Emperador. Por su parte, el nuevo gobierno procuraba con el mayor esfuerzo granjear la voluntad del gabinete de Francia. Ya en 20 de Marzo se mandó al Consejo[12] publicar que Fernando VII, lejos de mudar el sistema político de su padre respecto de aquel imperio, pondría su esmero en estrechar los preciosos vínculos de amistad y alianza que entre ambos subsistían, encargándose con especialidad recomendar al pueblo que tratase bien y acogiese con afecto al ejército francés. Se despacharon igualmente órdenes a las tropas de Galicia que habían dejado a Oporto para que volviesen a aquel punto, y a las de Solano, que estaban ya en Extremadura en virtud de lo últimamente dispuesto por Godoy, se les mandó que retrocediesen a Portugal. Estas, sin embargo, se quedaron por la mayor parte en Badajoz, no cuidándose Junot de tener cerca de sí soldados cuya conducta no merecía su confianza.

El pueblo español, entre tanto, empezaba cada día a mirar con peores ojos a los extranjeros, cuya arrogancia crecía según que su morada se prolongaba. Continuamente se suscitaban empeñadas riñas entre los paisanos y los soldados franceses, y el 27 de Marzo, de resultas de una más acalorada y estrepitosa, estuvo para haber en la plazuela de la Cebada una grande conmoción, en la que hubiera podido derramarse mucha sangre. La corte, acongojada, quería sosegar la inquietud pública, ora por medio de proclamas, ora anunciando y repitiendo la llegada de Napoleón, que pondría término a las zozobras e incertidumbre. Era tal en este punto su propio engaño, que en 24 de Marzo se avisó al público de oficio[13] "que S. M. tenía noticia que dentro de dos días y medio a tres llegaría el Emperador de los franceses..." Así ya no solamente se contaban los días, sino las horas mismas; ansiosa impaciencia, desvariada en el modo de expresarse, y afrentosa en un gobierno cuyas providencias hubieran podido descansar en el seguro y firme apoyo de la opinión nacional.

¡Cosa maravillosa! Cuanto más se iban en Madrid desengañando todos y comprendiendo los fementidos designios del gabinete de Francia, tanto más ciego y desatentado se ponía el gobierno español. Acabó de perderle y descarriarle el 28 de Marzo, con su llegada, don Juan de Escóiquiz, quien no veía en Napoleón sino al esclarecido, poderoso y heroico defensor del rey Fernando y sus parciales. Deslumbrado con la opinión que de sí propio tenía, creyó que sólo a él le era dado acertar con los oportunos medios de sacar airoso y triunfante de la embarazosa posición a su augusto discípulo, y cerrando los oídos a la voz pública y universal, llamó hacia su persona una severa y terrible responsabilidad. Causa asombro, repetimos, que los engaños y arterías advertidos por el más ínfimo y rudo de los españoles, se ocultasen y oscureciesen a don Juan de Escóiquiz y a los principales consejeros del Rey, quienes por el puesto que ocupaban y por la sagacidad que debía adornarles, hubieran debido descubrir antes que ningún otro las asechanzas que se les armaban. Pero los sucesos que en gran manera concurrían a excitar su desconfianza, eran los mismos que los confortaban y aquietaban. Tal fue el pliego de Izquierdo, de que hablamos en el libro anterior. Las proposiciones en él inclusas, y por las que nada menos se trataba que de ceder las provincias del Ebro allá, y de arreglar la sucesión de España, sobre la cual, dentro del reino, nadie había tenido dudas, no despertaron las dormidas sospechas de Escóiquiz ni de sus compañeros. Atentos sólo a la propuesta indicada en el mismo pliego, de casar a Fernando con una princesa, pensaron que todo iba a componerse amistosamente, llevando tan allá Escóiquiz y los suyos el extravío de su mente, que en su *idea sencilla* no se detiene en asentar "que su opinión, conforme con la del Consejo del Rey, había sido que las intenciones más perjudiciales que podían recelarse del gobierno francés eran las del trueque de las provincias más allá del Ebro por el reino de Portugal, o tal vez la cesión de la Navarra"; como si la cesión o pérdida de cualquiera de estas provincias no hubiera sido clavar un agudo puñal en una parte muy principal de la nación, desmembrándola y dejándola expuesta a los ataques que contra ella intentase dirigir a mansalva su poderoso vecino.

El contagio de tamaña ceguedad había cundido entre algunos cortesanos, y hubo de ellos quienes sirvieron con su credulidad al entretenimiento y burla de los servidores de Napoleón. Se aventajó a todos el Conde de Fernán-Núñez, quien, para merecer primero las albricias, dejando atrás a los que con él habían ido a recibir al Emperador de los franceses, se adelantó a toda diligencia hasta Tours. No distante de aquella ciudad, cruzándose en el camino con Mr. Bausset, prefecto del palacio imperial, le preguntó con viva impaciencia si estaba ya cerca la novia del rey Fernando, sobrina del Emperador. Respondióle aquél que tal sobrina no era del viaje, ni había oído hablar de novia ni de casamiento. Tomando entonces Fernán-Núñez en su ademán un compuesto y misterioso semblante, atribuyó la respuesta del prefecto imperial a estudiado disimulo o a que no estaba en el importante secreto. No dejan estos hechos, por leves que parezcan, de pintar los hombres que con su obcecación dieron motivo a grandes y trascendentales acontecimientos.

Lejos Murat de contribuir con su conducta a ofuscar a los ministros del Rey, obraba de manera que más bien ayudaba al desengaño que a mantener la lisonjera ilusión. Continuaba siempre en sus tratos con la Reina de Etruria y los reyes padres, no ocupándose en reconocer a Fernando ni en hacerle siquiera una mera visita de ceremonia y cumplido. A pesar de su desvío, bastaba que mostrase el menor deseo para que los ministros del nuevo Rey se afanasen por complacerle y servirle. Así fue que, habiendo manifestado a don Pedro Cevallos cuánto le agradaría tener en su poder la espada de Francisco I, depositada en la Real Armería, le fue al instante entregada en 4 de Abril, siendo llevada con gran pompa y acompañamiento, y presentada por el Marqués de Astorga en calidad de caballerizo mayor. Al par que, como en sus anteriores procedimientos, se portó en este paso el gobierno español, débil y sumisamente, el francés dejó ver estrecheza de ánimo en una demanda ajena de una nación famosa por sus hazañas y glorias militares, como si los triunfos de Pavía y el inmortal trofeo ganado en buena guerra, y que adquirieron a España sus ilustres hijos de Diego de Avila y Juan de Urbieta, pudieran nunca borrarse de la memoria de la posteridad.

Napoleón no estaba del todo satisfecho de la conducta de Murat. En una carta que le escribió en 29 de Marzo le manifestaba sus temores, y con diestra y profunda mano le trazaba cuánto había complicado los negocios el acontecimiento de Aranjuez.[14] Este documento, si fue escrito del modo que después se ha publicado, muestra el acertado tino y extraordinaria previsión del Emperador francés, y que la precipitación y equivocados informes de Murat perjudicaron muy mucho al pronto y feliz éxito de su empresa. Sin embargo, además de las instrucciones que aparecen por la citada carta, debió de haber otras por el mismo tiempo, que indicasen o expresasen más claramente la idea de llevar a Francia a los príncipes de la real familia; pues Murat, siguiendo en aquel propósito, y no atreviéndose a insistir inmediatamente en sus anteriores insinuaciones de que Fernando fuese al encuentro de Napoleón, propuso como muy oportuna la salida al efecto del infante don Carlos, en lo cual conviniendo sin dificultad la corte, partió el Infante el 5 de Abril. No habían pasado muchos días, ni aun tal vez horas, cuando Murat, poco a poco, volvió a renovar sus ruegos para que el rey Fernando se pusiese también en camino y halagase con tan amistoso paso a su amigo el emperador Napoleón. El Embajador francés apoyaba lo mismo y con particular eficacia, haciendo, en fin, claramente descubierto que la política de su amo en los asuntos de España era muy otra de la que antes se había figurado.

Pero viendo el rey Fernando que su hermano el Infante no había encontrado en Burgos a Napoleón, y proseguía adelante sin saber cuál sería el término de su viaje, vacilaba todavía en su resolución. Sus consejeros andaban divididos en sus dictámenes: Cevallos se oponía a la salida del Rey hasta tanto que se supiera de oficio la entrada en España del Emperador francés. Escóiquiz, constante en su desvarío, sostenía con empeño el parecer contrario, y a pesar de su poderoso influjo, hubiera difícilmente prevalecido en el ánimo del Rey, si la llegada a Madrid del general Savary no hubiese dado nuevo peso a sus razones y cambiado el modo de pensar de los que hasta entonces habían estado irresolutos e inciertos. Savary, general de división y ayudante de Napoleón, iba a Madrid con el encargo de llevar a Fernando a Bayona, adoptando para ello cuantos medios estimase convenientes al logro de la empresa. Juzgóse que era la persona más acomodada para desempeñar tan ardua comisión, encubriendo bajo un exterior militar y franco, profunda disimulación y astucia. Apenas, por decirlo así, apeado, solicitó audiencia particular de Fernando, la cual concedida, manifestó con aparente sinceridad "que venía de parte del Emperador para cumplimentar al Rey y saber de S. M. únicamente si sus sentimientos con respecto a la Francia eran conformes con los del Rey, su padre, en cuyo caso el Emperador, prescindiendo de todo lo ocurrido, no se mezclaría en nada de lo interior del reino, y reconocería desde luego a S. M. por rey de España y de las Indias". Fácil es acertar con la contestación que daría una corte no ocupada sino en alcanzar el reconocimiento del Emperador de los franceses. Savary anunció la próxima llegada de su soberano a Bayona, de donde pasaría a Madrid, insistiendo poco después en que Fernando saliese a recibirle, con cuya determinación probaría su particular anhelo por estrechar la antigua alianza que mediaba entre ambas naciones, y asegurando que la ausencia sería tanto menos larga, cuanto que se encontraría en Burgos con el mismo Emperador. El Rey, vencido con tantas promesas y palabras, resolvió al fin condescender con los deseos de Savary, sostenido y apoyado por los más de los ministros y consejeros españoles.

Cierto que el paso del general francés hubiera podido hacer titubear al hombre más tenaz y firme, si otros indicios poderosos no hubieran contrapesado su aparente fuerza. Además era sobrada precipitación, antes de saberse el viaje de Napoleón a España de un modo auténtico y de oficio, exponer la dignidad del Rey a ir en busca suya, habiéndose hasta entonces comunicado su venida sólo de palabra e indirectamente. Con mayor lentitud y circunspección hubiera convenido proceder en negocio en que se interesaban el decoro del Rey, su seguridad y la suerte de la nación, principalmente cuando tantas perfidias habían precedido, cuando Murat tenía conducta tan sospechosa, y cuando, en vez de reconocer a Fernando, cuidaba solamente de continuar sus secretos manejos con la antigua corte. Mas el deslumbrado Escóiquiz proseguía no viendo las anteriores perfidias, y achacaba las intrigas de Murat a actos de pura oficiosidad, contrarios a las intenciones de Napoleón. Sordo a la voz del pueblo, sordo al consejo de los prudentes, sordo a lo mismo que se conversaba en todo el ejército extranjero, en corrillos y plazas, se mantuvo porfiadamente en su primer dictamen, y arrastró al suyo a los más de los ministros, dando al mundo la prueba más insigne de terca y desvariada presunción, probablemente aguijada por ardiente deseo de ambiciosos crecimientos.

Hubo aún para recelarse el que D. José Martinez de Hervás, quien como español y por su conocimiento en la lengua nativa había venido en compañía del general Savary, avisó que se armaba contra el Rey una celada, y que obraría con prudente cautela desistiendo del viaje o difiriéndole. Pero ¡oh colmo de ceguedad! los mismos que desacordadamente se fiaban en las palabras de un extranjero, del general Savary, tuvieron por sospechosa la loable advertencia del leal español. Y como si tantos indicios no bastasen, el mismo Savary dio ocasión a nuevos recelos con pedir, de orden del Emperador que se pusiese en libertad al enemigo declarado e implacable del nuevo gobierno, al odiado Godoy. Incomodó, sin embargo, la intempestiva solicitud, y hubiera tal vez perjudicado al resuelto viaje, si el francés, a ruego del Infantado y Ofárril, no hubiera abandonado su demanda.

Firmes, pues, en su propósito los consejeros de Fernando, y conducidos por un hado adverso, señalaron el día 10 de Abril para su partida, en cuyo día salió S. M., tomando el camino de Somosierra para Burgos. Iban en su compañía don Pedro Cevallos, ministro de Estado, los duques del Infantado y San Carlos, el Marqués de Muzquiz, don Pedro Labrador, don Juan de Escóiquiz, el capitán de guardias de Corps, Conde de Villariezo, y los gentiles hombres de Cámara, Marqués de Ayerbe, de Guadalcázar y de Feria. La víspera había escrito Fernando a su padre pidiéndole una carta para el Emperador, con súplica de que asegurase en ella los buenos sentimientos que le asistían, queriendo seguir las mismas relaciones de amistad y alianza con Francia que se habían seguido en su anterior reinado. Carlos IV ni le dio la carta, ni le contestó, con achaque de estar ya en cama: precursora señal de lo que en secreto se proyectaba.

Antes de su salida dispuso el rey Fernando que se nombrase una junta suprema de gobierno, presidida por su tío el infante don Antonio y compuesta de los ministros del Despacho, quienes a la sazón eran don Pedro Cevallos, de Estado, que acompañaba al Rey; don Francisco Gil y Lemus, de Marina; don Miguel José de Azanza, de Hacienda; don Gonzalo Ofárril, de Guerra, y don Sebastián Piñuela, de Gracia y Justicia. Esta junta, según las instrucciones verbales del Rey, debía entender en todo lo gubernativo y urgente, consultando en lo demás con S. M.

En tanto que el Rey con sus consejeros va camino de Bayona, será bien que nos detengamos a considerar de nuevo resolución tan desacertada. La pintura triste que para disculparse traza Escóiquiz en su obra acerca de la situación del reino, sería juiciosa si en aquel caso se hubiese tratado de medir las fuerzas militares de España y sus recursos pecuniarios con los de Francia, a la manera de una guerra de ejército a ejército y de gobierno a gobierno. Le estaba bien al Príncipe de la Paz calcular fundado en aquellos datos, como quien no tenía el apoyo nacional; mas la posición de Fernando era muy otra, siendo tan extraordinario el entusiasmo en favor suyo, que un ministro hábil y entendido no debía en aquel caso dirigirse por las reglas ordinarias de la fría razón, sino contar con los esfuerzos y patriotismo de la nación entera, la cual se hubiera alzado unánimemente a la voz del Rey, para defender sus derechos contra la usurpación extranjera; y las fuerzas de una nación levantada en cuerpo son tan grandes e incalculables a los ojos de un verdadero estadista, como lo son las fuerzas vivas a las del mecánico. Así lo pensaba el mismo Napoleón, quien en la carta a Murat del 29 de Marzo arriba citada decía: "La revolución de 20 de Marzo prueba que hay energía en los españoles. Habrá que lidiar contra un pueblo nuevo, lleno de valor, y con el entusiasmo propio de hombres a quienes no han gastado las pasiones políticas..."; y más abajo: "...Se harán levantamientos en masa, que eternizarán la guerra..." Acertado y perspicaz juicio, que forma pasmoso contraste con el superficial y poco atinado de Escóiquiz y sus secuaces. Era además dar sobrada importancia a un paso de puro ceremonial para concebir la idea de que la política de un hombre como Napoleón en asunto de tal cuantía hubiera de moderarse o alterarse por encontrar al Rey algunas leguas más o menos lejos; antes bien era propio para encender su ambición un viaje que mostraba imprevisión y extremada debilidad. Se cede a veces en política a un acto de fortaleza heroica, nunca a míseros y menguados ruegos.

El Rey en su viaje fue recibido por las ciudades, villas y lugares del tránsito con inexplicable gozo, haciendo a competencia sus moradores las demostraciones más señaladas de la lealtad y amor que los inflamaban. Entró en Burgos el 12 de Abril, sin que hubiese allí ni más lejos noticia del Emperador francés. Deliberóse en aquella ciudad sobre el partido que debía tomarse; de nuevo reiteró sus promesas y artificios el general Savary, y de nuevo se determinó que prosiguiese el Rey su viaje a Vitoria. Y he aquí que los mismos y mal aventurados consejeros que sin tratado alguno ni formal negociación, y sólo por meras e indirectas insinuaciones, habían llevado a Fernando hasta Burgos, le llevan también a Vitoria, y le traen de monte en valle y de valle en monte en busca de un soberano extranjero, mendigando con desdoro su reconocimiento y ayuda; como si uno y otro fuera necesario y decoroso a un rey que, habiendo subido al sólio con universal consentimiento, afianzaba su poder y legitimidad sobre la sólida e incontrastable base del amor y unánime aprobación de sus pueblos.

Llegó el Rey a Vitoria el 14. Napoleón, que había permanecido en Burdeos algunos días, salió de allí a Bayona, en donde entró en la noche del 14 al 15, de lo que noticioso el infante don Carlos, hasta entonces detenido en Tolosa, pasó a aquella plaza. Savary, sabiendo que el Emperador se aproximaba a la frontera, y viendo que ya no le era dado por más tiempo continuar con fruto sus artificios si no acudía a algún otro medio, resolvió pasar a Bayona, llevando consigo una carta de Fernando para Napoleón. No tadó en recibirse la respuesta (15), estando con ella de vuelta a Vitoria el día 17 el mismo Savary, y la cual estaba concebida en términos que era suficiente por sí sola a sacar de su error a los más engañados. En efecto, la carta respondía a la última de Fernando, y en parte también a la que le había escrito en 11 de Octubre del año anterior. Sembrada de verdades expresadas con cierta dureza, no se soltaba en ella prenda que empeñase a Napoleón a cosa alguna: lo dejaba todo en dudas, dando sólo esperanzas sobre el ansiado casamiento. Notábase con especialidad en su contexto el injurioso aserto que Fernando "no tenía otros derechos al trono que los que le había transmitido su madre"; frase altamente afrentosa al honor de la Reina, y no menos indecorosa al que la escribía que ofensiva a aquel a quien iba dirigida. Pero una carta tan poco circunspecta, tan altanera y desembozada embelesó al canónigo Escóiquiz, quien se recreaba con la vaga promesa del casamiento. Por entonces vimos lo que escribía a un amigo suyo desde Vitoria, y le faltaban palabras con que dar gracias al Todopoderoso por el feliz éxito que la carta de Napoleón pronosticaba a su viaje. Realmente rayaba ya en demencia su continuada obcecación.

Savary, auxiliado con la carta, aumentó sus esfuerzos y concluyó con decir al Rey: "Me dejo cortar la cabeza si al cuarto de hora de haber llegado S. M. a Bayona no le ha reconocido el Emperador por rey de España y de las Indias... Por sostener su empeño empezará probablemente por darle el tratamiento de alteza; pero a los cinco minutos le dará majestad, y a los tres días estará todo arreglado, y S. M. podrá restituirse a España inmediatamente..." Engañosas y pérfidas palabras, que acabaron de decidir al Rey a proseguir su viaje hasta Bayona.

Sin embargo, hubo españoles más desconfiados o cautos, que, no dando crédito a semejantes promesas, propusieron varios medios para que el Rey se escapase. Todavía hubiera podido conseguirse en Vitoria ponerle en salvo, aunque los obstáculos crecían de día en día. Los franceses habían redoblado su vigilancia, y no contentos con los 4000 hombres que ocupaban a Vitoria, a las órdenes del general Verdier, habían aumentado la guarnición especialmente con caballería enviada de Burgos. Savary tenía orden de arrebatar al Rey por fuerza en la noche del 18 al 19 si de grado no se mostraba dispuesto a pasar a Francia. Cuidadoso de no faltar a su mandato, estando muy sobre aviso, hacía rondar y observar la casa donde el Rey habitaba. A pesar de su esmerado celo, la evasión se hubiera fácilmente ejecutado a haberse Fernando resuelto a abrazar aquel partido. Don Mariano Luis de Urquijo, que había ido a Bilbao a cumplimentarle a su paso por Vitoria, propuso, de acuerdo con el alcalde Urbina, un medio para que de noche se fugase disfrazado. Hubo también otros y varios proyectos, mas entre todos es digno de particular mención, como el mejor y más asequible, el propuesto por el Duque de Mahón. Era, pues, que saliendo el Rey de Vitoria por el camino de Bayona, y dando confianza a los franceses con la dirección que habría tomado, siguiera así hasta Vergara, en cuyo pueblo, abandonando la carretera real, torciese del lado de

Durango y se encaminase al puerto de Bilbao. Añadía el Duque que la evasión sería protegida por un batallón del Inmemorial del Rey, residente en Mondragón, y de cuya fidelidad respondía. Escóiquiz, con quien siempre nos encontraremos cuando se trate de alejar al Rey de Bayona y librarle de las armadas asechanzas, dijo: "Que no era necesario, habiendo S. M. recibido grandes pruebas de amistad de parte del Emperador." Eran las *grandes pruebas* la consabida carta. El de Mahón no por eso dejó de insistir la misma víspera de la salida para Bayona, habiéndose aumentado las sospechas de todos con la llegada de 300 granaderos a caballo de la guardia imperial. Mas al querer hablar, poniéndole la mano en la boca, pronunció Escóiquiz estas notables palabras: "Es negocio concluido: mañana salimos para Bayona; se nos han dado todas las seguridades que podíamos desear."

Tratóse, en fin, de partir. Sabedor el pueblo, se agrupó delante del alojamiento del Rey, cortó los tirantes de las mulas prorrumpió en voces de amor y lealtad para que el Rey escuchase sus fundados temores[16]. Todo fue en vano. Apaciguándose el bullicio a duras penas, se publicó un decreto, en que afirmaba el Rey "estar cierto de la sincera y cordial amistad del Emperador de los franceses, y que antes de cuatro o seis días darían gracias a Dios y a la prudencia de S. M. de la ausencia que ahora les inquietaba."

Partió el Rey de Vitoria el 19 de Abril, y en el mismo llegó a Irun, casi solo, habiéndose quedado atrás el general Savary, por habérsele descompuesto el coche. Se albergó en casa del Sr. Olazábal, sita fuera de la villa, en donde había de guarnición un batallón del regimiento de Africa, decidido a obedecer rendidamente las órdenes de Fernando. La Providencia a cada paso parecía querer advertirle del peligro, y a cada paso le presentaba medios de salvación. Mas un ciego instinto arrastraba al Rey al horroroso precipicio. Savary tuvo tal miedo de que la importante presa se le escapase, a la misma sazón que ya la tenía asegurada, que llegó a Irún asustado y despavorido.

El 20 cruzó el Rey y toda la comitiva el Bidasoa, y entró en Bayona a las diez de la mañana de aquel día. Nadie le salió a recibir al camino a nombre de Napoleón. Más allá de San Juan de Luz encontró a los tres grandes de España, comisionados para felicitar al Emperador francés, quienes dieron noticias tristes, pues la víspera por la mañana habían oído al mismo de su propia boca que los Borbones nunca más reinarían en España. Ignoramos por qué no anduvieron más diligentes en comunicar al Rey el importante aviso, que podría descansadamente haberle alcanzado en Irún: quizá se lo impidió la vigilancia de que estaban cercados. Abatió el ánimo de todos lo que anunciaron los grandes, echando también de ver el poco aprecio que a Napoleón merecía el rey Fernando en el modo solitario con que le dejaba aproximarse a Bayona, no habiendo salido persona alguna elevada en dignidad a cumplimentarle y honrarle, hasta que a las puertas de la ciudad misma se presentaron con aquel objeto el Príncipe de Neufchatel y Duroc, gran mariscal de palacio. Admiró en tanto grado a Napoleón ver llegar a Fernando, sin haberle especialmente convidado a ello, que al anunciarle un ayudante su próximo arribo, exclamó: "¿Cómo?... ¿viene?... no, no es posible..." Aún no conocía personalmente a los consejeros de Fernando.

Después de la partida del Rey, prosiguiendo Murat en su principal propósito de apoyar las intrigas que se preparaban en la enemistad y despecho de los reyes padres, avivó la correspondencia que con ellos había entablado. Hasta entonces no habían conferenciado juntos, siendo sus ayudantes y la Reina de Etruria el conducto por donde se entendían. Mucho desagradaron los secretos tratos de la última, a los que particularmente la arrastró el encendido deseo de conseguir un trono para su hijo, aunque sus esfuerzos fueron vanos. En la correspondencia, después de ocuparse en el asunto que más interesaba a Murat y a su gobierno, esto es, el de la protesta de Carlos IV, llamó a la Reina y a su esposo intensamente la atención la desgraciada suerte de su amigo Godoy, *del pobre Príncipe de la Paz,* con cuyo epíteto a cada paso se le denomina en las cartas de María Luisa. Duda el discurso, al leer esta correspondencia, si es más de maravillar la constante pasión de la Reina o la ciega amistad del Rey. Confundían ambos su suerte con la del desgraciado, a punto que decía la Reina: "Si no se salva el Príncipe de la Paz y si no se nos concede su compañía, moriremos el Rey, mi marido, y yo." Es digna de la atenta observación de la historia mucha parte de aquella correspondencia, y señaladamente lo son algunas cartas de la Reina madre. Si se prescinde del enfado y acrimonia con que están escritas ciertas cláusulas, da su contexto mucha luz sobre los importantes hechos de aquel tiempo, y en él se pinta al vivo y con colores por desgracia harto verdaderos el carácter de varios personajes de aquel tiempo. Posteriores acontecimientos nos harán ver lastimosamente con cuánta verdad y conocimiento de los originales trazó la reina María Luisa algunos de estos retratos. Los reyes padres habían desde Marzo continuado en Aranjuez, teniendo para su guardia tropas de la casa real. También había fuerza francesa a las órdenes del general Watier, so color de proteger a los Reyes y continuar dando mayor peso a la idea de haberse ejercido contra ellos particular violencia en el acto de la abdicación. El 9 de Abril pasaron al Escorial por insinuación de Murat, con el intento de aproximarlos al camino de Francia. No tuvieron allí otra guardia más que la de las tropas francesas y los carabineros reales.

En Madrid, apenas había salido el Rey, cuando Murat pidió con ahínco a la Junta que se le entregase a don Manuel Godoy, afirmando que así se lo había ofrecido Fernando la víspera de su partida en el cuarto de la Reina de Etruria; aserción tanto más dudosa, cuanto si bien allí se encontraron, parece cierto que nada se dijeron, retenidos por no querer ni uno ni otro ser el primero en romper el silencio. Resistiéndose la Junta a dar libertad al preso, amenazó Murat con que emplearía la fuerza si al instante no se le ponía en sus manos. Afanábase por ser dueño de Godoy, considerándole necesario instrumento para influir en Bayona en las determinaciones de los reyes padres, a quienes, por otra parte, en las primeras vistas que tuvo con ellos en El Escorial uno de aquellos días, les había prometido su libertad. La Junta se limitó por de pronto a mandar al Consejo, con fecha del 13, que suspendiese el proceso intentado contra don Manuel Godoy hasta nueva orden de S. M., a quien se consultó por medio de don Pedro Cevallos. La posición de la Junta realmente era muy angustiada, quedando expuesta a la indignación pública si le soltaba, o a las iras del arrebatado Murat si lo retenía. Don Pedro Cevallos contestó desde Vitoria que se había escrito al Emperador ofreciendo usar con Godoy de generosidad, perdonándole la vida en caso de que fuese condenado a la pena de muerte. Bastóle esta contestación a Murat para insistir en 20 de Abril en la soltura del preso, con el objeto de enviarle a Francia, y con engaño y despreciadora befa decía a su nombre el general Belliard en su oficio[17]: "El gobierno y la nación española sólo hallarán en esta resolución de S. M. I. nuevas pruebas del interés que toma por la España, porque alejando al Príncipe de la Paz quiere quitar a la malevolencia los medios de creer posible que Carlos IV volviese el poder y su confianza al que debe haberla perdido para siempre." ¡Así se escribía a una autoridad puesta por Fernando y que no reconocía a Carlos IV! La Junta accedió a lo último a la demanda de Murat, habiéndose opuesto con firmeza el ministro de Marina, don Francisco Gil y Lémus. Mucho se motejó la condescendencia de aquel cuerpo; sin embargo, eran tales y tan espinosas las circunstancias, que con dificultad se hubiera podido estorbar con éxito la entrega de don Manuel Godoy. Acordada que ésta fue, se dieron las convenientes órdenes al Marqués de Castelar, quien, antes de obedecer, temeroso de algún nuevo artificio de los franceses, pasó a Madrid a cerciorarse de la verdad de boca del mismo Infante, presidente. El pundonoroso general, al oír la confirmación de lo que tenía por falso, hizo dejación de su destino, suplicando que no fuesen los guardias de Corps quienes hiciesen la entrega, sino los granaderos provinciales. El bueno del Infante le replicó que "en aquella entrega consistía el que su sobrino fuese rey de España"; a cuya poderosa razón cedió Castelar, y puso en libertad al preso Godoy a las 11 de la noche del mismo día 20, entregándole en manos del coronel francés Martel. Sin detención tomaron el camino de Bayona, adonde llegó Godoy con la escolta francesa el 26, habiéndosele reunido poco después su hermano don Diego. Se albergó aquél en una quinta que le estaba preparada a una legua de la ciudad, y a poco tuvo con Napoleón una larga conferencia. El Rey, si bien no desaprobó la conducta de la Junta, tampoco la aplaudió, elogiando de propósito al Consejo, que se había opuesto a la entrega. En asunto de tanta gravedad procuraron todos sincerar su modo de proceder; entre ellos se señaló el Marqués de Castelar, apreciable y digno militar, quien envió para informar al Rey no menos que a tres sujetos: a su segundo, el brigadier don José Palafox, a su hijo, el Marqués de Belveder, y al ayudante Butron. Así, y como milagrosamente, se libró Godoy de una casi segura y desastrada muerte.

En todos aquellos días no había cesado Murat de incomodar y acosar a la Junta con sus quejas e infundadas reclamaciones. El 16 había llamado a Ofárril para lamentarse con acrimonia, o ya de asesinatos, o ya de acopios de armas que se hacían en Aragón. Eran éstos meros pretextos para encaminar su plática a asunto más serio. Al fin le declaró el verdadero objeto de la conferencia. Era, pues, que el Emperador no reconocía en España otro rey sino a Carlos IV, y que habiendo para ello recibido órdenes suyas, iba a publicar una proclama, que manuscrita le dio a leer. Se suponía extendida por el Rey padre, asegurando en ella haber sido forzada su abdicación, como así se lo había comunicado a su aliado el Emperador de los franceses, con cuya aprobación y arrimo volvería a sentarse en el trono. Absorto Ofárril con lo que acababa de oír, informó de ello a la Junta, la cual de nuevo comisionó al mismo, en compañía de Azanza, para apurar más y más las razones y el fundamento de tan extraña resolución. Murat, acompañado del Conde de Laforest, se mantuvo firme en su propósito, y sólo consintió en aguardar la última contestación de la Junta, que, verbalmente y por los mismos encargados, respondió: "1.º Que Carlos IV, y no el gran Duque, debía comunicarle su determinación. 2.º Que comunicada que le fuese, se limitaría a participarla a Fernando VII. Y 3.º Pedía que, estando Carlos IV próximo a salir para Bayona, se guardase el mayor secreto y no ejerciese durante el viaje ningún acto de soberanía." En seguida pasó Murat al Escorial, y poniéndose de acuerdo con los reyes padres, escribió Carlos IV a su hermano el infante don Antonio una carta,[18] en la que aseguraba haber sido forzada su abdicación del 19 de Marzo, y que en aquel mismo día había protestado solemnemente contra dicho acto. Ahora reiteraba su primera declaración, confirmando provisionalmente a la Junta en su autoridad, como igualmente a todos los empleados nombrados desde el 19 de Marzo último, y anunciaba su próxima salida para ir a encontrarse con su aliado el Emperador de los franceses. Es digno de reparo que en aquella carta expresase Carlos IV haber protestado solemnemente el 19, cuando después dató su protesta del 21, cuya fecha ya antes advertimos envolvía contradicción con cartas posteriores escritas por el mismo Monarca. Prueba notable y nueva de la precipitación con que en todo se procedió, y del poco concierto que entre sí tuvieron los que arreglaron aquel negocio; puesto que, fuera la protesta extendida en el día de la abdicación o fuéralo después, siendo Carlos IV y sus confidentes los dueños y únicos sabedores de su secreto, hubieran, por lo menos, debido coordinar unas fechas cuya contradicción había de desautorizar acto de tanta importancia, mayormente cuando la legitimidad o fuerza de la protesta no dimanaba de que se hubiese realizado el 19, el 21 o el 23, sino de la falta de libre voluntad con que aseguraban ellas había sido dada la abdicación. Respecto de lo cual, como se había verificado en medio de conmociones y bullicios populares, sólo Carlos IV era el único y competente juez, y no habiendo variado su situación en los tres días sucesivos a punto que pudiera atribuirse su silencio a completa conformidad, siempre estaba en el caso de alegar fundadamente que, cercado de los mismos riesgos, no había osado extender por escrito un acto que, descubierto, hubiera sobremanera comprometido su persona y la de su esposa. En nada de eso pensaron; creyeron de más, al parecer, detenerse en cosas que imaginaron leves, bastándoles la protesta para sus premeditados fines. Carlos IV, después de haber remitido igual acto a Napoleón, en compañía de la Reina y de la hija del Príncipe de la Paz se puso en camino para Bayona el 25 de Abril, escoltado por tropas francesas y carabineros reales, los mismos que le habían hecho la guardia en El Escorial. Fácil es figurarse cuán atribulados debieron quedar el Infante y la Junta con novedades que oscurecían y encapotaban más y más el horizonte político.

La salida de Godoy, las conferencias de Murat con los reyes padres, la arrogancia y modo de explicarse de gran parte de los oficiales franceses y de su tropa, aumentaban la irritación de los ánimos, y a cada paso corría riesgo de alterarse la tranquilidad pública de Madrid y de los pueblos que ocupaban los extranjeros. Un incidente agravó en la capital estado tan crítico. Murat había ofrecido a la Junta guardar reservada la protesta de Carlos IV; pero a pesar de su promesa no tardó en faltar a ella, o por indiscreción propia, o por el mal entendido celo de sus subalternos. El día 20 de Abril se presentó al Consejo el impresor Eusebio Alvarez de la Torre para avisarle que dos agentes franceses habían estado en su casa con el objeto de imprimir una proclama de Carlos IV. Ya había corrido la voz por el pueblo, y en la tarde hubiera habido una grande conmoción, si el Consejo de antemano no hubiese enviado al alcalde de casa y corte, don Andrés Romero, quien sorprendió a los dos franceses Funiel y Ribat con las pruebas de la proclama. Quiso el juez arrestarlos; mas ni consintieron ellos en ir voluntariamente, ni en declarar cosa alguna sin orden previa de su jefe el general Grouchy, gobernador francés de Madrid. Impaciente el pueblo, se agolpó a la imprenta, y temiendo el Alcalde que al sacarlos fuesen dichos franceses víctimas del furor popular, los dejó allí arrestados hasta la determinación del Consejo, el cual, no osando tomar sobre sí la resolución, acudió a la Junta, que, no queriendo tampoco comprometerse, dispuso ponerlos en libertad, exigiendo solamente de Murat nueva promesa de que en adelante no se repetirían iguales tentativas. Tan débiles e irresolutas andaban las dos autoridades en quienes se libraba entonces la suerte y el honor nacional. La libertad de Godoy y el caso sucedido en la imprenta, al parecer poco importante, fueron acontecimientos que muy particularmente indispusieron el espíritu público contra los franceses. En el último claramente aparecía el deseo de reponer en el trono a Carlos IV, y renovar así las crueles y recientes llagas del anterior reinado; y con el primero se arrancaba de manos de la justicia y se daba suelta al objeto odiado de la nación entera.

No se circunscribía a Madrid la pública inquietud. En Toledo el día 21 de Abril se turbó también la tranquilidad por la imprudencia del ayudante general Marcial Tomás, que había salido enviado a aquella ciudad con el objeto de disponer alojamientos para la tropa francesa. Explicábase sin rebozo contra el alzamiento de Fernando VII, afirmando que Napoleón había decidido restablecer en el trono a Carlos IV. Esparcidos por el vecindario semejantes rumores, se amotinó el pueblo, agavillándose en la plaza de Zocodover, y paseando armado por las calles el retrato de Fernando, a quien todos tenían que saludar o acatar, fueran franceses o españoles. La casa del corregidor, don José Joaquín de Santa María, y las de los particulares don Pedro Segundo y don Luis del Castillo fueron acometidas, y públicamente quemados sus muebles y efectos, achacándose a estos sujetos afecto al valido y a Carlos IV; crimen entonces muy grave en la opinión popular. Duró el tumulto dos días. Le apaciguó el Cabildo y la llegada del general Dupont, quien, con la suficiente fuerza, pasó el 26 de Aranjuez a aquella ciudad. Iguales ruidos y alborotos hubo en Burgos por aquellos días, de resultas de haber detenido los franceses a un correo español. El intendente, Marqués de la Granja, estuvo muy cerca de perecer a manos del populacho, y hubo con esta ocasión varios heridos.

Apoyados en aquellos tumultos, provocados por la imprudencia u osadía francesa, y seguro por otra parte de que Fernando había atravesado la frontera, levantó Murat su imperioso y altanero tono, encareciendo agravios e importunando con sus peticiones. Guardaba con la Junta, autoridad suprema de la nación, tan poco comedimiento, que en ocasiones graves procedía sin contar con su anuencia. Así fue que queriendo Bonaparte congregar en Bayona una diputación de españoles, para que en tierra extraña tratase de asuntos interiores del reino, a manera de la que antes había reunido en León respecto de Italia; y habiendo Murat comunicado dicha resolución a la Junta gubernativa, a fin de que nombrase sujetos y arreglase el modo de convocación; al tiempo que ésta, en medio de sus angustias, entraba en deliberación acerca de la materia, llegó a su noticia que el gran duque Murat había, por sí, escogido al intento ciertas personas, quienes, rehusando pasar a Francia sin orden o pasaporte de su gobierno, le obligaron a dirigirse a la misma Junta para obtenerlos. Dioles aquélla, creciendo en debilidad a medida que el francés crecía en insolencia.

Más adelante volveremos a hablar de la reunión que se indicaba para Bayona. Ahora conviene que paremos nuestra atención en la conducta de la Junta suprema, autoridad que quedó al frente de la nación, y la gobernó hasta que grandes y gloriosos levantamientos limitaron su flaca dominación a Madrid y puntos ocupados por los franceses. A pesar de no haber sido su mando muy duradero, varió en su composición, ya por el número de sujetos que después se le agregaron, ya por la mudanza y alteración sustancial que experimentó al entrar Murat a presidirla. Nos ceñiremos por de pronto al espacio de su gobernación, que comprende hasta los primeros días de Mayo, en cuyo tiempo se componía de las personas antes indicadas, bajo la presidencia del infante don Antonio, asistiendo con frecuencia a sus sesiones el Príncipe de Castel-Franco, el Conde de Montarco y don Arias Mon, gobernador del Consejo. Se agregaron en 1.º de Mayo, por resolución de la misma Junta, todos los presidentes y decanos de los Consejos, y se nombró por secretario al Conde de Casa-Valencia. En su difícil y ardua posición, hostigada de un lado por un jefe extranjero impetuoso y altivo, y reprimida de otro con las incertidumbres y contradicciones de los que habían acompañado al Rey a Bayona, puede encontrar disculpa la flojedad y desmayo con que generalmente obró durante todos aquellos días. Hubiérase también achacado su indecisión al modo restricto con que Fernando la había autorizado a su partida, si don Pedro

Cevallos no nos hubiera dado a conocer que, para acudir al remedio de aquel olvido o falta de previsión, se le había enviado a dicha Junta desde Bayona una Real orden para "que ejecutase cuanto convenía al servicio del Rey y del reino, y que al efecto usase de todas las facultades que S. M. desplegaría si se hallase dentro de sus estados." Parece ser que el decreto fue recibido por la Junta, y en verdad que con él tenía ancho campo para proceder sin trabas ni miramientos. Sin embargo, constante en su timidez e irresolución, no se atrevió a tomar medida alguna vigorosa sin consultar de nuevo al Rey. Fueron despachados con aquel objeto a Bayona don Evaristo Pérez de Castro y don José de Zayas: llegó el primero sin tropiezo a su destino; detúvose el segundo en la raya. Susurróse entonces que una persona bien enterada del itinerario del último lo había revelado para entorpecer su misión: no fue así con Pérez de Castro, quien encubrió a todos el camino o extraviada vereda que llevaba. La Junta remitía por dichos comisionados cuatro preguntas, acerca de las cuales pedía instrucciones: "1.ª Si convenía autorizar a la Junta a sustituirse, en caso contrario, en otras personas, las que S. M. designase, para que se trasladasen a paraje en que pudiesen obrar con libertad, siempre que la Junta llegase a carecer de ella. 2.ª Si era la voluntad de S. M. que empezasen las hostilidades, el modo y tiempo de ponerlo en ejecución. 3.ª Si debía ya impedirse la entrada de nuevas tropas francesas en España, cerrando los pasos de la frontera. 4.ª Si S. M. Juzgaba conducente que se convocasen las Cortes, dirigiendo su real decreto al Consejo, y en defecto de éste (por ser posible que al llegar la respuesta de S. M. no estuviera ya en libertad de obrar), a cualquiera chancillería o audiencia del reino."

Preguntas eran éstas con que más bien daba indicio la Junta de querer cubrir su propia responsabilidad que de desear su aprobación. Con todo, habiendo dentro de su seno individuos sumamente adictos al bien y honor de su patria, no pudieron menos de acordarse con oportunidad algunas resoluciones que, ejecutadas con vigor, hubieran sin duda, influido favorablemente en el giro de los negocios. Tal fue la de nombrar una junta que sustituyese la de Madrid, llegado el caso de carecer ésta de libertad. Propuso tan acertada providencia el firme y respetable don Francisco Gil y Lemus, impelido y alentado por una reunión oculta de buenos patriotas que se congregaban en casa de su sobrino don Felipe Gil Taboada. Fueron los nombrados para la nueva junta el Conde de Ezpeleta, capitán general de Cataluña, que debía presidirla; don Gregorio García de la Cuesta, capitán general de Castilla la Vieja; el teniente general don Antonio de Escaño, don Gaspar Melchor de Jovellanos, y en su lugar, y hasta tanto que llegase de Mallorca, don Juan Pérez Villamil, y don Felipe Gil Taboada. El punto señalado para su reunión era Zaragoza, y el último de los nombrados salió para dicha ciudad en la mañana misma del aciago 2 de Mayo, en compañía de don Damián de la Santa, que debía ser secretario. Luego veremos cómo se malogró la ejecución de tan oportuna medida.

Los individuos que en la Junta de Madrid propendían a no exponer a riesgo sus personas abrazando un activo y eficaz partido, se apoyaban en el mismo titubear de los ministros y consejeros de Bayona, quienes, ni entre sí andaban acordes, ni sostenían con uniformidad y firmeza lo que una vez habían determinado. Hemos visto antes cómo don Pedro Cevallos había expedido un decreto autorizando a la Junta para que obrase sin restricción ni traba alguna; de lo que hubiéramos debido inferir cuán resuelto estaba a sobrellevar con fortaleza los males que de aquel decreto pudieran originarse a su persona y a los demás españoles que rodeaban al Rey. Pues era tan al contrario, que el mismo don Pedro envió a decir a la Junta, en 23 de Abril, por don Justo Ibarnavarro, oidor de Pamplona, que llegó a Madrid en la noche de 29,[19] "que no se hiciese novedad en la conducta tenida con los franceses, para evitar funestas consecuencias contra el Rey y cuantos españoles (porque no se olvidaban) acompañaban a S. M.". El mencionado oidor, después de contar lo que pasaba en Bayona, también anunció, de parte de S. M., "que estaba resuelto a perder primero la vida que a acceder a una inicua renuncia... y que con esta seguridad procediese la Junta"; aserción algún tanto incompatible con el encargo de don Pedro Cevallos. Siendo tan grande la vacilación de todos, siendo tantas y tan frecuentes sus contradicciones, fue más fácil que después cada uno descargase su propia responsabilidad, echándose recíprocamente la culpa. Por consiguiente, si en este primer tiempo procedió la Junta de Madrid con duda y perplejidad, las circunstancias eran harto graves para que no sea disimulable su indecisa y a veces débil conducta, examinándola a la luz de la rigurosa imparcialidad.

La fuerte y hostil posición de los franceses era también para desalentar al hombre más brioso y arrojado. Tenían en Madrid y sus alrededores 25 000 hombres, ocupando el Retiro con numerosa artillería. Dentro de la capital estaba la guardia imperial de a pie y de a caballo, con una división de infantería, mandada por el general Musnier, y una brigada de caballería. Las otras divisiones del cuerpo de observación de las costas del Océano, a las órdenes del mariscal Moncey, se hallaban acantonadas en Fuencarral, Chamartín, convento de San Bernardino, Pozuelo y la Casa de Campo. En Aranjuez, Toledo y El Escorial había divisiones del cuerpo de Dupont; de suerte que Madrid estaba ocupado y circundado por el ejército extranjero, al paso que la guarnición española constaba de poco más de 3000 hombres, habiéndose insensiblemente disminuido desde los acontecimientos de Marzo. Mas el vecindario, en lugar de contener y reprimir su disgusto, lo manifestaba cada día más a cara descubierta y sin poner ya límites a su descontento. Eran extraordinarias la impaciencia y la agitación, y ora delante de la imprenta Real para aguardar la publicación de una gaceta, ora delante de la casa de correos para saber noticias, se veían constantemente grupos de gente de todas clases. Los empleados dejaban sus oficinas, los operarios sus talleres, y hasta el delicado sexo sus caseras ocupaciones, para acudir a la Puerta del Sol y sus avenidas, ansiosos de satisfacer su noble curiosidad; interés loable y señalado indicio de que el fuego patrio no se había aún extinguido en los valerosos pechos españoles.

Murat, por su parte, no omitía ocasión de ostentar su fuerza y sus recursos para infundir pavor en el ánimo de la desasosegada multitud. Todos los domingos pasaba revista de sus tropas en el paseo del Prado, después de haber oído misa en el convento de Carmelitas descalzos, calle de Alcalá. La demostración religiosa, acompañada de la estrepitosa reseña, lejos de conciliar los ánimos o de arredrarlos, los llenaba de enfado y enojo. No se creía en la sinceridad de la primera, tachándola de impío fingimiento, y se veía en la segunda el deliberado propósito de insultar y de atemorizar con estudiada apariencia a los pacíficos, si bien ofendidos, moradores. De una y otra parte fue creciendo la irritación, siendo por ambas extremada. El español tenía a vilipendio el orgullo y desprecio con que se presentaba el extranjero, y el soldado francés, temeroso de una oculta trama, anhelaba por salir de su situación penosa, vengándose de los desaires que con frecuencia recibía. A tal punto había llegado la agitación y la cólera, que al volver Murat el domingo 1.º de Mayo de su acostumbrada revista, y a su paso por la Puerta del Sol, fue escarnecido y silbado, con escándalo de su comitiva, por el numeroso pueblo que allí a la sazón se encontraba. Semejante estado de cosas era demasiado violento para que se prolongase sin haber de ambas partes un abierto y declarado rompimiento. Sólo faltaba oportuna ocasión, la cual desgraciadamente se ofreció muy luego.

El 30 de Abril presentó Murat una carta de Carlos IV para que la Reina de Etruria y el infante don Francisco pasasen a Bayona. Se opuso la Junta a la partida del Infante, dejando a la Reina que obrase según su deseo. Reiteró Murat el 1.º de Mayo la demanda acerca del Infante, tomando a su cuidado evitar a la Junta cualquiera desazón o responsabilidad. Tratóse largamente en ella si se había o no de acceder; los pareceres anduvieron muy divididos, y hubo quien propuso resistir con la fuerza. Consultóse acerca del punto con don Gonzalo Ofárril, como ministro de la Guerra, quien trazó un cuadro en tal manera triste, si bien cierto, de la situación de Madrid, apreciada militarmente, que no sólo arrastró a su opinión a la mayoría, sino que también se convino en contener con las fuerzas nacionales cualquiera movimiento del pueblo. Hasta ahora la Junta había sido débil e indecisa; en adelante, menos atenta a sus sagrados deberes, irá poco a poco uniéndose y estrechándose con el orgulloso invasor. Resuelto, pues, el viaje de la Reina de Etruria conforme a su libre voluntad, y el del infante don Francisco por consentimiento de la Junta, se señaló la mañana siguiente para su partida.

Amaneció, en fin, el 2 de Mayo, día de amarga recordación, de luto y desconsuelo, cuya dolorosa imagen nunca se borrará de nuestro afligido y contristado pecho. Un présago e inexplicable desasosiego pronosticaba tan aciago acontecimiento, o ya por aquel presentir oscuro que a veces antecede a las grandes tribulaciones de nuestra alma, o ya más bien por la esparcida voz de la próxima partida de los infantes. Esta voz, y la suma inquietud excitada por la falta de dos correos de Francia, habían llamado desde muy temprano a la plazuela de Palacio numeroso concurso de hombres y mujeres del pueblo. Al dar las nueve subió en un coche, con sus hijos, la Reina de Etruria, mirada más bien como princesa extranjera que como propia, y muy desamada por su continuo y secreto trato con Murat: partió sin oponérsele resistencia. Quedaban todavía dos coches, y al instante corrió por la multitud que estaban destinados al viaje de los dos infantes don Antonio y don Francisco. Por instantes crecía el enojo y la ira, cuando al oír de la boca de los criados de palacio que el niño don Francisco lloraba y no quería ir, se enternecieron todos, y las mujeres prorrumpieron en lamentos y sentidos sollozos. En este estado, y alterados más y más los ánimos, llegó a palacio el ayudante de Murat Mr. Augusto Lagrange, encargado de ver lo que allí pasaba, y de saber si la inquietud popular ofrecía fundados temores de alguna conmoción grave. Al ver al ayudante, conocido como tal por su particular uniforme, nada grato a los ojos del pueblo, se persuadió éste que era venido allí para sacar por fuerza a los infantes. Siguióse un general susurro, y al grito de una mujerzuela: *Que nos los llevan,* fue embestido Mr. Lagrange por todas partes, y hubiera perecido a no haberle escudado con su cuerpo el oficial de walonas don Miguel Desmaisieres y Flórez; mas subiendo de punto la gritería, y ciegos todos de rabia y desesperación, ambos iban a ser atropellados y muertos, si afortunadamente no hubiera llegado a tiempo una patrulla francesa, que los libró del furor de la embravecida plebe. Murat, prontamente informado de lo que pasaba, envió sin tardanza un batallón con dos piezas de artillería; la proximidad a palacio de su alojamiento facilitaba la breve ejecución de su orden. La tropa francesa, llegada que fue al paraje de la reunión popular, en vez de contener el alboroto en su origen, sin previo aviso, ni determinación anterior, hizo una descarga sobre los indefensos corrillos, causando así una general dispersión, y con ella un levantamiento en toda la capital, porque derramándose con celeridad hasta por los más distantes barrios los prófugos de palacio, cundió con ellos el terror y el miedo, y en un instante y como por encanto se sublevó la población entera.

Acudieron todos a buscar armas, y con ansia, a falta de buenas, se aprovechaban de las más arrinconadas y enmohecidas. Los franceses fueron impetuosamente acometidos por doquiera que se les encontraba. Respetáronse, en general, los que estaban dentro de las casas o iban desarmados, y con vigor se ensañaron contra los que intentaban juntarse con sus cuerpos o hacían fuego. Los hubo que arrojando las armas e implorando clemencia se salvaron, y fueron custodiados en paraje seguro. ¡Admirable generosidad en medio de tan ciego y justo furor! El gentío era inmenso en la calle Mayor, de Alcalá, de la Montera y de las Carretas. Durante algún tiempo los franceses desaparecieron, y los inexpertos madrileños creyeron haber alcanzado y asegurado su triunfo; pero desgraciadamente fue de corta duración su alegría.

Los extranjeros, prevenidos de antemano, y estando siempre en vela, recelosos por la pública agitación de una populosa ciudad, apresuradamente se abalanzaron por las calles de Alcalá y Carrera de San Jerónimo, barriéndolas con su artillería, y arrollando a la multitud la caballería de la guardia imperial, a las órdenes del jefe de escuadrón Daumesnil. Señaláronse en crueldad los lanceros polacos y los mamelucos, los que, conforme a las órdenes de los generales de brigada Guillot y Daubray, forzaron las puertas de algunas casas, o ya porque desde dentro hubiesen tirado, o ya porque así lo fingieron para entrarlas a saco y matar a cuantos se les presentaban. Así, asaltando entre otras la casa del Duque de Híjar, en la Carrera de San Jerónimo, arcabucearon delante de sus puertas al anciano portero. Estuvieron también próximos a experimentar igual suerte el Marqués de Villamejor y el Conde de Talara, aunque no habían tomado parte en la sublevación. Salváronlos sus alojados. El pueblo, combatido por todas partes, fue rechazado y disperso, y sólo unos cuantos siguieron defendiéndose y aun atacaron con sobresaliente bizarría. Entre ellos los hubo que, vendiendo caras sus vidas, se arrojaron en medio de las filas francesas, hiriendo y matando hasta dar el postrer aliento; hubo otros que, parapetándose en las esquinas de las calles, iban de una en otra haciendo continuado y mortífero fuego; algunos también, en vez de huir, aguardaban a pie firme, o asestaban su último y furibundo golpe contra el jefe u oficial, conocido por sus insignias. ¡Estériles esfuerzos de valor y personal denuedo!

La tropa española permanecía en sus cuarteles por orden de la Junta y del capitán general don Francisco Javier Negrete, furiosa y encolerizada, mas retenida por la disciplina. Entre tanto, paisanos sin resguardo ni apoyo se precipitaron al parque de artillería, en el barrio de las Maravillas, para sacar los cañones y resistir con más ventaja. Los artilleros andaban dudosos en tomar o no parte con el pueblo, a la misma sazón que cundió la voz de haber sido atacado por los franceses uno de los otros cuarteles. Decididos entonces, y puestos al frente don Pedro Velarde y don Luis Daoiz, abrieron las puertas del parque, sacaron tres cañones y se dispusieron a rechazar al enemigo, sostenidos por los paisanos y un piquete de infantería, a las órdenes del oficial Ruiz. Al principio se cogieron prisioneros algunos franceses, pero poco después una columna de éstos, de los acantonados en el convento de San Bernardino, se avanzó, mandada por el general Lefranc, trabándose de ambos lados una porfiada refriega. El parque se defendió valerosamente, menudearon las descargas, y allí quedaron tendidos número crecido de enemigos. De nuestra parte perecieron bastantes soldados y paisanos; el oficial Ruiz fue desde el principio gravemente herido. Don Pedro Velarde feneció, atravesado de un balazo; y escaseando ya los medios de defensa con la muerte de muchos, y aproximándose denodadamente los franceses a la bayoneta, comenzaron los nuestros a desalentar y quisieron rendirse. Pero cuando se creía que los enemigos iban a admitir la capitulación, se arrojaron sobre las piezas, mataron a algunos, y entre ellos traspasaron desapiadadamente a bayonetazos a don Luis Daoiz, herido antes en un muslo. Así terminaron su carrera los ilustres y beneméritos oficiales Daoiz y Velarde; honra y gloria de España, dechado de patriotismo, servirán de ejemplo a los amantes de la independencia y libertad nacional. El reencuentro del parque fue el que costó más sangre a los franceses y en donde hubo resistencia más ordenada.

Entre tanto la débil Junta, azorada y sorprendida, pensó en buscar remedio a tamaño mal. Ofárril y Azanza, habiendo recorrido inútilmente los alrededores de Palacio, y no siendo escuchados de los franceses, montaron a caballo y fueron a encontrarse con Murat, quien desde el principio de la sublevación, para estar más desembarazado y más a mano de dar órdenes, ya a las tropas de afuera, ya a las de adentro, se colocó, con el mariscal Moncey y principales generales, fuera de puertas, en lo alto de la cuesta de San Vicente. Llegaron allí los comisionados de la Junta, y dijeron al gran Duque que si mandaba suspender el fuego y les daba para acompañarlos uno de sus generales, se ofrecían a restablecer la tranquilidad. Accedió Murat y nombró al efecto al general Harispe. Juntos los tres pasaron a los Consejos, y asistidos de individuos de todos ellos, se distribuyeron por calles y plazas, y recorriendo las principales, alcanzaron que la multitud se aplacase, con oferta de olvido de lo pasado y reconciliación general. En aquel paseo se salvó la vida a varios desgraciados, y señaladamente a algunos traficantes catalanes, a ruego de don Gonzalo Ofárril.

Retirados los españoles, todas las bocacalles y puntos importantes fueron ocupados por los franceses, situando particularmente en las encrucijadas cañones con mecha encendida.

Aunque sumidos todos en dolor profundo, se respiraba algún tanto con la consoladora idea de que por lo menos haría pausa la desolación y la muerte. ¡Engañosa esperanza! A las tres de la tarde una voz lúgubre y espantosa empezó a correr con la celeridad del rayo. Afirmábase que españoles tranquilos habían sido cogidos por los franceses y arcabuceados junto a la fuente de la Puerta del Sol y la iglesia de la Soledad, manchando con su inocente sangre las gradas del templo. Apenas se daba crédito a tamaña atrocidad, y conceptuábanse falsos rumores de ilusos y acalorados patriotas. Bien pronto llegó el desengaño. En efecto, los franceses, después de estar todo tranquilo, habían comenzado a prender a muchos españoles, que en virtud de las promesas creyeron poder acudir libremente a sus ocupaciones. Prendiéronlos con pretexto de que llevaban armas; muchos no las tenían, a otros sólo acompañaba o una navaja o unas tijeras de su uso. Algunos fueron arcabuceados sin dilación, otros quedaron depositados en la casa de Correos y en los cuarteles. Las autoridades españolas, fiadas en el convenio concluido con los jefes franceses, descansaban en el puntual cumplimiento de lo pactado. Por desgracia fuimos de los primeros a ser testigos de su ciega confianza. Llevados a casa de don Arias Mon, gobernador del Consejo, con deseo de librar la vida a don Antonio Oviedo, quien sin motivo había sido preso al cruzar de una calle, nos encontramos con que el venerable anciano, rendido al cansancio de la fatigosa mañana, dormía sosegadamente la siesta. Enlazados con él por relaciones de paisanaje y parentesco, conseguimos que se le despertara, y con dificultad pudimos persuadirle de la verdad de lo que pasaba, respondiendo a todo que una persona como el gran Duque de Berg no podía descaradamente faltar a su palabra... ¡Tanto repugnaba el falso proceder a su acendrada probidad! Cerciorado al fin, procuró aquel digno magistrado reparar por su parte el grave daño, dándonos también a nosotros en propia mano la orden para que se pusiese en libertad a nuestro amigo. Sus laudables esfuerzos fueron inútiles, y en balde nuestros pasos en favor de don Antonio Oviedo. A duras penas, penetrando por las filas enemigas con bastante peligro, de que nos salvó el hablar la lengua francesa, llegamos a la casa de Correos, donde mandaba por los españoles el general Sesti. Le presentamos la orden del Gobernador, y fríamente nos contestó que para evitar las continuadas reclamaciones de los franceses, les había entregado todos sus presos y puéstolos en sus manos; así aquel italiano al servicio de España retribuyó a su adoptiva patria los grados y mercedes con que le había honrado. En dicha casa de Correos se había juntado una comisión militar francesa con apariencias de tribunal; mas por lo común, sin ver a los supuestos reos, sin oírles descargo alguno ni defensa, los enviaba en pelotones unos en pos de otros para que pereciesen en el Retiro o en el Prado. Muchos llegaban al lugar de su horroroso suplicio ignorantes de su suerte; y atados de dos en dos, tirando los soldados franceses sobre el montón, caían o muertos o mal heridos, pasando a enterrarlos cuando todavía algunos palpitaban. Aguardaron a que pasase el día para aumentar el horror de la trágica escena. Al cabo de veinte años nuestros cabellos se erizan todavía al recordar la triste y silenciosa noche, sólo interrumpida por los lastimeros ayes de las desgraciadas víctimas y por el ruido de los fusilazos y del cañón que de cuando en cuando y a lo lejos se oía y resonaba. Recogidos los madrileños a sus hogares, lloraban la cruel suerte que había cabido o amenazaba al pariente, al deudo o al amigo. Nosotros nos lamentábamos de la suerte del desventurado Oviedo, cuya libertad no habíamos logrado conseguir, a la misma sazón que pálido y despavorido le vimos impensadamente entrar por las puertas de la casa en donde estábamos. Acababa de deber la vida a la generosidad de un oficial francés, movido de sus ruegos y de su inocencia, expresados en la lengua extraña con la persuasiva elocuencia que le daba su crítica situación. Atado ya en un patio del Retiro, estando para ser arcabuceado, le soltó, y aún no había salido Oviedo del recinto del palacio cuando oyó los tiros que terminaron la larga y horrorosa agonía de sus compañeros de infortunio. Me he atrevido a entretejer con la relación general un hecho que, si bien particular, da una idea clara y verdadera del modo bárbaro y cruel con que perecieron muchos españoles, entre los cuales había sacerdotes, ancianos y otras personas respetables. No satisfechos los invasores con la sangre derramada por la noche, continuaron todavía en la mañana siguiente pasando por las armas a algunos de los arrestados la víspera, para cuya ejecución destinaron el cercado de la casa del Príncipe Pío. Con aquel sangriento suceso se dio correspondiente remate a la empresa comenzada el 2 de Mayo, día que cubrirá eternamente de baldón al caudillo del ejército francés, que fríamente mandó asesinar, atraillados, sin juicio ni defensa, a inocentes y pacíficos individuos. Lejos estaba entonces de prever el orgulloso y arrogante Murat que años después, cogido, sorprendido y casi atraillado también a la manera de los españoles del 2 de Mayo, sería arcabuceado sin detenidas formas y a pesar de sus reclamaciones, ofreciendo en su persona un señalado escarmiento a los que ostentan hollar impunemente los derechos sagrados de la justicia y de la humanidad.

Difícil sería calcular ahora con puntualidad la pérdida que hubo por ambas partes. El Consejo, interesado en disminuirla, la rebajó a unos 200 hombres del pueblo. Murat, aumentando la de los españoles, redujo la suya, acortándola el *Monitor* a unos 80 entre muertos y heridos. Las dos relaciones debieron ser inexactas por la sazón en que se hicieron y el diverso interés que a todos ellos movía. Según lo que vimos, y atendiendo a lo que hemos consultado después y al número de heridos que entraron en los hospitales, creemos que aproximadamente puede computarse la pérdida de unos y otros en 1200 hombres.

Calificaron los españoles el acontecimiento del 2 de Mayo de trama urdida por los franceses, y no faltaron algunos de éstos que se imaginaron haber sido una conspiración preparada de antemano por aquéllos; suposiciones falsas y desnudas ambas de sólido fundamento. Mas, desechando los rumores de entonces, nos inclinamos sí a que Murat celebró la ocasión que se le presentaba, y no la desaprovechó, jactándose, como después lo hizo, de haber humillado con un recio escarmiento la fiereza castellana. Bien pronto vio cuán equivocado era su precipitado juicio. Aquel día fue el origen del levantamiento de España contra los franceses, contribuyendo a ello en gran manera el concurso de forasteros que había en la capital con motivo

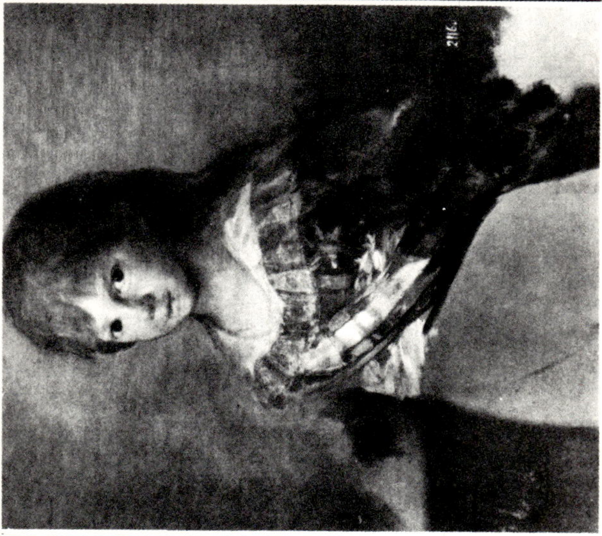

El Infante D. Francisco.

El Infante D. Antonio Pascual.

del advenimiento de Fernando VII al trono. Asustados éstos y horrorizados, volvieron a sus casas, difundiendo por todas las provincias la infausta nueva y excitando el odio y la abominación contra el cruel y fementido extranjero.

Profunda tristeza y abatimiento señalaron el día 3. Las tiendas y las casas cerradas, las calles solitarias y recorridas solamente por patrullas francesas, ofrecían el aspecto de una ciudad desierta y abandonada. Murat mandó fijar en las esquinas una proclama[20] digna de Atila, respirando sangre y amenazas, con lo que la indignación, si bien reconcentrada entonces, tomó cada vez mayor incremento y braveza.

Aterrado así el pueblo de Madrid, se fue adelante en el propósito de trasladar a Francia toda la real familia, y el mismo día 3 salió para Bayona el infante don Francisco. No se había pasado aquella noche sin que el Conde Laforest y Mr. Freville indicasen en una conferencia secreta al infante don Antonio la conveniencia y necesidad de que fuese a reunirse con los demás individuos de su familia, para que en presencia de todos se tomasen, de acuerdo con el Emperador, las medidas convenientes al arreglo de los negocios de España. Condescendió el Infante, consternado con los sucesos precedentes, y señaló para su partida la madrugada del 4, habiéndose tomado un coche de viaje de la Duquesa viuda de Osuna, a fin de que caminase más disimuladamente. Dirigió antes de su salida un papel o decreto (no sabemos qué nombre darle) a don Francisco Gil y Lemus, como vocal más antiguo de la Junta y persona de su particular confianza. Aunque temamos faltar a la gravedad de la historia, lo curioso del papel, así en la sustancia como en la forma, exige que le insertemos aquí literalmente. "Al señor Gil. — A la Junta, para su gobierno, la pongo en su noticia cómo me he marchado a Bayona, de orden del Rey, y digo a dicha Junta que ella sigue en los mismos términos como si yo estuviese en ella. — Dios nos la dé buena. — Adiós, señores, hasta el valle de Josafat. — ANTONIO PASCUAL." Bastaba esta carta del buen infante don Antonio Pascual para conjeturar cuán superior era a sus fuerzas la pesada carga que le había encomendado su sobrino. Había sido siempre reputado por hombre de partes poco aventajadas, y en los breves días de su presidencia no ganó ni en concepto ni en estimación. La reina María Luisa le graduaba en sus cartas de hombre de muy *poco talento y luces,* agregábale además la calidad de *cruel.* El juicio de la Reina en su primera parte era conforme a la opinión general; pero en lo de *cruel,* a haberse entonces sabido, se hubiera atribuido a injusta calificación de enemistad personal. Por desgracia, la saña con que aquel infante se expresó el año de 1814 contra todos los perseguidos y proscriptos confirmó triste y sobradamente la justicia e imparcialidad con que la Reina había bosquejado su carácter. Aquí acabó, por decirlo así, la primera época de la Junta de Gobierno, hasta cuyo tiempo si bien se echa de menos energía y la conveniente previsión, falta disculpable en tan delicada crisis, no se nota en su conducta connivencia ni reprensibles tratos con el invasor extranjero. En adelante su modo de proceder fue variando y enturbiándose más y más. Pero es ya tiempo de que volvamos los ojos a las escenas no menos lamentables que al mismo tiempo se representaban en Bayona.

Napoleón, al día siguiente de su llegada, 16 de Abril, dio audiencia en aquella ciudad a una diputación de portugueses enviada para cumplimentarle, y les ofreció conservar su independencia, no desmembrando parte alguna de su territorio ni agregándola tampoco a España. No pudo verle el infante don Carlos por hallarse indispuesto; mas Napoleón pasó a visitar a Fernando una hora después de su arribo, el que se verificó, como hemos dicho, el día 20. El recién llegado bajó a recibirle a la puerta de la calle, en donde, habiéndose estrechamente abrazado, estuvieron juntos corto rato, y solamente se tocaron en la conversación puntos indiferentes. Fernando fue convidado a comer para aquella misma tarde con el Emperador, y a la hora señalada, yendo en carruajes imperiales con su comitiva, fue conducido al palacio de Marrac, donde Napoleón residía. Salióle éste a recibir hasta el estribo del coche, etiqueta sólo usada con las testas coronadas. En la mesa evitó tratarle como príncipe o como rey. Acabada la comida permanecieron poco tiempo juntos, y se despidieron quedando los españoles muy contentos del agasajo con que habían sido tratados, y renaciendo en ellos la esperanza de que todo iba a componerse bien y satisfactoriamente. Vuelto Fernando a su posada, entró en ella muy luego el general Savary con el inesperado mensaje de que el Emperador había resuelto irrevocablemente derribar del trono la estirpe de los Borbones, sustituyendo la suya, y que por consiguiente S. M. I. exigía que el Rey, en su nombre y en el de toda su familia, renunciase la corona de España e Indias en favor de la dinastía de Bonaparte. No se sabe si debe sorprender más la resolución en sí misma y el tiempo y ocasión de anunciarla, o la serenidad del mensajero encargado de dar la noticia. No habían transcurrido aún cinco días desde que el general Savary había respondido con su cabeza de que el Emperador reconocería al Príncipe de Asturias por rey si hiciese la demostración amistosa de pasar a Bayona; y el mismo general encargábase ahora, no ya de poner dudas o condiciones a aquel reconocimiento, sino de intimar al Príncipe y a su familia el despojo absoluto del trono heredado de sus abuelos. ¡Inaudita audacia! Aguardar también para notificar la terrible decisión de Napoleón el momento en que acababan de darse a los príncipes de España pruebas de un bueno y amistoso hospedaje fue verdaderamente rasgo de inútil y exquisita inhumanidad, apenas creíble a no habérnoslo transmitido testigos oculares. Los héroes del político florentino César Borja y Oliveretto di Fermo en sus crueldades y excesos, parecidos en gran manera a éste de Napoleón, hallaban por lo menos cierta disculpa en su propia debilidad y en ser aquélla la senda por donde caminaban los príncipes y estados de su tiempo. Mas el hombre colocado al frente de una nación grande y poderosa, y en un siglo de costumbres más suaves, nunca podrá justificar o paliar siquiera, ni su aleve resolución, ni el modo odioso e inoportuno de comunicarla.

Después del intempestivo y desconsolador anuncio, tuvieron acerca del asunto don Pedro Cevallos y don Juan de Escóiquiz importantes conferencias. Comenzó la de Cevallos con el ministro Champagny, y cuando sostenía aquél con tesón y dignidad los derechos de su príncipe, en medio de la discusión presentóse el Emperador, y mandó a ambos entrar en su despacho, en donde, enojado con lo que a Cevallos le había oído, pues detrás de una puerta había estado escuchando, le apellidó *traidor,* por desempeñar cerca de Fernando el mismo destino de que había disfrutado bajo Carlos IV. Añadidos otros denuestos, se serenó al fin y concluyó con decir que "tenía una política peculiar suya; que debía (Cevallos) adoptar ideas más francas, ser menos delicado sobre el pundonor, y no sacrificar la prosperidad de España al interés de la familia de Borbón."

La primera conferencia de Escóiquiz fue desde luego con Napoleón mismo, quien le trató con más dulzura y benignidad que a Cevallos, merced probablemente a los elogios que el canónigo le prodigó con larga mano. La conversación tenida entre ambos nos ha sido conservada por Escóiquiz, y aunque dueño éste de modificarla en ventaja suya, lleva visos de verídica y exacta, así por lo que Bonaparte dice, como también por aparecer en ella el bueno de Escóiquiz en su original y perpetua simplicidad. El Emperador francés, poco atento a floreos y estudiadas frases, insistió con ahínco en la violencia con que a Carlos IV se le había arrancado su renuncia, siendo el punto que principalmente le interesaba. No por eso dejó Escóiquiz de seguir perorando largamente; pero su *cicerónica arenga,* como por mofa la intitulaba Napoleón, no conmovió el imperial ánimo de éste, que terminó la conferencia con autorizar a Escóiquiz para que en nombre suyo ofreciese a Fernando el reino de Etruria en cambio de la corona de España, en cuya propuesta quería dar al Príncipe una prueba de su estimación, prometiendo además casarle con una princesa de su familia.

Apresuradamente volvió a la posada del rey Fernando don Juan de Escóiquiz, a quien todos aguardaban con ansia. Comunicó la nueva propuesta de Napoleón, y se juntó el Consejo de los que acompañaban al Rey para discutirla. En él, los más de los asistentes, a pesar de los repetidos desengaños, sólo veían en las nuevas proposiciones el deseo de pedir mucho para alcanzar algo, y todos, a excepción de Escóiquiz, votaron por desechar la propuesta del reino de Etruria. Cierto que si por una parte horroriza la pérfida conducta de Napoleón, por otra causa lástima y despecho el constante desvarío de los consejeros de Fernando y aquel continuado esperar en quien sólo había dado muestras de mala voluntad.

Continuaron las conferencias, habiendo sustituido a Cevallos don Pedro Labrador, y entendiéndose con Escóiquiz Mr. de Pradt, obispo de Poitiers. Labrador rompió desde luego sus negociaciones con Mr. de Champagny; los otros prosiguieron sin resultado alguno su recíproco trato y explicaciones. Daba ocasión a muchas de estas conferencias la vacilación misma de Napoleón, quien deseaba que Fernando renunciase sus derechos sin tener que acudir a una violencia abierta, y también para dar lugar a que Carlos IV y el otro partido de la corte llegasen a Bayona. Así fue que la víspera del día en que se aguardaba a los reyes viejos anunció Napoleón a Fernando que ya no trataría sino con su padre.

Ya hemos visto cómo el 25 de Abril habían salido aquéllos de El Escorial, ansiosos de abrazar a su amigo Godoy, y persuadidos hasta cierto punto de que Napoleón los repondría en el trono. Pruébanlo las conversaciones que tuvieron en el camino, y señaladamente la que en Villa-Real trabó la Reina con el Duque de Mahón, a quien habiéndole preguntado qué noticias corrían, respondió dicho Duque: "Asegúrase que el Emperador de los franceses reúne en Bayona todas las personas de la familia real de España para privarlas del trono." Paróse la Reina como sorprendida, y después de haber reflexionado un rato, replicó: "Napoleón siempre ha sido enemigo grande de nuestra familia; sin embargo, ha hecho a Carlos reiteradas promesas de protegerle, y no creo que obre ahora con perfidia tan escandalosa." Arribaron, pues, a Bayona el 30, siendo desde la frontera cumplimentados y tratados como reyes, y con una distinción muy diversa de aquella con que se había recibido a su hijo. Napoleón los vio el mismo día, y no los convidó a comer sino para el siguiente 1.º de Mayo, queriéndoles hacer el obsequio de que descansasen. Desembarazados de las personas que habían ido a darles el parabién de su llegada, entre quienes se contaba a Fernando, mirado con desvío y enojo por su augusto padre, corrieron Carlos y María Luisa a los brazos de su querido Godoy, a quien tiernamente estrecharon en su seno una y repetidas veces con gran clamor y llanto.

Pasaron en la tarde señalada a comer con Napoleón, y habiéndosele olvidado a éste invitar al favorito español, al ponerse a la mesa, echándole de menos Carlos, fuera de sí exclamó: *¿Y Manuel? ¿Dónde está Manuel?* Fuele preciso a Napoleón reparar su olvido, o más bien condescender con los deseos del anciano Monarca: tan grande era el poderoso influjo que sobre los hábitos y carácter del último había tomado Godoy, quien no parecía sino que con bebedizos le había encantado.

No tardaron mucho unos y otros en ocuparse en el importante y grave negocio que había provocado la reunión en Bayona de tantos ilustres personajes. Muy luego de la llegada de los reyes padres, de acuerdo éstos con Napoleón, y siendo Godoy su principal y casi único consejero, se citó a Fernando, e intimóle Carlos, en presencia del soberano extranjero, que en la mañana del día siguiente le devolviese la corona por medio de una cesión pura y sencilla, amenazándole con que "si no él, sus hermanos y todo su séquito serían desde aquel momento tratados como emigrados". Napoleón apoyó su discurso y le sostuvo con fuerza; y al querer responder Fernando, se lanzó de la silla su augusto padre, y hablándole con dignidad y fiereza, quiso maltratarle, acusándole de haber querido quitarle la vida con la corona. La Reina, hasta entonces silenciosa, se puso enfurecida, ultrajando al hijo con injuriosos denuestos, y a tal punto, según Bonaparte, se dejó arrastrar de su arrebatada cólera, que le pidió al mismo hiciese subir a Fernando al cadalso; expresión, si fue pronunciada, espantosa en boca de una madre. Su hijo enmudeció, y envió una renuncia con fecha 1.º de Mayo, limitada por las condiciones siguientes:[21] "1.ª Que el rey padre volviese a Madrid, hasta donde le acompañaría Fernando, y le serviría como su hijo más respetuoso. 2.ª Que en Madrid se reuniesen las Cortes, y pues que S. M. (el Rey padre) resistía una congregación tan numerosa, se convocasen todos los tribunales y diputados del reino. 3.ª Que a la vista de aquella asamblea formalizaría su renuncia Fernando, exponiendo los motivos que le conducían a ella. 4.ª Que el rey Carlos no llevase consigo personas que justamente se habían concitado el odio de la nación. 5.ª Que si S. M. no quería reinar ni volver a España, en tal caso Fernando gobernaría en su real nombre, como lugarteniente suyo; no pudiendo ningún otro ser preferido a él." Son de notar los trámites y formalidades que querían exigirse para hacer la nueva renuncia, siendo así que todo se había olvidado y aun atropellado en la anterior de Carlos. También es digno de particular atención que Fernando y sus consejeros, quienes por la mayor parte odiaron tantos años adelante hasta el nombre de Cortes, hayan sido los primeros que provocaron su convocación, insinuando ser necesaria para legitimar la nueva cesión del hijo en favor del padre la aprobación de los representantes de la nación, o por lo menos la de una reunión numerosa, en que estuvieran los diputados de los reinos.

Carlos IV no se conformó, como era de esperar, con la contestación del hijo, escribiéndole en respuesta el 2 una carta, en cuyo contenido, en medio de algunas severas si bien justas reflexiones, se descubre la mano de Napoleón, y hasta expresiones suyas.[22] Sonlo, por ejemplo, "todo debe hacerse para el pueblo, y nada por él... No puedo consentir en ninguna reunión en junta... nueva sugestión de los hombres sin experiencia que os acompañan." Tal fue la invariable aversión con que Bonaparte miró siempre las asambleas populares, siendo así que sin ellas hubiera perpetuamente quedado oscurecido en el humilde rincón en que la suerte le había colocado.[23] Fernando insistió el 4 en su primera respuesta: "que el excluir para siempre del trono de España a su dinastía no podía hacerlo sin el expreso consentimiento de todos los individuos que tenían o podían tener derecho a la corona de España, ni tampoco sin el mismo expreso consentimiento de la nación española, reunida en Cortes y en lugar seguro". Y tanto y tanto reconocía entonces Fernando los sagrados derechos de la nación, reclamándolos y deslindándolos cada vez más y con mayor claridad y conato.

En este estado andaban las pláticas sobre tan grave negocio, cuando el 5 de Mayo se recibió en Bayona la noticia de lo acaecido en Madrid el 2; pasó Napoleón inmediatamente a participárselo a los reyes padres, y después de haber tenido con ellos una muy larga conferencia, se llamó a Fernando para que también concurriese a ella. Eran las cinco de la tarde; todos estaban sentados, excepto el Príncipe. Su padre le reiteró las anteriores acusaciones; le baldonó acerbamente; le achacó el levantamiento del 2 de Mayo; las muertes que se habían seguido; y llamándole pérfido y traidor, le intimó por segunda vez que si no renunciaba la corona, sería sin dilación declarado usurpador, y él y toda su casa conspiradores contra la vida de sus soberanos. Fernando, atemorizado,[24] abdicó el 6 pura y sencillamente en favor de su padre, y en los términos que éste le había indicado. No había aguardado Carlos a la renuncia del hijo para concluir con Napoleón un tratado, por el que le cedía la corona, sin otra especial restricción que la de la integridad de la monarquía y la conservación de la religión católica, excluyendo cualquiera otra. El tratado[25] fue firmado en 5 de Mayo por el mariscal Duroc y el Príncipe de la Paz, plenipotenciarios nombrados al efecto; con cuya vergonzosa negociación dio el valido español cumplido remate a su pública y lamentable carrera. Ingrato y desconocido, puso su firma en un tratado, en el que no estipuló sola y precisamente privar de la corona a Fernando, su enemigo, sino en general y por inducción a todos los infantes, a toda la dinastía, en fin, de los soberanos sus bienhechores, recayendo la cesión de Carlos en un príncipe extranjero. Pequeño y mezquino hasta en los últimos momentos, don Manuel Godoy única y porfiadamente altercó sobre el artículo de pensiones. Por lo demás, el modo con que Carlos se despojó de la corona, al paso que mancillaba al encargado de autorizarla por medio de un tratado, cubría de oprobio a un padre que de golpe y sin distinción privaba indirectamente a todos sus hijos de suceder en el trono. Acordada la renuncia en tierra extraña, faltábale a los ojos del mundo la indispensable cualidad de haber sido ejecutada libre y espontáneamente, sobre todo cuando la cesión recaía en favor de un soberano dentro de cuyo imperio se había concluido aquella importante estipulación. Era asimismo cosa no vista que un monarca, dueño, si se quiere, de despojarse a sí mismo de sus propios derechos, no contase para la cesión ni con sus hijos, ni con las otras personas de su dinastía, ni con el libre y amplio consentimiento de la nación española, que era traspasada a ajena dominación como si fuera un campo propio o un rebaño. El derecho público de todos los países se ha opuesto constantemente a tamaño abuso, y en España, en tanto que se respetaron sus franquezas y libertades, hubo siempre en las Cortes un firme e invencible valladar contra la arbitraria y antojadiza voluntad de los reyes. Cuando Alfonso el Batallador tuvo el singular desacuerdo de dejar por herederos de sus reinos a los caballeros del Temple, lejos de convenir en su loco extravío, nombraron los aragoneses en las cortes de Borja por rey de Aragón a don Ramiro el Monje, y por su parte los navarros, para suceder en Navarra a don García Ramírez. Hubo otros casos no menos señalados, en que siempre se pusieron a salvo los fueros y costumbres nacionales. Hasta el mismo imbécil de Carlos II, aunque su disposición testamentaria fue hecha dentro del territorio, y en ella no se infringían tan escandalosamente ni los derechos de la familia real ni los de la nación, creyó necesario, por lo menos, usar de la fórmula de "que fuera válida aquella su última voluntad, como si se hubiese hecho de acuerdo con las Cortes". Ahora por todo se atropelló, y nadie cuidó de conservar ciertas apariencias de justicia y legitimidad.

Así terminó Carlos IV su reinado, del que nadie mejor que él mismo nos dará una puntual y verdadera idea. Comía en Bayona con Napoleón cuando se expresó en estos términos: "Todos los días, invierno y verano, iba a caza hasta las doce, comía, y al instante volvía al cazadero hasta la caída de la tarde. Manuel me informaba cómo iban las cosas, y me iba a acostar, para comenzar la misma vida al día siguiente, a menos de impedírmelo alguna ceremonia importante." De este modo gobernó por espacio de veinte años aquel monarca, quien, según la pintura que hace de sí propio, merece justamente ser apellidado con el mismo epíteto que lo fueron varios de los reyes de Francia, de la estirpe merovingiana. Sin embargo, adornaban a Carlos prendas con que hubiera brillado como rey, llenando sus altas obligaciones, si, menos perezoso y débil, no se hubiese ciegamente entregado al arbitrio y desordenada fantasía de la Reina. Tenía comprensión fácil y memoria vasta: amaba la justicia, y si alguna vez se ocupaba en el despacho de los negocios, era expedito y atinado; mas estas cualidades desaparecieron al lado de su dejadez y habitual abandono. Con otra esposa que María Luisa, su reinado no hubiera desmerecido del de su augusto antecesor, y bien que la situación de Europa fuese muy otra a causa de la revolución francesa, tranquila España en su interior y bien gobernada, quizá hubiera podido sosegadamente progresar en su industria y civilización, sin revueltas ni trastornos.

Formalizadas las renuncias de Fernando en Carlos IV, y de éste en Napoleón, faltaba la del primero como príncipe de Asturias, porque, si bien había devuelto en 6 de Mayo la corona a su padre, no había por aquel acto renunciado a sus derechos en calidad de inmediato sucesor. Parece ser, según don Pedro Cevallos, que Fernando resistiéndose a acceder a la última cesión, Napoleón le dijo: "No hay medio, príncipe, entre la cesión y la muerte." Otros han negado la amenaza, y admira, en efecto, que hubiera que acudir a requerimiento tan riguroso con persona cuya debilidad se había ya mostrado muy a las claras. El mariscal Duroc habló en el mismo sentido que su amo, y los príncipes entonces se determinaron a renunciar. Nombróse a dicho mariscal, con Escóiquiz, para arreglar el modo,[26] y el 10 firmaron ambos un tratado, por el que se arreglaron los términos de la cesión del Príncipe de Asturias, y se fijó su pensión como la de los infantes, con tal que suscribiesen al tratado; lo cual verificaron don Antonio y don Carlos por medio de una proclama que en unión con Fernando dieron en Burdeos[27] el 12 del mismo Mayo. El infante don Francisco no firmó ninguno de aquellos actos, ya fuera precipitación, o ya por considerarle en su minoridad.

Bien que Escóiquiz hubiese obedecido a las órdenes de Fernando firmando el tratado del 10, no por eso pone en seguro su buen nombre, harto mancillado ya. Y fue singular que los dos hombres, Godoy y Escóiquiz, cuyo desgobierno y errada conducta habían causado los mayores daños a la monarquía, y cuyo respectivo valimiento con los dos reyes padre e hijo les imponía la estrecha obligación de sacrificarse por la conservación de sus derechos, fuesen los mismos que autorizasen los tratados que acababan en España con la estirpe de los Borbones. La proclama de Burdeos, dada el 12, y en la que se dice a los españoles "que se mantengan tranquilos, esperando su felicidad de las sabias disposiciones y del poder de Napoleón", fue producción de Escóiquiz, queriendo éste persuadir después que con ella había pensado en provocar a los españoles para que sostuviesen la causa de sus príncipes legítimos. Si realmente fue tal su intento, se ve que no estaba dotado de mayor claridad cuando escribía, que de previsión cuando obraba.

La Reina de Etruria, a pesar de los favores y atentos objetos que había dispensado a Murat y a los franceses, no fue más dichosa en sus negociaciones que las otras personas de su familia. No se podía cumplir con su hijo el tratado de Fontainebleau, porque el Emperador había ofrecido a los diputados portugueses conservar la integridad de Portugal: no podía tampoco concedérsele indemnización en Italia, siendo opuesto a las *grandes miras* de Napoleón permitir que, en parte alguna de aquel país reinase una rama, cualquiera que fuese, de los Borbones; con cuya contestación tuvo la Reina que atenerse a la pensión que se le señaló, y seguir la suerte de sus padres.

Durante la estancia en Bayona del Príncipe de Asturias y los infantes, hubo varios planes para que se evadiesen. Un vecino de Cervera de Alhama recibió dinero de la Junta suprema de Madrid con aquel objeto. Con el mismo también había ofrecido el Duque de Mahón una fuerte suma desde San Sebastián: los consejeros de Fernando, a nombre y por orden suya, cobraron el dinero; mas la fuga no tuvo efecto. Se propuso, como el medio mejor y más asequible, el arrebatar a los dos hermanos don Fernando y don Carlos, sosteniendo la operación por vascones diestros y prácticos de la tierra, e internarlos en España por San Juan de Pie de Puerto. Fue tan adelante el proyecto, que hubo apostados en la frontera 300 miqueletes para que diesen la mano a los que en Francia andaban de concierto en el secreto. Después se pensó en salvarlos por mar, y hasta hubo quien propuso atacar a Napoleón en el palacio de Marrac. Había en todas estas tentativas más bien muestra de patriotismo y lealtad que probable y buena salida. Hubiérase necesitado para llevarlas a cabo menos vigilancia en el gobierno francés, y mayor arrojo en los príncipes españoles, naturalmente tímidos y apocados.

No tardó Napoleón, extendidas y formalizadas que fueron las renuncias por medio de los convenios mencionados, en despachar para lo interior de Francia a las personas de la familia real de España. El 10 de Mayo Carlos IV y su esposa María Luisa, la Reina de Etruria con sus hijos, el infante don Francisco y el Príncipe de la Paz salieron para Fontainebleau, y de allí pasaron a Compiegne. El 11 partieron también de Bayona el rey Fernando VII y su hermano y tío, los infantes don Carlos y don Antonio, habiendoseles señalado para su residencia el palacio de Valencey, propio del Príncipe de Talleyrand.

Tal fin tuvieron las célebres vistas de Bayona entre el Emperador de los franceses y la malaventurada familia real de España. Sólo con muy negra tinta puede trazarse tan tenebroso cuadro. En él se presenta Napoleón pérfido y artero; los reyes viejos padres desnaturalizados; Fernando y los infantes débiles y ciegos; sus consejeros, por la mayor parte, ignorantes o desacordados, dando todos juntos principio a un sangriento drama, que ha acabado con muchos de ellos, desgarrado a España, y conmovido hasta en sus cimientos la suerte de la Francia misma.

En verdad, tiempos eran éstos ásperos y difíciles; mas los encargados del timón del Estado, ya en Bayona, ya en Madrid, parece que sólo tuvieron tino en el desacierto. Los primeros, acabamos de ver qué cuenta dieron de sus príncipes; examinaremos ahora qué providencias tomaron los segundos para defender el honor y la verdadera independencia nacional, puesto que por sus discordias y malos consejos se habían perdido el rey Fernando, sus hermanos y toda la real familia. Mencionamos anteriormente la comisión de don Evaristo Pérez de Castro, quien con felicidad entró en Bayona el 4 de Mayo. A su llegada se presentó sin dilación a don Pedro Cevallos, y éste comunicó al Rey las proposiciones de la Junta suprema de Madrid, de que aquél era portador, y cuyo contenido hemos insertado más arriba. De resultas se dictaron dos decretos el 5 de Mayo: uno, escrito de la Real mano, estaba dirigido a la Junta suprema de Gobierno, y otro, firmado por Fernando con la acostumbrada fórmula de *Yo el Rey,* era expedido al Consejo, o en su lugar, a cualquier chancillería o audiencia libre del influjo extranjero. Por el primero el Rey decía: "Que se hallaba sin libertad, y consiguientemente imposibilitado de tomar por sí medida alguna para salvar su persona y la monarquía; que por tanto autorizaba a la Junta en la forma más amplia para que en cuerpo, o sustituyéndose en una o muchas personas que la representasen, se trasladara al paraje que creyese más conveniente, y que en nombre de S. M., representando su misma persona, ejerciese todas las funciones de la soberanía. Que las hostilidades deberían empezar desde el momento en que internasen a S. M. en Francia, lo que no sucedería sino por violencia. Y por último, que en llegando ese caso tratase la Junta de impedir, del modo que creyese más a propósito, la entrada de nuevas tropas en la Península." El decreto al Consejo decía: "Que en la situación en que S. M. se hallaba, privado de libertad para obrar por sí, era su real voluntad que se convocasen las Cortes en el paraje que pareciese más expedito; que por de pronto se ocupasen únicamente en proporcionar los arbitrios y subsidios necesarios para atender a la defensa del reino, y que quedasen permanentes para lo demás que pudiese ocurrir."

Algunos de los ministros o consejeros de Fernando en Bayona creyeron fundadamente que la Junta suprema, autorizada, como lo había sido desde aquella ciudad, para obrar con las mismas e ilimitadas facultades que habrían asistido al Rey estando presente, hubiera por sí debido adoptar aquellas medidas, evitando las dilaciones de la consulta; mas la Junta, que se había apartado del modo de pensar de los de Bayona, y que en vez de tomar providencias, se contentó con pedir nuevas instrucciones, llegadas que fueron, tampoco hizo nada, continuando en su inacción, so color de que las circunstancias habían variado. Cierto que no eran las mismas, y será bien que para pesar sus razones refiramos antes lo que en ese tiempo había pasado en Madrid.

En la mañana misma del 4 de Mayo, en que partió el infante don Antonio, el gran Duque de Berg manifestó a algunos individuos de la Junta que era preciso asociar su persona a las deliberaciones de aquel Cuerpo, estando en ello interesado el buen orden y la quietud pública. Se le hicieron reflexiones sobre su propuesta; no insistió en ella por aquel momento, pero en la noche, sin anuncio anterior, se presentó en la Junta para presidirla. Opúsose fuertemente a su atropellado intento Gil y Lemus; parece ser que también resistieron Azanza y Ofárril, quienes, aunque al principio protestaron e hicieron dejación de sus destinos, al fin continuaron ejerciéndolos. Temerosa la Junta del compromiso en que la ponía Murat, y queriendo evitar mayores males, cedió a sus deseos y resolvió admitir en su seno al príncipe francés. Mucho se censuró esta su determinación, y se pensó que excedía de sus facultades, mayormente cuando se trataba del jefe del ejército de ocupación, y cuando para ello no había recibido órdenes ni instrucciones de Bayona. Hubiera sido más conforme a la opinión general, o que se hubiera negado a deliberar ante el general francés, o haber aguardado a que una violencia clara y sin rebozo hubiese podido disculpar su sometimiento. Pesarosa tal vez la Junta de su fácil condescendencia, en medio de su congoja[28] le sacó algún tanto de ella y a tiempo un decreto que recibió el 7 de Mayo, y que con fecha del 4 había expedido en Bayona Carlos IV, nombrando a Murat lugarteniente del reino, en cuya calidad debía presidir la Junta suprema; decreto precursor de la abdicación de la corona que al día siguiente hizo en Napoleón. Acompañaba al nombramiento una proclama del mismo Carlos a la nación, que concluía con la notable cláusula de que "no habría prosperidad ni salvación para los españoles sino en la amistad del grande Emperador, su aliado." Bien que la resolución del Rey padre viniese en apoyo de la prematura determinación de la Junta, en realidad no hubiera debido a los ojos de este Cuerpo tener autoridad alguna: la de dicha Junta, delegada por Fernando VII, sólo a las órdenes del último tenía que obedecer. Sin embargo, en el día 8 acordó su cumplimiento, y solamente suspendió la publicación, creyendo con ese medio y equívoco proceder salir de su compromiso. Finalmente, le libró de él y de su angustiada posición la noticia de haber devuelto Fernando la corona a su padre, recibiendo un decreto[29] del mismo para que se sometiese a las órdenes del antiguo Monarca.

Hasta el día en que Murat se apoderó de la presidencia, hubiera podido atribuirse la debilidad de la Junta a circunspección, su imprevisión a prudencia excesiva y su indolencia a falta de facultades o a temor de comprometer la persona del Rey. Mas ahora había mudado el aspecto de las cosas, y así, o estaban sus individuos en el caso de poner en ejecución las convenientes medidas para salvar el honor y la independencia nacional, o no lo estaban. Si no, ¿por qué, en vez de mancillar su nombre aprobando con su presencia las inicuas decisiones del extranjero, no se retiraron y le dejaron solo? Y si pudieron obrar, ¿por qué no llevaron a efecto los decretos dados por el Rey en Bayona a consulta suya? ¿Por qué no permitieron la formación acordada de otra junta fuera del poder del enemigo? Lejos de seguir esta vereda, tomaron la opuesta, y fijaron todo su conato en impedir la ejecución de aquellas saludables medidas. Un propio había entregado a don Miguel José de Azanza en su mano los dos decretos del Rey; por uno de los cuales se autorizaba a la Junta con poderes ilimitados, y por el otro al Consejo para la convocación de Cortes. Azanza los comunicó a sus compañeros, y todos convinieron en que, dados estos decretos el 5 de Mayo, y el de renuncia de Fernando el 6 del mismo, no debían cumplirse ni obedecerse los primeros. ¡Cosa extraña! Decretos arrancados por la violencia, en los que se destruían los legítimos derechos de Fernando y su dinastía, y se hollaban los de la nación, tuvieron a sus ojos más fuerza que los que habiendo sido acordados en secreto y despachados por personas de toda confianza, tenían en sí mismos la doble ventaja de haber sido dictados con entera libertad y de acomodarse a lo que ordenaba el honor nacional. Pone aún más en descubierto la buena fe y rectitud de intenciones de los que así procedieron, el no haber comunicado al Consejo el decreto de convocación de Cortes, cuya promulgación y ejecución se encomendaba particularmente a su cuidado, tocando sólo a aquel Cuerpo examinar las razones de prudencia o conveniencia pública, de detenerle o circularle. No contentos con esto los individuos de la Junta suprema, y temerosos de que los nombrados para reemplazarla fuera de Madrid en caso necesario ejecutasen lo que se les había mandado, tomaron precauciones para estorbarlo. Al Conde de Ezpeleta, a quien se había comunicado, por medio de don José Capeleti, la primera determinación de que presidiese la Junta, cuya instalación debía seguirse a la falta de libertad de la de Madrid, se le dio después expresa contraorden; y apremiado por Gil Taboada para que pasase a Zaragoza, en donde aquél aguardaba, le contestó cómo se le había posteriormente mandado lo contrario.

Por lo tanto, la Junta suprema de Madrid, que, con pretexto de carecer de facultades, a pesar de haberlas desde Bayona recibido amplias, anduvo al principio descuidada y poco diligente; ahora, que con más claridad y extensión, si era posible, las recibía, suspendió hacer uso de su poder, alegando ser ya tarde, y recelosa de mayores comprometimientos. Aparece más oscura y dudosa su conducta al considerar que algunos de sus individuos, débiles antes, pero resistiendo al extranjero; sumisos después, si bien todavía disculpables, acabaron por ser sus firmes apoyos, trabajando con ahínco por ahogar los gloriosos esfuerzos que hizo la nación en defensa de su independencia. Es cierto que enseguida los españoles de Bayona estuvieron igualmente llenos de sobresalto y zozobra con el miedo de que se ejecutasen los dos consabidos decretos. Así lo anunciaba don Evaristo Pérez de Castro, que volvió a Madrid por aquellos días. Todo lo cual prueba que ni entre los españoles que en Bayona influían, principalmente en el Consejo del Rey, ni entre los que en España gobernaban, había ningún hombre asistido de aquella constante decisión e invariable firmeza que piden las circunstancias.

Murat, jefe del ejército francés de ocupación

Napoleón, por su parte, considerándose ya dueño de la corona de España en virtud de las renuncias hechas en favor suyo, había resuelto colocarla en las sienes de su hermano mayor, José, rey de Nápoles; y continuando siempre por la senda del engaño, quiso dar a su cesión visos de generosa condescendencia con los deseos de los españoles. Así fue que en 8 de Mayo dirigió al gran Duque sus instrucciones para que la Junta suprema y el Consejo de Castilla le indicasen en cuál de las personas de su familia les sería más grato que recayese el trono de España. En 12 respondió acertadamente el Consejo que, siendo nulas las cesiones hechas por la familia de Borbón, no le tocaba ni podía contestar a lo que se le preguntaba. Mas convocado al siguiente día a palacio, por la tarde y sin ceremonia, y bien recibido y tratado por Murat, y habiendo fácilmente convenido éste en la cortapisa que el Consejo quería poner a su exposición, de que "no por eso se entendiese que se mezclaba en la aprobación o desaprobación de los tratados de renuncia, ni que los derechos del rey Carlos y su hijo y demás sucesores a la corona, según las leyes del reino, quedasen perjudicados por la designación que se le pedía", cedió entonces, y acordó en consulta del 13, dirigida al gran Duque, que bajo las propuestas insinuadas, "le parecía que, en ejecución de lo resuelto por el Emperador, podía recaer la elección en su hermano mayor, el Rey de Nápoles." Llevaba trazas de juego y de mutua inteligencia el modo de preguntar y de responder. A Murat le importaban muy poco aquellas secretas protestas, con tal que tuviese un documento público de las principales autoridades del reino que presentar a los gobiernos europeos, pudiendo con él Napoleón dar a entender que había seguido la voluntad de los españoles más bien que la suya propia. El Consejo, empezando desde entonces aquel sistema medio y artificioso que le guió después, más propio de un subalterno de la curia que de un cuerpo custodio de las leyes, se avino muy bien con lo que se le propuso, imaginando así poner en cobro hasta cierto punto su comprometida existencia, ya que se afirmase la dominación de Napoleón, ya que fuese destruida. Conducta no atinada en tiempos de grandes tribulaciones y vaivenes, y con la que perdió su crédito e influjo entre nacionales y extranjeros. Escribió también el mismo Consejo una carta al Emperador, y a ruego de Murat, nombró para presentarla en Bayona a los ministros don José Colón y don Manuel de Lardizábal. La Junta suprema y la villa de Madrid practicaron por su parte iguales diligencias, pidiendo que José Bonaparte fuese escogido para rey de España.

No satisfecho Napoleón con las cesiones de los príncipes ni con la sumisión y petición de las supremas autoridades, pensó en congregar una diputación de españoles, que, con simulacro de Cortes diesen en Bayona una especie de aprobación nacional a todo lo anteriormente actuado. Ya dijimos que a mediados de Abril había intentado Murat llevar a efecto aquel pensamiento; mas hasta ahora, en Mayo, no se puso en perfecta y cumplida ejecución. La convocatoria[30] se dio a luz en la *Gaceta de Madrid* de 24 del mismo mes, con la singularidad de no llevar fecha. Estaba extendida a nombre del gran Duque de Berg y de la Junta suprema de gobierno, y se reducía en sustancia a que, siendo el deseo de S. M. I. y R. juntar en Bayona una diputación general de ciento cincuenta individuos para el 15 de Junio siguiente, a fin de tratar en ella de la felicidad de España, indicando todos los males que el antiguo sistema había ocasionado, y proponiendo las reformas y remedios para destruirlos, la Junta suprema había nombrado varios sujetos que allí se expresaban, reservando a algunas corporaciones, a las ciudades de voto en Cortes y otras sus respectivas elecciones. Según el decreto, debían también asistir grandes, títulos, obispos, generales de las órdenes religiosas, individuos del comercio, de las universidades, de la milicia, de la marina, de los Consejos y de la Inquisición misma. Se escogieron igualmente seis individuos que representasen la América. Azanza, que en 23 de Mayo había ido a Bayona para dar cuenta al Emperador del estado de la Hacienda de España, se quedó, por orden suya, a presidir la Junta o Diputación general, próxima a reunirse. Más adelante examinaremos la índole y los trabajos de esta Junta, y hablaremos del solemne reconocimientos que los españoles hicieron del intruso José.

Murat, luego que estuvo al frente del gobierno de España, recelando, en vista del general desasosiego, que hubiese sublevaciones más o menos parciales, adoptó varios medios para prevenirlas. Agregó a la división o cuerpo de Dupont dos regimientos suizos españoles, y puso a la disposición del mariscal Moncey cuatro batallones de guardias españolas y walonas y los guardias de Corps. Pasó órdenes para enviar 3000 hombres de Galicia a Buenos Aires, y en 19 de Mayo dio el mando de la escuadra de Mahón al general Salcedo, con encargo de hacerse a la vela para Tolon; lo cual afortunadamente no pudo cumplirse por los acontecimientos que muy luego sobrevinieron. Se ordenó a la división española acantonada en Extremadura pasase a San Roque, y a Solano, que hasta entonces había sido su jefe, se le previno que regresase a Cádiz para tomar de nuevo el mando de Andalucía, yendo a explorar sus intenciones el oficial de ingenieros francés Constantin. Con el mismo objeto, y con pretexto de examinar la plaza de Gibraltar, se envió cerca del general don Francisco Javier Castaños, que mandaba en el Campo de San Roque, al jefe de batallón de ingenieros Rogniat; otros comisionados fueron enviados a Ceuta. El Buen Retiro se empezó a fortificar, encerrando dentro de su recinto abundantes provisiones de boca y guerra, habiéndose los franceses apoderado por todas partes de cuantos almacenes y depósitos de municiones y armas estuvieron a su alcance. Cortas precauciones para reprimir el universal descontento.

Pero ahora, que ya tenemos a Napoleón imaginándose poder enajenar a su antojo la corona de España; ahora que ya está internada en Francia la familia real, Murat mandando en Madrid, sometidos la Junta suprema y los Consejos, y convocada a Bayona una diputación de españoles, será bien que, desviando nuestra vista de tantas escenas de perfidia y abatimiento, de imprevisión y flaqueza, nos volvamos a contemplar un sublime y grandioso espectáculo.

LIBRO TERCERO
(1808)

Encontrados afectos habían agitado durante dos meses a las vastas provincias de España. Tras la alegría y el júbilo, tras las esperanzas, tan lisonjeras como rápidas, de Marzo, habían venido las zozobras, las sospechas, los temores de Abril. El 2 de Mayo había llevado consigo a todas partes el terror y el espanto, y al propagarse la nueva de las renuncias, de las perfidias y torpes hechos de Bayona, un grito de indignación y de guerra, lanzándose con admirable esfuerzo de las cabezas de provincia, se repitió y cundió, resonando por caseríos y aldeas, por villas y ciudades. A porfía las mujeres y los niños, los mozos y los ancianos, arrebatados de fuego patrio, llenos de cólera y rabia, clamaron unánime y simultáneamente por pronta, noble y tremenda venganza. Renació España, por decirlo así, fuerte, vigorosa, denodada; renació recordando sus pasadas glorias; y sus provincias, conmovidas, alteradas y enfurecidas, se representaban a la imaginación como las describía Veleyo Patérculo, *tam diffusas, tam frequentes, tam feras*. El viajero que un año antes, pisando los anchos campos de Castilla, la hubiese atravesado por medio de la soledad y desamparo de sus pueblos, si de nuevo hubiese ahora vuelto a recorrerlos, viéndolos llenos de gente, de turbación y afanosa diligencia, con razón hubiera podido achacar a mágica transformación mudanza tan extraordinaria y repentina. Aquellos moradores, como los de toda España, indiferentes no había mucho a los negocios públicos, salían ansiosamente a informarse de las novedades y ocurrencias del día, y desde el alcalde hasta el último labriego, embravecidos y airados, estremeciéndose con las muertes y tropelías del extranjero, prorrumpían al oírlas en lágrimas de despecho. Tan cierto era que aquellos nobles y elevados sentimientos, que engendraron en el siglo XVI tantos portentos de valor y tantas y tan inauditas hazañas, estaban adormecidos, pero no apagados en los pechos españoles, y al dulce nombre de patria, a la voz de su rey cautivo, de su religión amenazada, de sus costumbres holladas y escarnecidas, se despertaron ahora con viva y recobrada fuerza. Cuanto mayores e inesperados habían sido los ultrajes, tanto más terrible y asombroso fue el público sacudimiento. La historia no nos ha transmitido ejemplo más grandioso de un alzamiento tan súbito y tan unánime contra una invasión extraña. Como si un premeditado acuerdo, como si una suprema inteligencia hubiera gobernado y dirigido tan gloriosa determinación, las más de las provincias se levantaron espontáneamente casi en un mismo día, sin que tuviesen muchas noticias de la insurrección de las otras, y animadas todas de un mismo espíritu exaltado y heroico. A resolución tan magnánima fue estimulada la nación española por los engaños y alevosías de un falso amigo, que con capa de querer regenerarla, desconociendo sus usos y sus leyes, intentó a su antojo dictarle otras nuevas, variar la estirpe de sus reyes, y destruir así su verdadera y bien entendida independencia, sin la que, desmoronándose los estados más poderosos, hasta su nombre se acaba y lastimosamente perece.

Este uniforme y profundo sentimiento quiso en Asturias,[1] primero que en otra parte, manifestarse de modo más legal y concertado. Contribuyeron a ello diversas y muy principales causas. Juntamente con la opinión, que era común a toda España, de mirar con desvío y odio la dominación extranjera, aún se conservaba en aquel principado un ilustre recuerdo de haber ofrecido su enmarañado y riscoso suelo seguro abrigo a los venerables restos de los españoles esforzados, que huyendo de la irrupción sarracénica dieron principio a la larga y porfiada lucha que acabó por afianzar la independencia y unión de los pueblos peninsulares. Le inspiraba también confianza su ventajosa y naturalmente resguardada posición. Bañada al Norte por las olas del Océano, rodeada por otras partes de caminos a veces intransitables, la ceñían al Mediodía fragosas y encumbradas montañas. Acertó igualmente a estar entonces congregada la junta general del Principado, reliquia dichosamente preservada del casi universal naufragio de nuestros antiguos fueros. Sus facultades, no muy bien deslindadas, se limitaban a asuntos puramente económicos; pero en semejante crisis, compuesta en lo general de individuos nombrados por los concejos, se la consideró como oportuno centro para legitimar atinadamente los ímpetus del pueblo. Reuníase cada tres años, y casualmente en aquél cayó el de su convocación, habiendo abierto sus sesiones el 1.º de Mayo.

A pocos días, con la aciaga nueva del 2 en Madrid, llegó a Oviedo la orden para que el coronel comandante de armas, don Nicolás de Llano Ponte, publicase el sanguinario bando que el 3 había Murat promulgado en la capital del reino. Los moradores de Asturias, conmovidos y desasosegados al par de los demás de España, habían ya en 29 de Abril apedreado en Gijón la casa del cónsul francés, de resultas de haber éste osado arrojar desde sus ventanas varios impresos contra la familia de Borbón. En tal situación, y esparciéndose la voz de que iban a cumplirse instrucciones rigurosas, remitidas de Madrid, por el desacato cometido contra el cónsul, se encendieron más y más los ánimos, en gran manera estimulados por las patrióticas exhortaciones del Marqués de Santa Cruz de Marcenado, de su pariente don Manuel de Miranda y de don Ramón de Llano Ponte, canónigo de aquella iglesia, quien, habiendo servido antes en el cuerpo de Guardias, estaba adornado de hidalgas y distinguidísimas prendas.

Decidida, pues, la Audiencia territorial, de acuerdo con el jefe militar, a publicar el 9 el bando que de Madrid se había enviado, empezaron a recorrer juntos las calles, cuando a poco tiempo, agolpándose y saliéndoles al encuentro gran muchedumbre a los gritos de viva Fernando VII y muera Murat, los obligaron a retroceder y desistir de su intento. Agavillándose entonces con mayor aliento los alborotados, entre los que se señalaron los estudiantes de la universidad, reunidos todos, enderezaron sus pasos a la sala de sesiones de la Junta general del Principado. Hallaron allí firme apoyo en varios de los vocales. Don José del Busto, juez primero de la ciudad, y en secreto de inteligencia con los amotinados, arengó en favor de su noble resolución; sostuviéronle el conde Marcel de Peñalva y el de Toreno (padre del autor de esta historia), y sin excepción acordaron sus miembros desobedecer las órdenes de Murat, y tomar medidas correspondientes a su atrevida determinación. La Audiencia en tanto, desamada del pueblo, ya por estar formando causa a los que habían apedreado la casa del cónsul francés, y ya también porque, compuesta en su mayor parte de agraciados y partidarios del gobierno de Godoy, miraba al soslayo unos movimientos que al cabo habían de redundar en daño suyo, procuró por todos medios apaciguar aquella primera conmoción, influyendo con particulares y con militares y estudiantes, y dando sigilosamente cuenta a la Superioridad de lo acaecido. Consiguió también que en la Junta el diputado por Oviedo, don Francisco Velasco, apoyado por el de Grado, don Ignacio Flórez, discurriese largamente en el día 13 acerca de los peligros a que se exponía la provincia por los inconsiderados acuerdos del 9, y no menos la misma Junta, habiéndose excedido de sus facultades. El Velasco, gozando de concepto por su práctica y conocida experiencia, alcanzó que se suspendiese la ejecución de las medidas resueltas, y sólo el Marqués de Santa Cruz de Marcenado, que presidía, se opuso con fortaleza admirable, diciendo que "protestaba solemnemente, y que en cualquiera punto en que se levantase un hombre contra Napoleón, tomaría un fusil y se pondría a su lado". Palabras tanto más memorables, cuanto que salían de la boca de un hombre que rayaba en los sesenta años, propietario rico y acaudalado, y de las más ilustres familias de aquel país; digno nieto del célebre marqués del mismo nombre, distinguido escritor militar y hábil diplomático, que en el primer tercio del siglo último, arrastrado de su pundonor, había perecido gloriosa pero desgraciadamente en los campos de Orán.

Noticiosos Murat y la Junta suprema de Madrid de lo que pasaba en Asturias, procuraron con diligencia apagar aquella centella, llenos del recelo de que, saltando a otros puntos, acabase por excitar una general conflagración. Dieron, por tanto, órdenes duras a la Audiencia, y enviaron en comisión al Conde del Pinar, magistrado conocido por su cruel severidad, y a don Juan Meléndez Valdés, más propio para cantar con acordada lira los triunfos de quien venciese que para acallar los ruidos populares. Se mandó al propio tiempo al apocado don Crisóstomo de la Llave, comandante general de la costa cantábrica, que pasase a Oviedo para tomar el mando de la provincia, disponiendo que concurriese allí a sus órdenes un batallón de Hibernia, procedente de Santander, y un escuadrón de carabineros que estaba en Castilla.

Mas estas providencias, en vez de aquietar los ánimos, sólo sirvieron para irritarlos. Los complicados en los acontecimientos del 9 vieron la suerte que se les preparaba, y persistieron en su primer intento. Vinieron en su ayuda los avisos de Bayona, que provocaban cada día más a la alteración y al enojo, y la relación que del sanguinario día 2 de Mayo hacían los testigos oculares que sucesivamente llegaban escapados de Madrid. Redoblaron, pues, su celo los de la asonada del 9, y pensaron en ejecutar su suspendida pero no abandonada empresa. Citábanse en casa de don Ramón de Llano Ponte, y con tan poco recato, que de distintas y muchas partes se acercaba a aquel foco de insurrección gente desconocida con todo linaje de ofrecimientos. Asistimos, recién llegados de la corte, a las secretas reuniones, y pasmábanos el continuo acudir de paisanos y personas de todas clases, que con noble desprendimiento empeñaban y comprometían su hacienda y sus personas para la defensa de sus hogares. Se renovaban las asonadas todas las noches, habiendo sido bastantemente estrepitosas las del 22 y 23; pero se difirió hasta el

24 el final rompimiento, por esperarse en aquel día al nuevo comandante la Llave, enviado por Murat. Para su ejecución se previno a los paisanos de los contornos que se metiesen en Oviedo al toque de oraciones, circulando al efecto don José del Busto esquelas a los alcaldes de su jurisdicción. Se tomaron además otras convenientes prevenciones, y se cometió el encargo de acaudillar a la multitud a los Sres. don Ramón de Llano Ponte y don Manuel de Miranda. Antes de que llegase la Llave, con gran prisa se le había anticipado un ayudante del mariscal Bessières, napolitano de nación, quien estuvo muy inquieto hasta que vio que el comandante se acercaba a las puertas de la ciudad. Entró por ellas el 24, acompañado de algunas personas, sabedoras de la trama dispuesta para aquella noche. Se había convenido en que el alboroto comenzaría a las once de la misma, tocando a rebato las campanas de las iglesias de la ciudad y de las aldeas de alrededor. Por equivocación, habiéndose retardado una hora el toque, se angustiaron sobremanera los patriotas conjurados; mas un repique general a las doce en punto los sacó de pena.

Fue su primer paso apoderarse de la casa de armas, en donde había un depósito de 100 000 fusiles, no solamente fabricados en Oviedo y sus cercanías, sino también transportados allí por anteriores órdenes del Príncipe de la Paz. Favorecieron la acometida los mismos oficiales de artillería, partícipes del secreto, señalándose con singular esmero don Joaquín Escario. Entre tanto se encaminaron otros a casa del comandante la Llave, y de puerta en puerta llamando a los individuos de la Junta del Principado, se formó ésta en hora tan avanzada de la noche, agregándosele extraordinariamente vocales de afuera. Entonces, reasumiendo la potestad suprema, afirmó la revolución, nombró por presidente suyo al Marqués de Santa Cruz y le confió el mando de las armas. Al día siguiente 25 se declaró solemnemente la guerra a Napoleón, y no hubo sino un grito de indecible entusiasmo. ¡Cosa maravillosa, que desde un rincón de España hubiera habido quien osase retar al desmedido poder ante el cual se postraban los mayores potentados del continente europeo! A frenesí pudiera atribuirse, si una razón tan noble y fundada en el deseo de conservar el honor y la independencia nacional no mereciese más respeto.

La Junta se componía de personas las más principales del país por su riqueza y por su ilustración. El procurador general don Alvaro Flórez Estrada, enterado de antemano de la conmoción urdida, la sostuvo vigorosamente, y la Junta en cuerpo adoptó con actividad oportunas medidas para armar la provincia y ponerla en estado de defensa. Los carabineros reales llegaron muy luego, así como el batallón de Hibernia, y ni unos ni otros pusieron obstáculo al levantamiento. Los primeros pasaron después a Castilla, a las órdenes de don Gregorio de la Cuesta, y se entresacaron del último varios oficiales, sargentos y cabos para cuadros de la fuerza armada que se iba formando. La Junta había resuelto poner en pie un cuerpo de 18 000 hombres. Multiplicó para ello inconsideradamente los grados militares, y con razón se le hicieron justos cargos por aquella demasía. Sin embargo, disculpóla algún tanto la escasez en que se encontraba de oficiales veteranos para llenar plazas que exigía el completo del ejército que se disciplinaba. Echóse mano de estudiantes o personas consideradas como más aptas, y en verdad que de los nuevos salieron excelentes oficiales, que, o se sacrificaron por su patria, o la honraron con su conducta, denuedo y adelantamiento en la ciencia militar. No poco contribuyeron a la presteza de la nueva organización los dones cuantiosos que generosamente se ofrecieron por particulares, y que entraban todos los días en las arcas públicas.

Como en el alzamiento de Asturias habían intervenido las personas de más valía del país, no se había manchado su pureza con ningún exceso de la plebe, y menos con atropellamientos ni asesinatos. Pero transcurridos algunos días, estuvo a riesgo de representarse un espectáculo lastimoso y sumamente trágico. Los comisionados de Murat, de que arriba hablamos, el Conde del Pinar y don Juan Meléndez Valdés, por su propia seguridad, habían sido detenidos a su arribo a Oviedo, juntamente con el comandante La Llave, el coronel de Hibernia Fitzgerald y el comandante de carabineros Ladrón de Guevara, que solos se habían separado de la unánime decisión de los oficiales de sus respectivos cuerpos. Desde el principio el Marqués de Santa Cruz, pertinaz y de condición dura, no había cesado de pedir que se les formase causa. Halagaba su opinión a la muchedumbre; pero la Junta dilataba su determinación, esperando que se templase la ira que contra los arrestados había. Acaeció en el intermedio que acudiendo sucesivamente de los puntos más distantes los nuevos alistados, llegaron los de los consejos que median entre el Navia y Eo, y notóse que eran más inquietos y turbulentos que los de los otros partidos. Recelosa la Junta de algún desmán, resolvió poner a los detenidos fuera de los lindes del Principado. Por atolondramiento u oculta malicia de mano desconocida, se trató de sacarlos en medio del día y públicamente, para que en coche emprendiesen su viaje. A su vista gritaron unas mujerzuelas: *Que se marchan los traidores;* y juntándose a sus descompasados clamores un tropel de los reclutas mencionados, cogieron en medio a los cinco desventurados, y los condujeron al Campo de San Francisco, extramuros de la ciudad, en donde atándolos a los árboles, se dispusieron a arcabucearlos. En tamaño aprieto felizmente se le ocurrió al canónigo don Alonso Ahumada buscar para la desordenada multitud el freno de la religión, único que ya podía contenerla, y con el Sacramento en las manos, y ayudado de personas autorizadas, salvó de inminente muerte a los atribulados perseguidos, habiéndose mantenido impávido en el horroroso trance el coronel de Hibernia. Con lo que, al paso que se preservaron sus vidas, quedó terso y limpio de todo lunar el bello aspecto del levantamiento de Asturias. Raro ejemplo de moderación en tiempos en que, desencadenándose el furor popular, se da a veces suelta, bajo el manto de patriotismo, a las enemistades personales.

Desde el momento en que la Junta de Asturias se pronunció y declaró soberana, trató de entablar negociaciones con Inglaterra. Nombró, para que con aquel objeto pasasen a Londres, a don Andrés Angel de la Vega y al Vizconde de Matarrosa, autor de esta *Historia,* así entonces llamado por vivir todavía su padre. La misión era importante y de empeño. Pendía en gran parte de su feliz resultado dar afortunada cima a la comenzada empresa. El viaje por sí presentó dificultades, no habiendo en aquel momento crucero inglés en toda la costa asturiana, y era arriesgado para el deseado fin aventurarse en barco de la propia nación. A los tres días de la insurrección, y muy al caso, apareció sobre el cabo de Peñas un corsario de Jersey, el cual, sospechando engaño, resistió al principio entrar en tratos; mas con el cebo de una crecida suma convino en tomar a su bordo los diputados nombrados, quienes desde Gijón se hicieron a la vela el 30 de Mayo.

No es de más, ni obra del amor propio, el detenernos en contar algunos pormenores de la mencionada misión, habiendo servido de cimiento a la nueva alianza que se contrajo con la Inglaterra, y la cual dio ocasión a tantos y tan portentosos acontecimientos. En la noche del 6 de Junio arribaron los diputados a Falmouth, y acompañados de un oficial de la marina real inglesa, se dirigieron en posta y con gran diligencia a Londres. No eran todavía las siete de la mañana cuando pisaron los umbrales del almirantazgo, y su secretario, Mr. Wellesly Pool, apenas daba crédito a lo que oía, procurando con ansia descubrir en el mapa el casi imperceptible punto que osaba declararse contra Napoleón. Poco después, y en hora tan temprana, se avistó con los diputados Mr. Canning, ministro entonces de Relaciones extranjeras. En vista de las proclamas y del calor y persuasivo entusiasmo que animaba a los enviados asturianos (común entonces a todos los españoles), no dudó un instante el ministro inglés en asegurarles que el gobierno de S. M. B. protegería con el mayor esfuerzo el glorioso alzamiento de la provincia que representaban.

Su pronta y viva penetración de la primera vez columbró el espíritu que debía reinar en toda España, cuando en Asturias se había levantado el grito de independencia, previendo igualmente las consecuencias que una insurrección peninsular podría tener en la suerte de Europa y aun del mundo.

Ya con fecha de 12 de Junio Mr. Canning comunicaba a los diputados, de oficio y por escrito[2]: "El Rey me manda asegurar a VV. SS. que S. M. ve con el más vivo interés la determinación leal y valerosa del principado de Asturias para sostener contra la atroz usurpación de la Francia una contienda en favor de la restauración e independencia de la monarquía española. Asimismo S. M. está dispuesto a conceder todo género de apoyo y de asistencia a un esfuerzo tan magnánimo y digno de alabanza... El Rey me manda declarar a VV. SS. que está S. M. pronto a extender su apoyo a todas las demás partes de la monarquía española que se muestren animadas del mismo espíritu que los habitantes de Asturias."

Siguióse a esta declaración el envío a aquella provincia de víveres, municiones, armas y vestuarios en abundancia; no fue al principio dinero, por no haber los diputados creído lo necesario. Fueron nombrados para que pasasen a Asturias dos oficiales y el mayor general sir Tomas Dyer, quien desde entonces fue el protector constante y desinteresado de los desgraciados patriotas españoles.

Era a la sazón primer lord de la Tesorería el Duque de Portland, y los nombres, tan conocidos después, de Castlereagh, Liverpool y Canning entraban a formar parte de su ministerio. Tenían por norma de su política las reglas que habían guiado a Mr. Piet, con quien habían estado estrechamente unidos. Pero en cuanto a la causa española, todos los partidos concurrieron en la misma opinión, sin que hubiese la menor diferencia ni disenso. Claramente apareció esta conformidad en la discusión parlamentaria del 15 de Junio en la Cámara de los Comunes. Mr. Sheridan, uno de los corifeos de la oposición, célebre como literato y célebre como orador, decía en aquella sesión[3]: "¿El denodado ánimo de los españoles no tomará mayor aliento cuando sepa que su causa no sólo ha sido abrazada por los ministros aisladamente, sino también por el Parlamento y el pueblo de Inglaterra? Si hay en España una predisposición para sentir los insultos y agravios que sus habitantes han recibido del tirano de la tierra, y que son sobrado enormes para poder expresarlos con palabras, ¿aquella predisposición no se elevará al más sublime punto con la certeza de que sus esfuerzos han de ser cordialmente sostenidos por una grande y poderosa nación? Pienso que se presenta una importante crisis. Jamás hubo cosa tan valiente, tan generosa, tan noble como la conducta de los asturianos."

Ambos lados de la Cámara aplaudieron aquellas elocuentes palabras, que expresaban el común sentir de todos sus individuos. Trafalgar y las famosas victorias alcanzadas por la marina inglesa nunca habían excitado, ni mayor alegría, ni más universal entusiasmo. El interés nacional anduvo en esta ocasión con lo que dictaban la justicia y la humanidad, y así las opiniones más divergentes y encontradas en otros asuntos se juntaron ahora y confundieron para celebrar en común y de un modo inexplicable el alzamiento de España. Bastó sólo la noticia del de Asturias para causar efecto tan prodigioso. No les era dado a los diputados moverse ni ir a parte alguna sin que se prorrumpiese enderredor suyo en vítores y aplausos. Detenemos aquí la pluma, ciertos de que se achacaría a estudiada exageración el repetir aun compendiosamente lo que en realidad pasó[4]. En medio, sin embargo, de la universal satisfacción, estaban los diputados contristados, habiendo transcurrido más de quince días sin que aportase barco ni aviso alguno de las costas de España. No por eso menguó el entusiasmo inglés; más bien, a ser posible, vino a aumentarle y a sacar a todos de dudas y sobresalto la llegada de don Francisco Sangro, enviado por la Junta de Galicia, y el cual traía consigo no solamente la noticia del levantamiento de tan importante y populosa provincia, mas también el de toda la península.

Galicia, en efecto, se había alzado el 30 de Mayo, día de San Fernando. La extensión de sus costas, sus muchas rías y abrigados puertos, la desigualdad de su montuoso terreno, su posición lejana y guarecida de angostas y por la mayor parte difíciles entradas, sus arsenales, y, en fin, sus cuantiosos y variados recursos realzaban la importancia de la declaración de aquel reino.

Además de la inquietud, necesaria y general consecuencia del 2 de Mayo, conmovió con particularidad los ánimos en la Coruña la aparición del oficial francés Mongat, comisionado para tomar razón de los arsenales de armas y artillería, de la tropa allí existente, y para examinar al mismo tiempo el estado del país. Por ausencia del capitán general don Antonio Filangieri, mandaba el mariscal de campo don Francisco Biedma, sujeto mirado con desafecto por los militares y vecinos de la ciudad, e inhábil, por tanto, para calmar la agitación que visiblemente crecía. Aumentóla con sus providencias, porque colocando artillería en la plaza de la capitanía general, redoblando su guardia y viviendo siempre en vela, dio a entender que se disponía a ejecutar alguna orden desagradable. El Biedma obraba en este sentido con tanto mayor confianza, cuanto quedaban todavía en la Coruña, a pesar de las fuerzas destacadas a Oporto en virtud del tratado de Fontainebleau, el regimiento de infantería de Navarra, los provinciales de Betanzos, Segovia y Compostela, el segundo de voluntarios de Cataluña y el regimiento de artillería del departamento. Para estar más seguro de estos cuerpos, pensó también granjearse su voluntad, proponiéndoles, conforme a instrucciones de Madrid, la etapa de Francia, que era más ventajosa. Hubo jefes que aceptaron la oferta, otros la desecharon. Pero este paso fue tan imprudente, que despertó en los soldados viva sospecha de que se fraguaba enviarlos del otro lado de los Pirineos, y llenar su hueco con franceses. Sobrecogióse asimismo el paisanaje de temor de la conscripción, en el que le confirmaron vulgares rumores, con tanta más prontitud creídos en semejantes casos, cuanto suelen ser más absurdos. Tal fue, por ejemplo, el de que el francés Mongat había mandado fabricar a la maestranza de artillería miles de esposas destinadas a maniatar hasta la frontera a los mozos que se enganchasen. Por infundada que fuese la voz, no era extraño que hallase cabida en los prevenidos ánimos de los gallegos, a cuyos oídos había llegado la noticia de violencias semejantes a las que en la misma Francia se cometían con los conscriptos.

En medio del sobresalto llegó a la Coruña un emisario de Asturias, portador de las nuevas de su primera insurrección, con intento de brindar a las autoridades a imitar la conducta del Principado. Se presentó al Sr. Pagola, regente de la Audiencia, quien, con la amenaza de castigarle, le obligó a retirarse sigilosamente a Mondoñedo. Con todo, súpose, y más y más se pronunciaba la opinión, sin que hubiera freno que la contuviese. Alcanzaron en tanto a Madrid avisos del estado inquieto de Galicia, y se ordenó pasar allí al capitán general don Antonio Filangieri, hombre moderado, afable y entendido, hermano del famoso Cayetano, que en su elocuente obra de la *Legislación* había defendido con tanta erudición y celo los derechos de la humanidad. Adorábanle los oficiales, le querían cuantos le trataban; pero la desgracia de haber nacido en Nápoles le privaba del favor de la multitud, tan asombradiza en tiempos turbulentos. Sin embargo, habiendo quitado la artillería de delante de sus puertas, y mostrándose suave e indulgente, hubiera quizá parado la revolución, si nuevos motivos de desazón y disgusto no hubiesen acelerado su estampido. Primeramente no dejaba de incomodar la arrogancia desdeñosa con que los franceses establecidos en la Coruña miraban a su vecindario desde que el oficial Mongat los alentó con su altivez intolerable, si bien a veces templada por la prudencia de Mr. Fourcroy, cónsul de su nación. Pero más que todo, y ella, en verdad, decidió el rompimiento, fue la noticia de las renuncias de Bayona, y de la internación en Francia de la familia real, con lo que, al paso que el poder de la autoridad se entorpecía y menguaba, creció el ardor popular, saltando la valla de la subordinación y obediencia.

Algunos patriotas, encendidos del deseo de conservar la independencia y el honor nacional, se juntaban a escondidas con varios oficiales para dar acertado impulso al público descontento. Asistían individuos del regimiento de Navarra, de lo que noticioso el Capitán general, mandó que aquel cuerpo se trasladase al Ferrol; medida que tal vez influyó en su posterior y lamentable suerte. En lugar de amortiguarse, aviváronse con esto los secretos tratos, y ya tocaban al estado de sazón, cuando la víspera de San Fernando entró a caballo por las calles de la Coruña un joven de rostro halagüeño, gallardo en su porte, y tan alborozado, que atravesándolas con entusiasmados gritos, movió la curiosidad de sus atónitos vecinos. Avistóse con el Regente de la Audiencia, quien, cortándole toda comunicación, le hizo custodiar en la casa de correos. Allí se agolpó al instante la muchedumbre, y averiguó que el desconocido mozo era un estudiante de la ciudad de León, en donde, a imitación de Asturias, había la población tratado de levantarse y crear una junta. Con la nueva espuela determinaron los que secretamente y de consuno se entendían, no aguardar más tiempo, y poner cuanto antes el reino de Galicia en abierta insurrección.

El siguiente día 30 ofrecióse como el más oportuno, impeliendo a su ejecución un impensado incidente. Era costumbre todos los años, en dicho día, enarbolar la bandera en los baluartes y castillos, y notóse que en éste se había omitido aquella práctica, que solamente se verificaba en conmemoración de Fernando III, llamado el Santo, sin atender a que el soberano reinante llevara o no aquel nombre. Mas como ahora desagradaba su sonido al gobierno de Madrid, fuera por su orden o por lisonjearle, se suspendió la antigua ceremonia. El pueblo, echando de menos la bandera, se mostró airado, y aprovechando entonces los secretos conjurados la oportuna ocasión, enviaron para acaudillarle a Sinforiano López, de oficio sillero, hombre fogoso, y que, dotado de verbosidad popular, era querido de la multitud, y a su arbitrio la gobernaba. Luego que se acercó al palacio del Capitán general, envió por delante, para tantear el ánimo de la tropa, algunos niños que, con pañuelos fijos en la punta de unos palos, y gritando viva Fernando VII y muera Murat, intentaron meterse por sus filas. Los soldados, en cuyo número se contaban bastantes que estaban de concierto con los atizadores, se reían de los muchachos, y los dejaban pasar y gritar, sin interrumpirlos en su aparente pasatiempo. Alentados los instigadores, se atropellaron de golpe hacia el palacio, diputando a unos cuantos para pedir que, según costumbre, se tremolase la bandera. Aquel edificio está sito dentro de la ciudad antigua, y al ruido de que era acometido, concurrió la multitud de todos los puntos, precipitándose por la puerta Real y la de Aires. Los primeros que en diputación habían penetrado dentro de los umbrales de palacio, alcanzado que hubieron que se enarbolase la bandera, pidieron que volviera a la Coruña el regimiento de Navarra, y como acontece en los bullicios populares, a medida que se condescendía en las peticiones, fuéronse éstas multiplicando, por lo que, y encrespado el tumulto, don Antonio Filangieri se desapareció por una puerta excusada, y se refugió en el convento de dominicos. No así don Francisco Biedma y el coronel Fabro, quienes, a pesar del odio que contra ambos había como parciales del Príncipe de la Paz, osaron salir por la puerta principal. Caro hubo de costarles el temerario arrojo: al Biedma le hirieron de una pedrada, pero levemente; y al Fabro, que puesto al frente de los granaderos de Toledo, de cuyo cuerpo era jefe, dio con su espada de plano a uno de los que peroraban a nombre del pueblo, trataron de apalearle, sin que sus soldados hiciesen ademán siquiera de defenderle: tan aunados estaban militares y paisanos.

Como era día festivo, y también por avisos circulados a las aldeas, había acudido a la ciudad mucha gente de los contornos, y todos juntos los de dentro y los de fuera asaltaron el parque de armas y le despojaron de más de 40 000 fusiles. En la acometida corrió gran peligro el comisario de la maestranza de artillería don Juan Varela, a quien falsamente se atribuía el tener escondidas las esposas que habían de atraillar a los que se llevasen a Francia. Muy al caso le ocurrió a Sinforiano López sacar en procesión el retrato de Fernando VII, con cuya artimaña atrayendo hacia sí a la multitud salvó a Varela del fatal aprieto.

En fin por la tarde se formó una junta, y a su cabeza se puso el Capitán general, entrando en ella las principales autoridades y representantes de las diferentes clases y corporaciones, ya civiles, ya eclesiásticas. Por indisposición de Filangieri presidió los primeros días la Junta el mariscal de campo don Antonio Alcedo, hombre muy cabal y prudente, y permitió, en el naciente fervor, que cualquiera ciudadano entrase a proponer en la sala de sesiones lo que juzgase conveniente a la causa pública. Púsose luego coto a una concesión que en otros tiempos hubiera sido indebida y peligrosa.

La Junta anduvo en lo general atinada, y tomó disposiciones prontas y vigorosas. Dio igualmente desde el principio una señalada prueba de su desprendimiento en convocar otra junta, que elegida libre y tranquilamente por las ciudades de Galicia, no tuviese la tacha de ser fruto de un alboroto, y de sólo representar en ella una pequeña parte de su territorio. Para alcanzar tan laudable objeto, se prefirió a cualquiera otro medio el más antiguo y conocido. Cada seis años se congregaba en la Coruña una diputación de todo el reino de Galicia, compuesta de siete individuos escogidos por los diversos ayuntamientos de las siete provincias en que está dividido. Celebrábase esta reunión para conceder la contribución llamada de millones, y elegir un diputado que, en unión con los de las otras ciudades de voto en Cortes, concurriese a formar la diputación de los reinos, que constando de siete individuos, y removiéndose de seis en seis años, residía en Madrid, más bien para presenciar festejos públicos y obtener individuales favores que para defender los intereses de sus comitentes. Conforme a su digna resolución, expidió la Junta sus convocatorias, y envió a todas partes comisionados que pusiesen en ejecución las medidas que había decretado de armamento y defensa. Siendo idéntica la opinión de todos los pueblos, fueron aquéllos, adonde quiera que llegaban, recibidos con aplausos y sumisamente acatados. En algunos parajes habían precedido alborotos a la noticia del de la Coruña, y en todos ellos se respetaron y obedecieron las providencias de la Junta, corriendo la juventud a alistarse con el mayor entusiasmo. Solamente en el Ferrol hubiera podido desconocerse la autoridad del nuevo Gobierno por la oposición que mostraba el Conde de Cartaojal, comandante de la división de Ares, y el jefe de escuadra Obregón, que mandaba los arsenales; pero los demás oficiales y soldados, conformes con el pueblo en sus sentimientos, y pronunciándose altamente, desbarataron los intentos de sus superiores.

Conmovido así todo el reino de Galicia, se aceleró la formación y organización de su ejército. Se incorporaron los reclutas en los regimientos veteranos, y se crearon otros nuevos, entre los que merece particular distinción el batallón llamado literario, compuesto de estudiantes de la universidad de Santiago, tan bien dispuestos y animados como todos los de España en favor de la causa sagrada de la patria. La reunión de estas fuerzas con las que posteriormente se agregaron de Oporto ascendía en su totalidad a unos 40 000 hombres.

No tardaron mucho en pasar a la Coruña los regidores nombrados por los ayuntamientos de las siete capitales de provincia en representación de su potestad suprema; instalándose con el nombre de junta soberana de Galicia. Asociaron a su seno al Obispo de Orense, que entonces gozaba de justa popularidad, al de Tuy y a don Andrés García, confesor de la difunta Princesa de Asturias, en obsequio a su memoria. Se mandó asimismo que asistiesen a las comisiones administrativas en que se distribuyesen los diversos trabajos, personas inteligentes en cada ramo.

El levantamiento de Galicia tuvo, como el de toda España, su principal origen en el odio a la dominación extranjera y en la justa indignación provocada por los atroces hechos de Madrid y Bayona. Fueron en aquel reino los militares los primeros motores, sostenidos por la población entera. El clero, si bien no dio el impulso, aplaudió y favoreció después la heroica resolución, distinguiéndose más adelante los curas párrocos, quienes fomentaron y mantuvieron la encendida llama del patriotismo. Sin embargo, miraron allí con torvo rostro las conmociones populares dos de los más poderosos eclesiásticos, cuales eran don Rafael Muzquiz, arzobispo de Santiago, y don Pedro Acuña, exministro de Gracia y Justicia. Celosos partidarios del Príncipe de la Paz, asustáronse del advenimiento al trono de Fernando VII, y trabajaron en secreto y con porfiado ahínco por deshacer o embarazar en su curso la comenzada empresa. El de Santiago, portentoso conjunto de corrupción y bajeza, procuraba con aparente fanatismo encubrir su estragada conducta, disfrazar sus vicios y acrecentar el inmenso poderío que le daban sus riquezas y elevada dignidad. Astuto y revolvedor, tiró a sembrar la discordia so color de patriotismo. Había entre Santiago, antigua capital de Galicia, y la Coruña, que lo era ahora, añejas rivalidades, y para despertarlas ofreció un donativo de 3 000 000 de reales con la condición sediciosa de que la Junta soberana fijase su asiento en la primera de aquellas ciudades. Muy bien sabía que no se accedería a su propuesta, y se lisonjeaba de excitar con la negativa reyertas entre ambos pueblos, que trabasen las resoluciones de la nueva autoridad. Mas la Junta mostró tal firmeza, que atemorizado el solapado y viejo cortesano, se cobijó bajo la capa pastoral del Obispo de Orense para no ser incomodado y perseguido.

A pocos días de la insurrección, una voz repentina y general, difundida en toda Galicia, de que entraban los franceses, dio, desgraciadamente, ocasión a desórdenes, que, si bien momentáneos, no por eso dejaron de ser dolorosos. Así fue que en Orense un hidalgo de Puga mató de un tiro a un regidor a las puertas del Ayuntamiento, por habérsele dicho que el tal era afecto a los invasores. Bien es verdad que Galicia dentro de su suelo no tuvo que llorar otra muerte en los primeros tiempos de su levantamiento.

Tuvo sí que afligirse y afligir a España con el asesinato de don Antonio Filangieri, que saliendo de los lindes gallegos, había fijado su cuartel general en Villafranca del Bierzo, y tomado activas providencias para organizar y disciplinar su gente; el cual, creyendo oportuno, así para su propósito como para cubrir las avenidas del país de su mando, sacar de la Coruña sus tropas (en gran parte bisoñas y compuestas de gente allegadiza), las situó en la cordillera aledaña del Bierzo, extendiendo las más avanzadas hasta Manzanal, colocado en las gargantas que dan salida al territorio de Astorga. Lo suave de la condición de dicho general, y el haberle llamado la Junta a la Coruña, alentó a algunos soldados de Navarra, cuyo cuerpo estaba resentido desde la traslación al Ferrol, para acometerle y asesinarle fría y alevosamente, el 24 de Junio, en las calles de Villafranca. Los abanderizó un sargento, y hubo quien buscó más arriba la oculta mano que dirigió el mortal golpe. Atroz y fementido hecho, matar a su propio caudillo, respetable varón e inocente víctima de una soldadesca brutal y desmandada. Por largo tiempo quedó impune tan horroroso crimen; al fin, y pasados años, recibieron los que le perpetraron el merecido castigo. Había sucedido en el mando por aquellos días al desventurado Filangieri don Joaquín Blake, mayor general del ejército, y antes coronel del regimiento de la Corona. Gozaba del concepto de militar instruido y profundo táctico. La Junta le elevó al grado de teniente general.

De Inglaterra llegaron también a Galicia prontos y cuantiosos auxilios. Su diputado don Francisco Sangro fue honrado y obsequiado por aquel gobierno, y se remitieron libres a la Coruña los prisioneros españoles que gemían hacía años en los pontones británicos. Arribó al mismo puerto sir Carlos Stuart, primer diplomático inglés que en calidad de tal pisó el suelo español. La Junta se esmeró en agasajarle y darle pruebas de su constante anhelo por estrechar los vínculos de alianza y amistad con S. M. B. Las demostraciones de interés que por la causa de España tomaba nación tan poderosa fortificaron más y más las novedades acaecidas, y hasta los más tímidos cobraron esperanzas.

Santander, agitado y conmovido, ponía en sumo cuidado a los franceses, estando casi situado a la retaguardia de una parte considerable de sus tropas, y pudiendo con su insurrección impedir fácilmente que entre sí se comunicasen. También temían que la llama, una vez prendida, se propagase a las provincias Vascongadas, y los envolviese a favor del escabroso terreno, en medio de poblaciones enemigas, fatigándolos y hostigándolos continuadamente. Así fue que el mariscal Bessières no tardó desde Burgos en despachar a aquel punto a su ayudante general Mr. de Rigny, que después se ha ilustrado más dignamente con los laureles de Navarino. Iba con pliegos para el cónsul francés, monsieur de Ranchoup, por los que se amonestaba al Ayuntamiento que, en caso de no mantenerse la tranquilidad, pasaría una división a castigar con el mayor rigor el más leve exceso. Semejantes amenazas, lejos de apaciguar, acrecentaron el disgusto y la fermentación. Estaba en su colmo, cuando una leve disputa entre Mr. Pablo Carreyron, francés avecindado, y el padre de un niño a quien aquél había reprendido, atrajo gente, y de unas en otras se enardeció el pueblo, clamoreando que se prendiese a los franceses.

Tocaron entonces a rebato las campanas de la catedral, y los tambores la generala, resonando por las calles los gritos de viva Fernando VII y muera Napoleón y el ayudante de Bessières. Armado como por encanto el vecindario, arrestó a los franceses, pero con el mayor orden, y conducidos al castillo-cuartel de San Felipe, se pusieron guardias a las puertas de las respectivas casas de los presos para que no recibiese menoscabo en sus propiedades. Era aquel día el 26 de Mayo, y como de la Ascensión, festivo; por lo que, arremolinándose numerosa plebe cerca de la casa del cónsul francés, se desató en palabras y amenazas contra su persona y la de Mr. de Rigny. Sus vidas hubieran peligrado, si los oficiales del provincial de Laredo, que guarnecían a Santander, no las hubieran puesto en salvo, exponiendo las suyas propias. Los sacaron de la casa consular a las once de la noche, y colocándolos en el centro de un círculo, que formaron con sus cuerpos, los llevaron al ya mencionado cuartel de San Felipe, dejándolos bajo la custodia de los milicianos que le ocupaban.

Al día inmediato 27 se compuso una junta de los individuos del Ayuntamiento y varias personas notables del pueblo, las que eligieron por su presidente al obispo de la diócesis, don Rafael Menéndez de Luarca. Hallábase éste ausente en su quinta de Liaño, a dos leguas de la ciudad, no pudiendo, por tanto, haber tomado parte en los acontecimientos ocurridos. El gobierno francés, que con estudiado intento no veía entonces en el alzamiento de España sino la obra de los clérigos y los frailes, achacó al reverendo Obispo de Santander la insurrección de la provincia cantábrica. Mas fue tan al contrario, que en un principio aquel prelado se resistió obstinadamente a admitir la presidencia que le ofreció la Junta, y sólo a fuerza de reiteradas instancias condescendió con sus ruegos. Era el de Santander eclesiástico austero en sus costumbres, y acatábale el vulgo como si fuera un santo; estaba ciertamente dotado de recomendables prendas, pero las deslucía con terco fanatismo y desbarros, que tocaban casi en locura. Dio luego señales de su descompuesto temple, autorizándose con el título de regente soberano de Cantabria a nombre de Fernando VII y con el aditamiento de Alteza.

A poco se supo la insurrección de Asturias, con lo que tomó vuelo el levantamiento de toda la montaña de Santander, y aun los tibios ensancharon sus corazones. Inmediatamente se procedió a un alistamiento general, y sin más dilación y faltos de disciplina salieron los nuevos cuerpos a los confines y puertos secos de la provincia. Mandaba como militar don Juan Manuel de Velarde, que de coronel fue promovido a capitán general, y el cual se apostó en Reinosa con artillería y 5000 hombres, los más paisanos, mezclados con milicianos de Laredo. Su hijo don Emeterio, muerto después gloriosamente en la batalla de la Albuera, ocupó el Escudo con 2500 hombres, igualmente paisanos. Otros mil, recogidos de partidas sueltas de Santoña, Laredo y demás puertecillos, se colocaron en los Tornos. Por aquí vemos cómo Santander, a pesar de su mayor proximidad a los franceses, se arriesgó a contrarrestar sus injustos actos y a emplear contra ellos los escasos recursos que su situación le prestaba.

Osadía fue sin duda la de esta provincia; pero guarecida detrás de sus montañas, no parecía serlo tanto como la de las ciudades y pueblos de la tierra llana de Castilla y León. Sus moradores, no atendiendo ni a sus fuerzas ni a su posición, quisieron ciegamente seguir los ímpetus de su patriotismo, y a los pueblos cercanos a tropas francesas salióles caro tan honroso como irreflexionado arrojo. Apenas había alzado Logroño el pendón de la insurrección, cuando pasando desde Vitoria con dos batallones el general Verdier, fácilmente arrolló el 6 de Junio a los indisciplinados paisanos, retirándose después de haber arcabuceado a varios de los que se cogieron con las armas en la mano, o a los que se creyeron principales autores de la sublevación. No fue más dichosa en igual tentativa la ciudad de Segovia. Confiando sobradamente en la escuela de artillería, establecida en su alcázar, intentó, con su ayuda, hacer rostro a la fuerza francesa, cerrando los oídos a proposiciones que por medio de dos guardias de Corps le había enviado Murat. En virtud de la repulsa se acercó a la ciudad el 7 de Junio el general francés Frere, y los artilleros españoles colocaron las piezas destinadas al ejercicio de los cadetes en las puertas y avenidas. No había para sostenerlas otra tropa que paisanos mal armados, los cuales al empeñarse la refriega desbandaron, dejando abandonadas las piezas. Apoderóse de Segovia el enemigo, y el director don Miguel de Cevallos, los alumnos y casi todos los oficiales se salvaron y acogieron a los ejércitos que se formaban en las otras provincias.

Al mismo tiempo que tales andaban las cosas en puntos aislados de Castilla, tomó cuerpo la insurrección de Valladolid y León, fortificándose con mayores medios y estribando sus providencias en los auxilios que aguardaban de Galicia y Asturias. Desde el momento en que la última de aquellas provincias había en el 23 y 24 de Mayo proclamado a Fernando y declarádose contra los franceses, había León imitado su ejemplo. Como a su definitiva determinación hubiesen precedido parciales conmociones, en una de ellas fue enviado a la Coruña el estudiante que tanto tumultuó allí la gente. Mas el estar asentada la ciudad de León en la tierra llana, y el serles a los franceses de fácil empresa apaciguar cualquiera rebelión a sus mandatos, había reprimido el ardor popular. Por fin, habiéndose enviado de Asturias 800 hombres para confortar algún tanto a los tímidos, se erigió el 1.º de Junio una junta de individuos del Ayuntamiento y otras personas a cuya cabeza estaba como gobernador militar de la provincia don Manuel Castañón. No eran pasados muchos días cuando se transfirió la presidencia al capitán general bailío don Antonio Valdés, antiguo ministro de Marina, y quien, habiendo honrosamente rehusado ir a Bayona, tuvo que huir de Burgos a Palencia y abrigarse al territorio leonés. Fueron de Asturias municiones, fusiles y otros pertrechos, con cuya ayuda se empezó el armamento.

Estaba en Valladolid de capitán general don Gregorio de la Cuesta, militar antiguo y respetable varón, pero de condición duro y caprichudo, y obstinado en sus pareceres. Buen español, acongojábale la intrusión francesa; mas acostumbrado a la ciega subordinación, miraba con enojo que el pueblo se entrometiese a deliberar sobre materias que, a su juicio, no le competían. El distrito de su mando abrazaba los reinos de León y Castilla la Vieja, cuya separación geográfica no ha estorbado que se hubiesen confundido ambos en el lenguaje común y aun en cosas de su gobierno interior. La pesada mano de la autoridad los había molestado en gran manera, y el influjo del Capitán general era extremadamente poderoso en las provincias en que aquellos reinos se subdividían. Con todo, pudiendo más el actual entusiasmo que el añejo y prolongado hábito de la obediencia, ya hemos visto cómo en León, sin contar con don Gregorio de la Cuesta, se había dado el grito del levantamiento. Era la empresa de más dificultoso empeño en Valladolid, así porque dentro residía dicho jefe, como también por el apoyo que le daba la chancillería y sus dependencias. Sin embargo, la opinión superó todos los obstáculos.

En los últimos días de Mayo el pueblo agavillado quiso exigir del Capitán general que se le armase y se hiciese la guerra a Napoleón. Asomado al balcón resistióse Cuesta, y con prudentes razones procuró disuadir a los alborotadores de su desaconsejado intento. Insistieron de nuevo éstos, y viendo que sus esfuerzos inútilmente se estrellaban contra el duro carácter del Capitán general, erigieron el patíbulo, vociferando que en él iban a dar el debido pago a tal terquedad, tachada ya de traición por el populacho. Dobló entonces la cerviz don Gregorio de la Cuesta, prefiriendo a un azaroso fin servir de guía a la insurrección, y sin tardanza congregó una junta, a que asistieron con los principales habitantes individuos de todas las corporaciones. El viejo general no permitió que la nueva autoridad ensanchase sus facultades más allá de lo que exigía el armamento y defensa de la provincia; conviniendo tan sólo en que, a semejanza de Valladolid, se instituyese una junta, con la misma restricción en cada una de las ciudades en que había intendencia. Así Avila y Salamanca formaron las suyas; pero la inflexible dureza de Cuesta, y el anhelo de estos cuerpos por acrecer su poder, suscitaron choques y reñidas contiendas. Valladolid y las poblaciones libres del yugo francés se apresuraron a alistar y disciplinar su gente, y Zamora y Ciudad-Rodrigo suministraron en cuanto pudieron armas y pertrechos militares.

Enlutaron la común alegría algunos excesos de la plebe y de la soldadesca. Murió en Palencia a sus manos un tal Ordóñez, que dirigía la fábrica de harinas de Monzón, sujeto apreciable. Don Luis Martínez de Ariza, gobernador de Ciudad-Rodrigo, experimentó igual suerte, sirviendo de pretexto su mucha amistad y favor con el Príncipe de la Paz. Lo mismo algún otro individuo en dicha plaza, y en la patria del insigne Alonso Tostado, en Madrigal, fue asesinado el Corregidor y unos alguaciles, odiados por su rapaz conducta. Castigó Cuesta con el último suplicio a los matadores; pero una catástrofe no menos triste y dolorosa afeó el levantamiento de Valladolid. Don Miguel de Cevallos, director del colegio de Segovia, a quien hemos visto alejarse de aquella ciudad al ocuparla los franceses, fue detenido a corta distancia en el lugar de Carbonero, achacando infundadamente a traición suya el descalabro padecido. De allí le condujeron preso a Valladolid. Le entraron por la tarde, y fuera malicia o acaso, después de atravesar el portillo de la Merced, torcieron los que le llevaban por el callejón de los Toros al Campo-Grande, donde los nuevos alistados hacían el ejercicio. A las voces de que se aproximaba levantóse general gritería. Iba a caballo, y detrás su familia en coche. Llovieron muy luego pedradas sobre su persona, y a pesar de querer guarecerle los paisanos que le escoltaban, desgraciadamente de una cayó en tierra, y entonces por todas partes le acometieron y maltrataron. En balde un clérigo, de nombre Prieto, buscó para salvarle el religioso pretexto de la confesión; sólo consiguió momentáneamente meterle en el portal de una casa, dentro del cual un soldado portugués, de los que habían venido con el Marqués de Alorna, le traspasó de un bayonetazo. Con aquello enfurecióse de nuevo el populacho, arrastró por la ciudad al desventurado Cevallos, y al fin le arrojó al río. Partían el alma los agudos acentos de la atribulada esposa, que desde su coche ponía en el cielo sus quejas y lamentos, al paso que empedernidas mujeres se encarnizaban en la despedazada víctima. Espanta que un sexo tan tierno, delicado y bello por naturaleza, se convierta a veces y en medio de tales horrores en inhumana fiera. Mas, apartando la vista de objeto tan melancólico, continuemos bosquejando el magnífico cuadro de la insurrección, cuyo fondo, aunque salpicado de algunas oscuras manchas, no por eso deja de aparecer grandioso y admirable.

Las provincias meridionales de España no se mantuvieron más tranquilas ni perezosas que las que acabamos de recorrer. Movidos sus habitantes de iguales afectos, no se desviaron de la gloriosa senda que a todos había trazado el sentimiento de la honra e independencia nacional. Siendo idénticas las causas, unos mismos fueron en su resultado los efectos. Solamente los incidentes que sirvieron de inmediato estímulo variaron a veces. Uno de éstos, notable e inesperado, influyó con particularidad en los levantamientos de Andalucía y Extremadura. Por entonces residía casualmente en Móstoles, distante de Madrid tres leguas, don Juan Pérez Villamil, secretario del Almirantazgo. Acaeció en la capital el suceso del 2 de Mayo, y personas que en lo recio de la pelea se habían escapado y refugiado en Móstoles, contaron lo que allí pasaba con los abultados colores del miedo reciente. Sin tardanza incitó Villamil al alcalde para que, escribiendo al del cercano pueblo, pudiese la noticia circular de uno a otro con rapidez. Así cundió, creciendo de boca en boca, y en tanto grado exagerado, que cuando alcanzó a Talavera pintábase a Madrid ardiendo por todos sus puntos y confundido en muertes y destrozos. Expidiéronse por aquel administrador de correos avisos con la mayor diligencia, y en breve Sevilla y otras ciudades fueron sabedoras del infausto acontecimiento.

Dispuestos como estaban los ánimos, no se necesitaba sino de un levísimo motivo para encenderlos a lo sumo y provocar una insurrección general. El aviso de Móstoles estuvo para realizarla en el mediodía. En Sevilla el Ayuntamiento pensó seriamente en armar la provincia, y tratóse de planes de armamento y defensa. Ordenes posteriores de Madrid contuvieron el primer amago; pero, conmovido el pueblo, se alentaron algunos particulares a dar determinado rumbo al descontento universal. Fue en aquella ciudad uno de los principales conmovedores el Conde de Tilly, de casa ilustre de Extremadura, hombre inquieto, revoltoso, y tachado bastantemente en su conducta privada. Aunque dispuesto para alborotos, e igualmente amigo de novedades que su hermano Guzmán, tan famoso en la revolución francesa, nunca hubiera conseguido el anhelado objeto, si la causa que ahora abrazaba no hubiese sido tan santa, y si por lo mismo no se le hubiesen agregado otras personas respetables de la ciudad.

Juntábanse todos en un sitio llamado el Blanquillo, hacia la puerta de la Barqueta, y en sus reuniones debatían el modo de comenzar su empresa. Aparecióse al propio tiempo en Sevilla un tal Nicolás Tap y Núñez, hombre poco conocido, y que había venido allí con propósito de conmover por sí solo la ciudad. Ardiente y despejado, peroraba por calles y plazas, y llevaba y traía a su antojo al pueblo sevillano, subiendo a punto su descaro de pedir al cabildo eclesiástico 12 000 duros para hacer el alzamiento contra los franceses, petición a que se negó aquel cuerpo. Se ejercitaba antes en el comercio clandestino, y con el título intruso de corredor tenía mucha amistad con las gentes que se ocupaban en el contrabando con Gibraltar y la costa, a cuyo punto hacía frecuentes viajes. Callaban las autoridades, temerosas de mayor mal, y los que con Tilly maquinaban procuraron granjearse la voluntad de quien en pocos días había adquirido más nombre y popularidad que ningún otro. Buscáronle y fácilmente se concertaron.

No transcurría día sin que nuevos motivos de disgusto viniesen a confirmarlos en su pensamiento, y a perturbar a los tranquilos ciudadanos. En este caso estuvieron varios papeles publicados contra la familia de Borbón en el *Diario de Madrid,* que se imprimía desde el 10 de Mayo bajo la inspección del francés Esménard. Disonaron sus frases a los oídos españoles, no acostumbrados a aquel lenguaje, y unos papeles destinados a rectificar la opinión en favor de las mudanzas acordadas en Bayona la alejaron para siempre de asentir a ellas y aprobarlas. Gradualmente subía de punto la indignación, cuando de oficio se recibió la noticia de las renuncias de la familia real de España en la persona de Napoleón. Parecióles a Tilly, Tap y consortes que no convenía desaprovechar la ocasión, y se prepararon al rompimiento.

Se escogió el día de la Ascensión, 26 de Mayo, y hora del anochecer para alborotar a Sevilla. Soldados del regimiento de Olivenza comenzaron el estruendo, dirigiéndose al depósito de la real maestranza de artillería y de los almacenes de pólvora. Reunióseles inmenso gentío, y se apoderaron de las armas sin desgracia ni desorden. Adelantóse a aquel paraje un escuadrón de caballería, mandado por don Adrián Jácome, el cual, lejos de impedir la sublevación, más bien la aplaudió y favoreció. Prendiendo con inexplicable celeridad el fuego de la revolución hasta en los más apartados y pacíficos barrios, el Ayuntamiento se trasladó al hospital de la Sangre para deliberar más desembarazadamente. Pero en la mañana del 27 el pueblo, apoderándose de las casas consistoriales, abandonadas, congregó en ellas una Junta suprema de personas distinguidas de la ciudad. Tap y Núñez, procediendo de buena fe, era, por su extremada popularidad, quien escogía los miembros, siendo otros los que se los apuntaban. Así fue que como forastero obrando a ciegas, nombró a dos que desagradaron por su anterior y desopinada conducta. Se le previno, y quiso borrarlos de la lista. Fueron inútiles sus esfuerzos y aun le acarrearon una larga prisión, mostrándose encarnizados enemigos suyos los que tenía por parciales. Suerte ordinaria de los que entran desinteresadamente e inexpertos en las revoluciones; los hombres pacíficos los miran siempre, aun aplaudiendo a sus intentos, como temibles y peligrosos, y los que desean la bulla y las revueltas para crecer y medrar ponen su mayor conato en descartarse del único obstáculo a sus pensamientos torcidos.

Instalóse, pues, la Junta, y nombró por su presidente a don Francisco Saavedra, antiguo ministro de Hacienda, confinado en Andalucía por la voluntad arbitraria del Príncipe de la Paz. De carácter bondadoso y apacible, tenía saber extenso y vario. Las desgracias y persecuciones habían quizá quitado a su alma el temple que reclamaban aquellos tiempos. A instancias suyas fue también elegido individuo de la Junta el asistente don Vicente Hore, a pesar de su amistad con el caído favorito. Entró a formar parte y se señaló por su particular influjo el P. Manuel Gil, clérigo reglar. La espantadiza desconfianza de Godoy, que sin razón le había creído envuelto en la intriga que para derribarle habían urdido en 1795 la Marquesa de Matallana y el de Mala-Espina, le sugirió entonces el encerrarle en el convento de Toribios de Sevilla, en el que se corregían los descarríos ciertos o supuestos de un modo vergonzoso y desusado ya aun para con los niños. Disfrutaba el P. Gil, si bien de edad provecta, de la robustez y calor de los primeros años; con facilidad comunicaba a otros el fuego que sustentaba en su pecho, y en medio de ciertas extravagancias, más bien hijas de la descuidada educación del claustro que de extravíos de la mente, lucía por su erudición y la perspicacia de su ingenio.

La nombrada Junta intitulóse suprema de España e Indias. Desazonó a las otras la presuntuosa denominación; pero ignorando lo que allende ocurría, quizá juzgó prudente ofrecer un centro común, que contrapesando el influjo de la autoridad intrusa y usurpadora de Madrid, le hiciese firme e imperturbable rostro. Fue desacuerdo insistir en su primer título luego que supo la declaración de las otras provincias. Su empeño hubiera podido causar desavenencias, que felizmente cortaron la cordura y tino de ilustrados patriotas.

Para la defensa y armamento adoptó la Junta medidas activas y acertadas. Sin distinción mandó que se alistasen todos los mozos de diez y seis hasta cuarenta y cinco años. Se erigieron asimismo, por orden suya, juntas subalternas en las poblaciones de 2000 y más vecinos. La oportuna inversión de los donativos cuantiosos que se recibían, como también el cuidado de todo el ramo económico, se puso a cargo de sujetos de conocida integridad. En ciudades, villas y aldeas se respondió con entrañable placer al llamamiento de la capital, y en Arcos como en Carmona, y en Jerez como en Lebrija y Ronda, no se oyeron sino patriotas y acordes acentos.

En la conmoción de la noche del 26 y en la mañana del 27 nadie se había desmandado, ni se habían turbado aquellas primeras horas con muertes ni notables excesos. Estaba reservado para la tarde del mismo 27 que se ensangrentasen los muros de la ciudad con un horrible asesinato. Ya indicamos cómo el Ayuntamiento había trasladado al hospital de la Sangre el sitio de sus sesiones. Dio con este paso lugar a hablillas y rencores. Para calmarlos y obrar de concierto con la Junta creada, envió a ella en comisión al Conde del Aguila, procurador mayor en aquel año. A su vista se encolerizó la plebe, y pidió con ciego furor la cabeza del Conde. La Junta, para resguardarle, prometió que se le formaría causa, y ordenó que entre tanto fuese enviado en calidad de arrestado a la torre de la puerta de Triana. Atravesó el del Aguila a Sevilla entre insultos, pero sin ser herido ni maltratado de obra. Sólo al subir a la prisión que le estaba destinada, entrando en su compañía una banda de gente homicida, le intimó que se dispusiese a morir, y atándole a la barandilla del balcón que está sobre la misma puerta de Triana, sordos aquellos asesinos a los ruegos del Conde y a las ofertas que les hizo de su hacienda y sus riquezas, bárbaramente le mataron a carabinazos. Fue por muchos llorada la muerte de este inocente caballero, cuya probidad y buen porte eran apreciados en general por todos los sevillanos. Hubo quien achacó imprudencias al Conde; otros, y fueron los más, atribuyeron el golpe a enemiga y oculta mano.

Rica y populosa Sevilla, situada ventajosamente para resistir a una invasión francesa, afianzó, declarándose, el levantamiento de España. Mas era menester, para poner fuera de todo riesgo su propia resolución, contar con San Roque y Cádiz, en donde estaba reunida la fuerza militar de mar y tierra más considerable y mejor disciplinada que había dentro de la nación. Convencida de esta verdad, despachó la Junta a aquellos puntos dos oficiales de artillería que eran de su confianza. El que fue a San Roque desempeñó su encargo con menos embarazos, hallando dispuesto a don Francisco Javier Castaños, que allí mandaba, a someterse a lo que se le prescribía. Ya de antemano había entablado este general relaciones con sir Hugo Dalrymple, gobernador de Gibraltar, y lejos de suspender sus tratos por la llegada a su cuartel general del oficial francés Rogniat, de cuya comisión hicimos mención en el anterior libro, los avivó y estrechó más y más. Tampoco se retrajo de continuarlos, ni por las ofertas que le hizo otro oficial de la misma nación despachado al efecto, ni con el cebo del virreinato de Méjico, que tenían en Madrid

El alcalde de Móstoles

como en reserva para halagar con tan elevada dignidad la ambición de los generales cuya decisión se conceptuaba de mucha importancia. Es de temer, no obstante, que las pláticas con Dalrymple en nada hubieran terminado, si no hubiese llegado tan a tiempo el expreso de Sevilla. A su recibo se pronunció abiertamente Castaños, y la causa común ganó con su favorable declaración 8941 hombres de tropa reglada, que estaban bajo sus órdenes.

Tropezó en Cádiz con mayores obstáculos el Conde de Teba, que fue el oficial enviado de Sevilla. Habitualmente residía en aquella plaza el Capitán general de Andalucía, siéndolo a la sazón don Francisco Solano, marqués del Socorro y de la Solana. No hacía mucho tiempo que había regresado a su puesto desde Extremadura y de vuelta de la expedición de Portugal, en donde le vimos soñar mejoras para el país puesto a su cuidado. Después del 2 de Mayo, solicitado y lisonjeado por los franceses, y sobre todo vencido por los consejos de españoles antiguos amigos suyos, con indiscreción se mostraba secuaz de los invasores, graduando de frenesí cualquiera resistencia que se intentase. Ya antes de mediados de Mayo corrió peligro en Badajoz por la poca cautela con que se expresaba. No anduvo más prudente en todo su camino. Al cruzar por Sevilla se avistaron con él los que trabajaban para que aquella ciudad definitivamente se alzase. Esquivó todo compromiso; mas molestado por sus instancias, pidió tiempo para reflexionar, y se apresuró a meterse en Cádiz. No satisfechos de su indecisión, luego que tuvo lugar el levantamiento del 27, siendo ya algunos de los conspiradores individuos de la nueva Junta, impelieron a ésta para que el 28 enviase a aquella plaza al mencionado Conde de Teba, quien con gran ruido y estrépito penetró por los muros gaditanos. Era allí muy amado el general Solano; debíalo a su anterior conducta en el gobierno del distrito, en el que se había desvelado por hacerse grato a la guarnición y al vecindario. En idolatría se hubiera convertido la afición primera, si se hubiese francamente declarado por la causa de la nación. Continuó vacilante e incierto, y el titubear de ahora en un hombre antes presto y arrojado en sus determinaciones, fue calificado de premeditada traición. Creemos ciertamente que las esperanzas y promesas con que de una parte le habían traído entretenido, y los peligros que advertía de la otra, examinando militarmente la situación de España, le privaron de la libre facultad de abrazar el honroso partido a que era llamado de Sevilla. Así fue que al recibir sus pliegos ideó tomar un sesgo con que pudiera cubrirse.

Convocó a este propósito una reunión de generales, en la que se decidiese lo conveniente acerca del oficio traído por el Conde de Teba. Largamente se discurrió en su seno la materia, y prevaleciendo, como era natural, el parecer de Solano, se acordó la publicación de un bando, cuyo estilo descubría la mano de quien le había escrito. Dábanse en él las razones militares que asistían para considerar como temeraria la resistencia a los franceses, y después de varias inoportunas reflexiones, se concluía con afirmar que puesto que el pueblo la deseaba, no obstante las poderosas razones alegadas, se formaría un alistamiento y se enviarían personas a Sevilla y otros puntos, estando todos los once que suscribían el bando, prontos a someterse a la voluntad expresada. Contento Solano con lo que se había determinado, le faltó tiempo para publicarlo, y de noche con hachas encendidas y grande aparato mandó pregonar el bando por las calles, como si no bastase el solo acuerdo para dar suficiente pábulo a la inquietud del pueblo.

La desusada ceremonia atrajo a muchos curiosos, y luego que oyeron lo que de oficio se anunciaba, irritáronse sobremanera los circunstantes, y con el bullicio y el numeroso concurso, pensaron los más atrevidos en aprovecharse de la ocasión que se les ofrecía, y de montón acudieron todos a casa del Capitán general. Allí un joven llamado don Manuel Larrús, subiendo en hombros de otro, tomó la palabra y respondiendo una tras de otra a las razones del bando, terminó con pedir a nombre de la ciudad que se declarase la guerra a los franceses, y se intimase la rendición a su escuadra, fondeada en el puerto. Abatióse el altivo Solano a la voz del mozo, y quien para dicha suya y de su patria hubiera podido, acaudillándolas, ser árbitro y dueño de las voluntades gaditanas, tuvo que arrastrarse en pos de un desconocido. Convino, pues, en juntar al día siguiente los generales, y ofreció que en todo se cumpliría lo que demandaba el pueblo.

La algazara promovida por la publicación del bando siguió hasta rayar la aurora, y la muchedumbre cercó y allanó en uno de sus paseos la casa del cónsul francés Mr. le Roy, cuyo lenguaje soberbio y descomedido le había atraído la aversión aun de los vecinos más tranquilos. Refugióse el Cónsul en el convento de San Agustín, y de allí fue a bordo de su escuadra. Acompañó a este desmán el de soltar a algunos presos, pero no pasó más allá el desorden. Los amotinados se aproximaron después al parque de artillería para apoderarse de las armas, y los soldados, en vez de oponerse, los excitaron y ayudaron.

A la mañana inmediata, 29 de Mayo, celebró Solano la ofrecida junta de generales, y todos condescendieron con la petición del pueblo. Antes había ya habido algunos de ellos que, en vista del mal efecto causado por la publicación del bando, procuraron descargar sobre el Capitán general la propia responsabilidad, achacando la resolución a su particular conato: indigna flaqueza, que no poco contribuyó a indisponer más y más los ánimos contra Solano. Ayudó también a ello la frialdad e indiferencia que éste dejaba ver en medio de su carácter naturalmente fogoso. No descuidaron la malevolencia y la enemistad emplear contra su persona las apariencias que le eran adversas, y ambas pasiones traidoramente atizaron las otras y más nobles que en el día reinaban.

Por la tarde se presentó en la plaza de San Antonio el ayudante don José Luquey, anunciando al numeroso concurso allí reunido que, según una junta celebrada por oficiales de marina, no se podía atacar la escuadra francesa sin destruir la española, todavía interpolada con ella. Se irritaron los oyentes, y serían las cuatro de la tarde cuando enseguida se dirigieron a la casa del General. Permitióse subir a tres de ellos, entre los que había uno que de lejos se parecía a Solano. El gentío era inmenso, y tal el bullicio y la algazara, que nadie se entendía. En tanto el joven que tenía alguna semejanza con el general se asomó al balcón. La multitud aturdida tomóle por el mismo Solano, y las señas que hacía para ser oído, por una negativa dada a la petición de atacar a la escuadra francesa. Entonces unos 60 que estaban armados hicieron fuego contra la casa, y la guardia, mandada por el oficial San Martín, después caudillo célebre del Perú, se metió dentro y atrancó la puerta. Creció la saña, trajeron del parque cinco piezas, y apuntaron contra la fachada, separada de la muralla por una calle baja, un cañón de a veinticuatro de los que coronaban aquélla. Rompieron las puertas, huyó Solano y, encaramándose por la azotea, se acogió a casa de su vecino y amigo el irlandés Strange. Al llegar se encontró con don Pedro Olaechea, hombre oscuro, y que habiendo sido novicio en la Cartuja de Jerez, se le contaba entre los principales alborotadores de aquellos días. Presumiendo éste que el perseguido general se habría ocultado allí, habíasele adelantado, entrando por la puerta principal. Sorprendióse Solano con el inesperado encuentro; mas ayudado del comandante del regimiento de Zaragoza Creach, que casualmente entraba a visitar a la señora de Strange, juntos encerraron al excartujo en un pasadizo, de donde queriendo el tal por una claraboya escaparse, se precipitó a un patio, de cuyas resultas murió a pocos días. Pero Solano, no pudiendo evadirse por parte alguna, se escondió en un hueco oculto que le ofrecía un gabinete alhajado a la turca, donde la multitud, corriendo en su busca, desgraciadamente le descubrió. Pugnó valerosa, pero inútilmente, por salvarle la esposa del Sr. Strange, doña María Tuker; hiriéronla en un brazo, y al fin sacaron por violencia de su casa a la víctima que defendía. Arremolinándose la gente, colocaron en medio al Marqués, y se le llevaron por la muralla adelante con propósito de suspenderle en la horca. Iba sereno y con brío, no apareciendo en su semblante decaimiento ni desmayo. Maltratado y ofendido por el paisanaje y soldadesca, recibió al llegar a la plaza de San Juan de Dios una herida, que puso término a sus días y a su tormento. Revelaríamos para execración de la posteridad el nombre del asesino, si con certeza hubiéramos podido averiguarlo. Bien sabemos a quién y cómo se ha inculpado, pero en la duda nos abstenemos de repetir vagas acusaciones.

Reemplazó al muerto capitán general don Tomás de Morla, gobernador de Cádiz. Aprobó la Junta de Sevilla el nombramiento, y envió para asistirle, y quizá para vigilarle, al general don Eusebio Antonio Herrera, individuo suyo. Se hizo marchar inmediatamente hacia lo interior parte de las tropas que había en Cádiz y sus contornos, no contándose en la plaza otra guarnición que los regimientos provinciales de Córdoba, Ecija, Ronda y Jerez, y los dos de línea de Burgos y Ordenes militares, que casi se hallaban en cuadro. El 31 se juró solemnemente a Fernando VII y se estableció una junta, dependiente de la suprema de Sevilla. En la misma mañana parlamentaron con los ingleses el jefe de escuadra don Enrique Macdonnell y el oidor don Pedro Creux. Conformáronse aquéllos con las disposiciones de la Junta sevillana, reconocieron su autoridad y ofrecieron 500 hombres, que a las órdenes del general Spencer iban destinados a Gibraltar.

Cobrando cada vez más aliento la Junta suprema de Sevilla, hizo el 6 de Junio una declaración solemne de guerra contra Francia, afirmando: "Que no dejaría las armas de la mano hasta que el emperador Napoleón restituyese a España al rey Fernando VII y a las demás personas reales, y respetase los derechos sagrados de la nación, que había violado, y su libertad, integridad e independencia." Publicó por el mismo tiempo que esta declaración otros papeles de grande importancia, señalándose entre otros el conocido con el nombre de *Prevenciones*. En él se daban acomodadas reglas para la guerra de partidas, única que convenía adoptar; se recomendaba el evitar las acciones generales, y se concluía con el siguiente artículo, digno de que a la letra se reproduzca en este lugar: "Se cuidará de hacer entender y persuadir a la nación que libres, como esperamos, de esta cruel guerra, a que nos han forzado los franceses, y puestos en tranquilidad, y restituido al trono nuestro rey y señor Fernando VII, bajo él y por él se convocarán Cortes, se reformarán los abusos y se establecerán las leyes que el tiempo y la experiencia dicten para el público bien y felicidad; cosas que sabemos hacer los españoles, que las hemos hecho con otros pueblos, sin necesidad de que vengan los... franceses a enseñárnoslas...” Dedúzcase de aquí si fue un fanatismo ciego y brutal el verdadero móvil de la insurrección de España, como han querido persuadirlo extranjeros interesados o indignos hijos de su propio suelo.

Jaén y Córdoba se sublevaron a la noticia de la declaración de Sevilla, y se sometieron a su junta, creando otras para su gobierno particular, en que entraron personas de todas clases. En Jaén, desconfiándose del corregidor don Antonio María de Lomas, le trasladaron preso a pocos días a Valdepeñas de la Sierra, en donde el pueblo alborotado le mató a fusilazos. Córdoba se apresuró a formar su alistamiento, dirigió gran muchedumbre de paisanos a ocupar el puente de Alcolea, dándose el mando de aquella fuerza armada, llamada vanguardia de Andalucía, a don Pedro Agustín de Echavarri. Aprobó la Junta de Sevilla dicho nombramiento, la que por su parte no cesaba de activar y promover las medidas de defensa. Confió el mando de todo el ejército a don Francisco Javier Castaños, recompensa debida a su leal conducta, y el 9 de Junio salió este general a desempeñar su honorífico cargo.

Entre tanto quedaba por terminar un asunto que, al paso que era grave, interesaba a la quietud y aun a la gloria de Cádiz. La escuadra francesa surta en el puerto todavía tremolaba a su bordo el pabellón de su nación, y el pueblo se dolía de ver izada tan cerca de sus muros y en la misma bahía una bandera tenida ya por enemiga. Era además muy de temer, abierta la comunicación con los ingleses, que no consintiesen éstos tener largo tiempo casi al costado de sus propias naves y en perfecta seguridad una escuadra de su aborrecido adversario. Instó, por consiguiente, el pueblo en que prontamente se intimase la rendición al almirante francés Rossilly. El nuevo general Morla, fuera prudencia para evitar efusión de sangre, o fuera que anduviese aún dudoso en el partido que le convenía abrazar (sospecha a que da lugar su posterior conducta), procuraba diferir las hostilidades, divirtiendo la atención pública con mañosas palabras y dilaciones. El almirante francés, con la esperanza de que avanzasen a Cádiz tropas de su nación, pedía que no se hiciese novedad alguna hasta que el Emperador contestase a la demanda hecha en proclamas y declaraciones de que se entregase a Fernando VII; estratagema que ya no podía engañar ni sorprender a la honradez española. Aprovechándose de la tardanza, mejoraron los franceses su posición, metiéndose en el canal del arsenal de la Carraca, y colocándose de suerte que no pudieran ofenderles los fuegos de los castillos ni de la escuadra española. Constaba la francesa de cinco navíos y una fragata; su almirante Mr. de Rossilly hizo después una nueva proposición, y fue que para tranquilizar los ánimos saldría de bahía si se alcanzaba del británico, anclado a la boca, el permiso de hacerse a la vela sin ser molestado, y si no, que desembarcaría sus cañones, conservaría a bordo las tripulaciones y arriaría la bandera, dándose mutuamente rehenes, y con el seguro de ser respetado por los ingleses. Morla rehusó dar oídos a proposición alguna que no fuese la pura y simple entrega.

Hasta el 9 de Junio se habían prolongado estas pláticas, en cuyo día, temiéndose el enojo público, se rompió el fuego. El almirante inglés Collingwood, que de Tolon había venido a suceder a Purvis, ofreció su asistencia, pero no juzgándola precisa, fue desechada amistosamente. Empezó el cañón del Trocadero a batir a los enemigos, sosteniendo sus fuegos las fuerzas sutiles del arsenal y las del apostadero de Cádiz, que fondearon frente de For-Luis. El navío francés *Algeciras,* incomodado por la batería de morteros de la Cantera, la desmontó; también fue a pique una cañonera mandada por el alférez Valdés, y el místico de Escalera, pero sin desgracia. La pérdida de ambas partes fue muy corta. Continuó el fuego el 10, en cuyo día a las tres de la tarde el navío *Héroe,* francés, que montaba el almirante Rossilly, puso bandera española en el trinquete, y afirmó la de parlamento el navío *Príncipe,* en el que estaba don Juan Ruiz de Apodaca, comandante de nuestra escuadra. Abriéronse nuevas conferencias, que duraron hasta la noche del 13, y en ellas se intimó a Rossilly que a no rendirse romperían fuego destructor dos baterías levantadas junto al puente de la nueva población. El 14 a las siete de la mañana izó el navío *Príncipe* la bandera de fuego, y entonces se entregaron los franceses a merced del vencedor. Regocijó este triunfo, si bien no costoso ni difícil, porque con eso quedaba libre y del todo desembarazado el puerto de Cádiz, sin haber habido que recurrir a las fuerzas marítimas de los nuevos aliados.

En tanto Sevilla, acelerando el armamento y la organización militar, envió a todas partes avisos y comisionados, y Canarias y las provincias de América no fueron descuidadas en su solícita diligencia. Quiso igualmente asentar con el gobierno inglés directas relaciones de amistad y alianza, no bastándole las que interinamente se habían entablado con sus almirantes y generales, a cuyo fin diputó con plenos poderes a los generales don Adrián Jácome y don Juan Ruiz de Apodaca, que después veremos en Inglaterra. Ahora conviene seguir narrando la insurrección de las otras provincias.

Hemos referido más arriba que Córdoba y Jaén habían reconocido la supremacía de Sevilla. No fue así en Granada. Asiento de una capitanía general y de una chancillería, no había estado avezada aquella ciudad, así por esto como por su extensión y riqueza, a recibir órdenes de otra provincia. Por tanto, determinó elegir un gobierno separado, levantar un ejército propio suyo, y concurrir con brillantez y esfuerzo a la común defensa. En los dos últimos meses se habían dejado sentir los mismos síntomas de desasosiego que en las otras partes, pero no adquirió aquel descontento verdadera forma de insurrección hasta el 29 de Mayo. A la una de aquel día entró por la ciudad, a caballo y con grande estruendo, el teniente de artillería don José Santiago, que traía pliegos de Sevilla. Acompañado de paisanos de las cercanías y de otros curiosos, que se agregaron con tanta más facilidad cuanto era domingo, se dirigió a casa del Capitán general.

Eralo a la sazón don Ventura Escalante, hombre pacífico y de escaso talento, quien, aturdido con la noticia de Sevilla, se quedó sin saber a qué partido ladearse. Por de pronto con evasivas palabras se limitó a mandar al oficial que se retirase, con lo que creció por la noche la agitación y agriamente se censuró la conducta tímida del General. Ser el día siguiente 30 el de San Fernando, no poco influyó para acalorar más los ánimos. Así fue que por la mañana, agolpándose mucha gente a la Plaza Nueva, en donde está la chancillería, residencia del Capitán general, se pidió con ahínco por los que allí se agruparon que se proclamase a Fernando VII. El General, en aquel aprieto, con gran séquito de oficiales, personas de distinción, y rodeado de la turba conmovida, salió a caballo, llevando por las calles como en triunfo el retrato del deseado rey. Pero viendo el pueblo que las providencias tomadas se habían limitado al vano aunque ostentoso paseo, se indignó de nuevo, e incitado por algunos, acudió de tropel y por segunda vez a casa del General, y sin disfraz le requirió que, desconfiándose de su conducta, era menester que nombrase una junta, la cual, encargada que fuese del gobierno, cuidara con particularidad de armar a los habitantes. Cedió el Escalante a la imperiosa insinuación. Parece ser que el principal promovedor de la junta, y el que dio la lista de sus miembros, fue un monje jerónimo, llamado el padre Puebla, hombre de vasta capacidad y de carácter firme. Eligióse por presidente al Capitán general, y más de 40 individuos de todas clases entraron a componer la nueva autoridad. Al instante se pensó en medidas de guerra; el entusiasmo del pueblo no tuvo límites, y se alistó la gente en términos que hubo que despedir gran parte. Llovieron los donativos y las promesas, y bien pronto no se vieron por todos lados sino fábricas de monturas, de uniformes y de composición de armas. Granada puede gloriarse de no haber ido en zaga en patriotismo y heroicos esfuerzos a ninguna de las provincias del reino. Y ¡ojalá que en todas hubiera habido tanta actividad y tanto orden en el empleo de sus medios!

Pero, ciudad extendida e indefensa, hubiera, sin embargo, corrido gran riesgo si una fuerza enemiga se hubiera acercado a sus puertas. Se hallaba sin tropas, destinadas a otros puntos las que antes la guarnecían. Un solo batallón suizo que quedaba, por orden de la corte se había ya puesto en marcha para Cádiz. Felizmente no se había alejado todavía, y en obediencia a un parte de la Junta, retrocedió y sirvió de apoyo a la autoridad.

Declarada con entusiasmo la guerra a Bonaparte, requisito que acompañaba siempre a la insurrección, se llamó de Málaga a don Teodoro Reding, su gobernador, para darle el mando de la gente que se armase, y tuvo la especial comisión de adiestrarla y disciplinarla el brigadier don Francisco Abadía, quien la desempeñó con celo y bastante acierto. Todos los pueblos de la provincia imitaron el ejemplo de Granada. En Málaga pereció desgraciadamente, el 20 de Junio, el vicecónsul francés Mr. d'Agaud y don Juan Croharé, que sacó a la fuerza el populacho del castillo de Gibralfaro, en donde estaban detenidos. Pero sus muertes no quedaron impunes, vengándolas el cadalso en la persona de Cristóbal Avalos y de otros dos, a quienes se consideró como principales culpados.

La Junta de Granada, no contenta con los auxilios propios y con las armas que aguardaba de Sevilla, envió a Gibraltar en comisión a don Francisco Martínez de la Rosa, quien, a pesar de su edad temprana, era ya catedrático en aquella universidad, y mereció por sus aventajadas partes ser honrado con encargo de tanta confianza. No dejó en su viaje de encontrar con embarazos, recelosos los pueblos de cualquier pasajero que por ellos transitaba. Siendo el segundo español que en comisión fue a Gibraltar para anunciar la insurrección de las provincias andaluzas, le acogieron los moradores con júbilo y aplauso. No tanto el gobernador, sir Hugo Dalrymple. Prevenido en favor de un enviado de Sevilla, que era el que le había precedido, temía el inglés una fatal desunión si todos no se sometían a un centro común de autoridad. Al fin condescendió en suministrar al comisionado de Granada fusiles y otros pertrechos de guerra, con lo que, y otros recursos que le facilitaron en Algeciras, cumplió satisfactoriamente con su encargo. A la llegada de tan oportunos auxilios se avivó el armamento, y en breve pudo Granada reunir una división considerable de sus fuerzas a las demás de Andalucía, capitaneándolas el mencionado don Teodoro Reding, de quien era mayor general don Francisco Abadía, y teniendo por intendente a don Carlos Veramendi, sujetos todos tres muy adecuados para sus respectivos empleos.

Deslustróse el limpio brillo de la revolución granadina con dos deplorables acontecimientos. Don Pedro Trujillo, antiguo gobernador de Málaga, residía en Granada, y mirábasele con particular encono por su anterior proceder y violentas exacciones, sin recomendarle tampoco a las pasiones del día su enlace con doña Micaela Tudó, hermana de la amiga del Príncipe de la Paz. Hiciéronse mil conjeturas acerca de su mansión, e imputábasele tener algún encargo de Murat. Para protegerle y calmar la agitación pública, se le arrestó en la Alhambra. Determinaron después bajarle a la cárcel de corte, contigua a la chancillería y ésta fue su perdición, porque al atravesar la Plaza Nueva se amontonó gente dando gritos siniestros, y al entrar en la prisión se echaron sobre él a la misma puerta y le asesinaron. Lleno de heridas arrastraron, como furiosos, su cadáver. Achacóse, entre otros, a tres negros el homicidio, y sumariamente fueron condenados, ejecutados en la cárcel, y ya difuntos puestos en la horca una mañana. Al asesinato de Trujillo siguiéronse otros dos, el del Corregidor de Vélez-Málaga y el de don Bernabé Portillo, sujeto dado a la economía política, y digno de aprecio por haber introducido en la abrigada costa de Granada el cultivo del algodón. Su indiscreción contribuyó a acarrearle su pérdida. Ambos habían sido presos y puestos en la Cartuja, extramuros, para que estuviesen más fuera del alcance de insultos populares. El 23 de Junio, día de la octava del Corpus, había en aquel monasterio una procesión. Despachábase por los monjes, con motivo de la fiesta, mucho vino de su cosecha, y un lego era el encargado de la venta. Viendo éste a los concurrentes alegres y enardecidos con el mucho beber, díjoles: "Más valía no dejar impunes a los dos traidores que tenemos adentro." No fue necesario repetir la aleve insinuación a hombres ebrios y casi fuera de sentido. Entraron, pues, en el monasterio, sacaron a los dos infelices y los apuñalaron en el Triunfo. Sañudo el pueblo, parecía inclinarse a ejecutar nuevos horrores, maliciosamente incitado por un fraile de nombre Roldán. Doloroso es, en verdad, que ministros de un Dios de paz, embozados con la capa del patriotismo, se convirtiesen en crueles carniceros. Por dicha, el síndico del común, llamado Garcilaso, distrajo la atención de los sediciosos, y los persuadió a que no procediesen contra otros sin suficientes y justificativas pruebas. La autoridad no desperdició la noche que sobrevino; prendió a varios, y de ellos hizo ahorcar a nueve, que cubiertas las cabezas con un velo, se suspendieron en el patíbulo, enviando después a presidio al fraile Roldán. Aunque el castigo era desusado en su manera, y recordaba el misterioso secreto de Venecia, mantuvo el orden y volvió a los que gobernaban su vigoroso influjo. Desde entonces no se perturbó la tranquilidad en Granada, y pudieron sus jefes, con más sosiego ocuparse en las medidas que exigía su noble resolución.

La provincia de Extremadura había empezado a desasosegarse desde el famoso aviso del alcalde de Móstoles, que ya alcanzó a Badajoz en 4 de Mayo. Era gobernador y comandante general el Conde de la Torre del Fresno, quien en su apuro se asesoró con el Marqués del Socorro, general en jefe de las tropas que habían vuelto de Portugal. Ambos convocaron a junta militar, y de sus resultas se dio el 5 una proclama contra los franceses, la primera quizá que en este sentido se publicó en España, enviando además a Lisboa, Madrid y Sevilla varios oficiales con comisiones al caso e importantes. Obraron de buena fe Torre del Fresno y Socorro en paso tan arriesgado; pero recibiendo nuevos avisos de estar restablecida la tranquilidad en la capital, así uno como otro mudaron de lenguaje y sostuvieron con empeño al gobierno de Madrid. Habían alucinado a Socorro cartas de antiguos amigos suyos, y halagándole la resolución de Murat de que volviese a su capitanía general de Andalucía, para donde en breve partió. Su ejemplo y sus consejos arrastraron a Torre del Fresno, que carecía de prendas que le realzasen: general cortesano, y protegido, como paisano suyo, por el Príncipe de la Paz, aplacíale más la vida floja y holgada que las graves ocupaciones de su destino. Sin la necesaria fortaleza aun para tiempos tranquilos, mal podía contrarrestar el torrente que amenazaba. La fermentación crecía, menguaba la confianza hacia su persona, y avivando las pasiones los impresos de Madrid, que tanto las despertaron en Sevilla, trataron entonces algunas personas de promover el levantamiento general. Se contaban en su número, y eran los más señalados, don José María Calatrava, después ilustre diputado de Cortes, el teniente rey Mancio y el tesorero don Félix Ovalle, quienes se juntaban en casa de don Alonso Calderón. Concertóse en las diversas reuniones un vasto plan, que el 3 ó 4 de Junio debía ejecutarse al mismo tiempo en Badajoz y cabezas de partido. En el ardor que abrigaban los pechos españoles no era dado calcular fríamente el momento de la explosión, como en las comunes conjuraciones. Ahora todos conspiraban, y conspiraban en calles y plazas. Ciertos individuos formaban a veces propósito de enseñorearse de esta disposición general y dirigirla; pero un incidente prevenía casi siempre sus laudables intentos.

Así fue en Badajoz, en donde un caso parecido al de La Coruña anticipó el estampido. Había ordenado el Gobernador que el 30, día de San Fernando, no se hiciese la salva ni se enarbolase la bandera. Notóse la falta, se apiñó la gente en la muralla, y una mujer atrevida, después de reprender a los artilleros, cogió la mecha y prendió fuego a un cañón. Al instante dispararon los otros, y a su sonido levantóse en toda la ciudad el universal grito de *Viva Fernando VII y mueran los franceses.* Cuadrillas de gente recorrieron las calles con banderolas, panderos y sonajas, sin cometer exceso alguno. Se encaminaron a casa del Gobernador, cuya voz se empleó exclusivamente en predicar la quietud. Impacientáronse con sus palabras los numerosos espectadores, y ultrajáronle con el denuesto de traidor. Mientras tanto y azarosamente llegó un postillón con pliegos, y se susurró ser correspondencia sospechosa y de un general francés. Ciegos de ira y sordos a las persuasiones de los prudentes, enfureciéronse los más, y treparon sin demora hasta entrarse por los balcones. Acobardado Torre del Fresno, se evadió por una puerta falsa, y en compañía de dos personas aceleró sus pasos hacia la puerta de la ciudad que da al Guadiana. Advirtiendo su ausencia, siguieron la huella, le encontraron, y rodeado de gran gentío se metió en el cuerpo de guardia, sin haber quien le obedeciese. Cundió que se fugaba, y en medio de la pendencia que suscitó el quererle defender unos y acometerle otros, le hirió un artillero, y lastimado de otros golpes de paisanos y soldados, fue derribado sin vida. Arrastraron después el cadáver hasta la puerta de su casa, en cuyos umbrales le dejaron abandonado. Víctima inocente de su imprudencia, nunca mereció el injurioso epíteto de traidor, con que amargaron sus últimos suspiros.

El brigadier de artillería don José Galluzo fue elevado al mando supremo, y al gobierno de la plaza el teniente rey don Juan Gregorio Mancio. Interinamente se congregó una junta de unas veinte personas, escogidas entre las primeras autoridades y hombres de cuenta. Los partidos constituyeron del mismo modo otras en sus respectivas comarcas, y unidos obedecieron las órdenes de la capital. Hubo por todas partes el mejor orden, a excepción de la ciudad de Plasencia y de la villa de los Santos, en donde se ensangrentó el alzamiento con la muerte de dos personas. Las clases, sin distinción, se esmeraron en ofrecer el sacrificio de su persona y de sus bienes, y los mozos acudieron a enregimentarse como si fuesen a una festiva romería.

Entristeció, sin embargo, a los cuerdos el absoluto poder que por pocos días ejerció el capitán don Ramón Gavilanes, despachado de Sevilla para anunciar su pronunciamiento. Al principio, con nueva tan halagüeña colmó su llegada de júbilo y satisfacción. Acibaróse luego al ver que, por la flaqueza de don José Galluzo, procedió el Gavilanes a manera de dictador de índole singular, repartiendo gracias y honores, y aun inventando oficios y empleos antes desconocidos. La Junta sucumbió a su influjo, y confirmó casi todos los nombramientos; mas volviendo en sí, puso término a las demasías del intruso capitán, procurando que se olvidase su propia debilidad y condescendencia con las medidas enérgicas que adoptó. Después ella misma legitimó la autoridad provincial, convocando una junta, a que fueron llamados representantes de la capital, de los otros partidos, de los gremios y principales corporaciones.

Casi desmantelada la plaza de Badajoz, y desprovistos sus habitantes de lo más preciso para su defensa, fue su resolución harto osada, estando el enemigo no lejos de sus puertas. Ocupaba a Yelbes el general Kellerman, y para disfrazar el estado de la ciudad alzada, se emplearon mil estratagemas que estorbasen un impensado ataque.

La guarnición estaba reducida a 500 hombres. La milicia urbana cubría a veces el servicio ordinario. Uno de los dos regimientos provinciales estaba fuera de Extremadura, el otro permanecía desarmado. Las demás plazas de la frontera, débiles de suyo, ahora lo estaban aún más, arruinándose cada día las fortificaciones que las circuían. Todo al fin fue remediándose con la actividad y celo que se desplegó. Al acabar Junio contó ya el ejército extremeño 20 000 hombres. Sirvieron mucho para su formación los españoles que a bandadas se escapaban de Portugal, a pesar de la estrecha vigilancia de Junot; y de los pasados portugueses y del propio ejército francés pudo levantarse un cuerpo de extranjeros. Importantísimo fue para España, y particularmente para Sevilla, el que se hubiera alzado Extremadura. Con su ayuda se interrumpieron las comunicaciones directas de los franceses del Alentejo y de la Mancha, y no pudieron éstos ni combinar sus operaciones, ni darse la mano para apagar la hoguera de insurrección encendida en la principal cabeza de las Andalucías.

Ocupadas u observadas de cerca por el ejército francés las cinco provincias en que se divide Castilla la Nueva, no pudieron en lo general sus habitantes formar juntas ni constituirse en un gobierno estable y regular. Procuraron, con todo, en muchas partes cooperar a la defensa común, ya enviando mozos y auxilios a las que se hallaban libres, ya provocando y favoreciendo la deserción de los regimientos españoles que estaban dentro de su territorio, y ya también hostigando al enemigo e interceptando sus correos y comunicaciones. El ardor de Castilla por la causa de la patria caminaba al par del de las otras provincias del reino, y a veces raros ejemplos de valor y bizarría ennoblecieron e ilustraron a sus naturales. Más adelante veremos los servicios que allí se hicieron, sobre todo en la desprevenida y abierta Mancha. Ya desde el principio se difundieron proclamas para excitar a la guerra, y aun hubo parajes en que hombres atrevidos dieron acertado impulso a los esfuerzos individuales.

Penetradas de iguales sentimientos, y alentadas por la protección que las circunstancias les ofrecían, lícito les fue a las tropas que tenían sus acantonamientos en los pueblos castellanos, desampararlos e ir a incorporarse con los ejércitos que por todas partes se levantaban. Entre las acciones que brillaron con más pureza en estos días de entusiasmo y patriotismo, asombrosa fue y digna de mucha loa la resolución de don José Veguer, comandante de zapadores y minadores, quien, desde Alcalá de Henares y a tan corta distancia de Madrid, partió en los últimos días de Mayo con 110 hombres, la caja, las armas, banderas, pertrechos y tambores, y desoyendo las promesas que en su marcha recibió de un emisario de Murat, en medio de fatigas y peligros, amparado por los habitantes y atravesando por la sierra de Cuenca, tomó la vuelta de Valencia, a cuya Junta se ofreció con su gente. Al amor de la insurrección que cundía, buscaron los otros soldados el honroso sendero ya trillado por los zapadores. Así se apresuraron en la Mancha a imitar su glorioso ejemplo los carabineros reales, y en Talavera sucedió otro tanto con los voluntarios de Aragón y un batallón de Saboya, que iban con destino a domeñar la Extremadura. ¿Qué más? De Madrid mismo desertaban oficiales y soldados sueltos de todos los cuerpos, y partidas enteras, como se verificó con una de dragones de Lusitania y otra del regimiento de España, la cual salió por sus mismas puertas sin estorbo ni demora. Fácil es figurarse cuál sería la sorpresa y aturdimiento de los franceses al ver el desorden y la agitación que reinaban en las poblaciones mismas de que eran dueños, y la desconfianza y desmayo que debían sembrarse en sus propias filas. Por momentos se acrecentaban sus zozobras, pues cada día recibían la nueva de alguna provincia levantada, y no poco los desconcertó el correo portador de lo que pasaba en la parte oriental de España, que vamos a recorrer.

Fue allí Cartagena la primera que dio la señal, compeliendo a levantar el estandarte de independencia a Murcia y pueblos de su comarca. Plaza de armas y departamento de marina, reunía Cartagena un cúmulo de ventajas, que fomentaban el deseo de resistencia que la dominaba. Se esparció el 22 de Mayo que el general don José Justo Salcedo pasaba a Mahón para encargarse de nuevo del mando de la escuadra allí fondeada y conducirla a Tolón. Interesaba esta providencia a un departamento de cuya bahía aquella escuadra había levado el ancla, y en donde se albergaban muchas personas conexionadas con las tripulaciones de su bordo. Por acaso en el mismo día vinieron las renuncias de Bayona, vehemente incitativo al levantamiento de toda España, y con ellas, otras noticias tristes y desconsoladoras. Amontonándose a la vez novedades tan extraordinarias, causaron una tremenda explosión. El cónsul de Francia se refugió en un buque dinamarqués. Reemplazó a don Francisco de Borja, capitán general del departamento, don Baltasar Hidalgo de Cisneros, siendo después el 10 de Junio inmediato asesinado el primero, de resultas de un alboroto, a que dio ocasión un artículo imprudente de la *Gaceta* de Valencia. Escogieron por gobernador al Marqués de Camarena la Real, coronel del regimiento de Valencia, y se formó, en fin, una junta de personas distinguidas del pueblo, en cuyo número brillaba el sabio oficial de marina don Gabriel Císcar. Cartagena declarada era un fuerte estribo en que se podían apoyar confiadamente la provincia de Murcia y toda la costa. Abiertos sus arsenales y depósitos de armas, era natural que proveyesen en abundancia, como así lo hicieron, de pertrechos militares a todos los que se agregasen para sostener la misma causa. Nada se omitió por la ciudad, después de su insurrección para aguijar a las otras; y fue una de sus oportunas y primeras medidas poner en cobro la escuadra de Mahón, a cuyo puerto y con aquel objeto fue despachado el teniente de navío don José Duelo, quien llegando a tiempo, impidió que se hiciese a la vela, como iba Salcedo a verificarlo, conformándose con una orden de Murat, recibida por la vía de Barcelona.

De los emisarios que Cartagena había enviado a otras partes, penetraron en Murcia, a las siete de la mañana del 24 de Mayo, cuatro oficiales aclamando a voces a Fernando VII. Se conmovió el pueblo a tan desusado rumor, y los estudiantes de San Fulgencio, colegio insigne por los claros varones que ha producido, se señalaron en ser de los primeros a abrazar la causa nacional. Acrecentándose el tumulto, los regidores, con el cabildo eclesiástico y la nobleza, tuvieron ayuntamiento, y acordaron la proclamación solemne de Fernando, ejecutándose en medio de universales vivas. No hubo desgracias en aquella ciudad, y sólo por precaución arrestaron a algunos mirados con malos ojos por el pueblo y al que hacía de cónsul francés. En la de Villena pereció su corregidor y algún dependiente suyo, hombres antes odiados. Se eligió una junta de dieciséis personas entre las de más monta, resaltando en la lista el nombre del Conde de Floridablanca, con quien, a pesar de su avanzada edad, todavía nos encontraremos. El mando de las tropas se confió a don Pedro González de Llamas, antiguo coronel de milicias, y comenzaron a adoptarse medidas de armamento y defensa. Como esta provincia, por lo que respecta a lo militar, dependía del capitán general de Valencia, sus tropas obraban casi siempre y de consuno, por lo menos en un principio, con las restantes de aquel distrito.

Pero entre las provincias bañadas por el Mediterráneo, llamó la atención sobre todas la de Valencia. Indispensable era que así fuese al ver sus heroicos esfuerzos, sus sacrificios, y desgraciadamente hasta sus mismos y lamentables excesos. Tributáronse a unos los merecidos elogios, y arrancaron los otros justos y acerbos vituperios. Los naturales de Valencia, activos e industriosos, pero propensos al desasosiego y a la insubordinación, no era de esperar que se mantuviesen impasibles y tranquilos ahora, que la desobediencia a la autoridad intrusa era un título de verdadera e inmarcesible gloria. Sin embargo, ni los trastornos de Marzo, ni los pasmosos acontecimientos que desde entonces se agolparon unos en pos de otros, habían suscitado sino hablillas y corrillos hasta el 23 de Mayo. En la madrugada de aquel día se recibió la *Gaceta de Madrid* del 20, en la que se habían insertado las renuncias de la familia real en la persona del Emperador de los franceses. Solían por entonces gentes del pueblo juntarse a leer dicho papel en un puesto de la plazuela de las Pasas, encargándose uno de satisfacer en voz alta la curiosidad de los demás concurrentes. Tocó en el 23 el desempeño de la agradable tarea a un hombre fogoso y atrevido, quien al relatar el artículo de las citadas renuncias, rasgó la *Gaceta*, y lanzó el primer grito de *Viva Fernando VII y mueran los franceses*. Respondieron a su voz los numerosos oyentes, y corriendo con la velocidad del rayo, se repitió el mismo grito hasta en los más apartados lugares de la ciudad. Se aumentó el clamoreo, agrupándose miles de personas, y de tropel acudieron a la casa del Capitán general, que lo era el Conde de la Conquista. En vano intentó éste apaciguarlos con muchas y atentas razones. El tumulto arreció, y en la plazuela de Santo Domingo mostráronse, sobre todo, los amotinados muy apiñados y furiosos.

Faltábales caudillo, y allí por primera vez se les presentó el P. Juan Rico, religioso franciscano, el cual, resuelto, fervoroso, perito en la popular elocuencia, y resguardado con el hábito que le santificaba a los ojos de la muchedumbre, unía en su persona poderosos alicientes para arrastrar tras sí a la plebe, dominarla, e impedir que enervase ésta su fuerza con el propio desorden.

Arengó brevemente al innumerable auditorio, le indicó la necesidad de una cabeza, y todos le escogieron para que llevase la voz. Excusóse Rico, insistió el pueblo, y al cabo, cediendo aquél, fue llevado en hombros desde la plazuela de Santo Domingo al sitio en que el Real Acuerdo celebraba sus sesiones. Hubo entre los individuos de esta corporación y el P. Rico largo coloquio, esquivando aquéllos condescender con las peticiones del pueblo, y persistiendo el último tenazmente en su invariable propósito. Acalorándose con la impaciencia los ánimos, asintieron las autoridades a lo que de ellas se exigía, y se nombró por general en jefe del ejército que iba a formarse al Conde de Cervellón, grande de España, propietario rico del país, aunque falto de las raras dotes que semejante mando y aquellos tiempos turbulentos imperiosamente reclamaban. Como el de la Conquista y el Real Acuerdo habían con repugnancia sometídose a tamaña resolución, procuraron escudarse con la violencia, dando subrepticiamente parte a Madrid de lo que pasaba, y pidiendo con ahínco un envío de tropas que los protegiese. El pueblo, ignorante de la doblez, tranquilamente se recogió a sus casa la noche del 23 al 24. En ella había el Arzobispo tanteado a Rico, y ofrecídole una cuantiosa suma si quería desamparar a Valencia; cuyo paso habiendo fallado por la honrosa repulsa del solicitado, se despertaron los recelos, y en acecho los principales promovedores del alboroto, prepararon otro mayor para la mañana siguiente.

Rico se había albergado aquella noche en el convento del Temple, en el cuarto de un amigo. Muy temprano, y a la sazón en que el pueblo empezó a conmoverse, fue a visitarle el capitán de Saboya don Vicente González Moreno con dos oficiales del propio cuerpo. Era de importancia su llegada, porque, además de aunarse así las voluntades de militares y paisanos, tenía Moreno amistad con personas de mucho influjo en el pueblo y huerta de Valencia: tales eran don Vicente, don Manuel y don Mariano Beltrán de Lis, quienes de antemano juntábanse con otros a deplorar los males que amenazaban a la patria, pagaban gente que estuviese a su favor, y atizaban el fuego encubierto y sagrado de la insurrección. Concordes en sentimientos Moreno y Rico, meditaron el modo de apoderarse de la ciudadela.

Un impensado incidente estuvo entre tanto para envolver a Valencia en mil desdichas. La serenidad y valor de una dama lo evitó felizmente. Habíase empeñado el pueblo en que se leyesen las cartas del correo que iba a Madrid, y en vano se cansaron muchos en impedirlo. La balija que las contenía fue transportada a casa del Conde de Cervellón, y a poco de haber comenzado el registro se dio con un pliego, que era el duplicado del parte arriba mencionado, y en el que el Real Acuerdo se disculpaba de lo hecho, y pedía tropas en su auxilio. Viendo la hija del Conde, que presenciaba el acto, la importancia del papel, con admirable presencia de ánimo, al intentar leerle, le cogió, rasgóle en menudos pedazos, e imperturbablemente arrastró el furor de la plebe amotinada. Esta, si bien colérica, quedó absorta, y respetó la osadía de aquella señora, que preservó de muerte cierta a tantas personas. Acción digna de eterno loor.

En el mismo día 24, y conforme a la conmoción preparada, pensaron Rico, Moreno y sus amigos en enseñorearse de la ciudadela. Con pretexto de pedir armas para el pueblo, se presentaron en gran número delante del

Acuerdo, y como éste contestase, según era cierto, que no las había, exigieron los amotinados, para cerciorarse con sus propios ojos, que se les dejase visitar la ciudadela, en donde debían estar depositadas. Se concedió el permiso a Rico con otros ocho; pero llegados que fueron, todos entraron de montón, pasando a su bando el Barón de Rus, que era gobernador. Gran brío dio este suceso a la revolución, y tanto, que sin resistencia de la autoridad se declaró el día 25 la guerra contra los franceses, y se constituyó una junta numerosísima, en que andaba mezclada la más elevada nobleza con el más humilde artesano.

La situación, empero, de Valencia hubiera sido muy peligrosa, si Cartagena no la hubiese socorrido con armas y pertrechos de guerra. Estaba en esta parte tan exhausta de recursos, que aun de plomo carecía; pero para suplir tan notable falta, empezó igualmente la fortuna a soplar con próspero viento. Por singular dicha arribó al Grao una fragata francesa, cargada con 4000 quintales de aquel metal, la cual, sin noticia del levantamiento, vino a ponerse a la sombra de las baterías del puerto, dándole caza un corsario inglés. A la entrada fue sorprendida y apresada, y se envió a su contrario, que bordeaba a la banda de afuera, un parlamento para comunicarle las grandes novedades del día y confiarle pliegos dirigidos a Gibraltar. En esta doble y feliz casualidad vio el pueblo la mano de la Providencia, y se ensanchó su ánimo alborozado.

Hasta ahora, en medio del conflicto que había habido entre las autoridades y los amotinados, no se había cometido exceso alguno. Sospechas, nacidas del acaso, empezaron a empañar la revolución valenciana, y acabaron por ensangrentarla horrorosamente.

Don Miguel de Saavedra, barón de Albalat, había sido uno de los primeros nombrados de la Junta para representar en ella a la nobleza. Mas reparándose que no asistía, se susurró haber pasado a Madrid para dar en persona cuenta a Murat de las ruidosas asonadas: rumor falso e infundado. Solamente había de cierto que el Barón, odiado por el pueblo desde años atrás, en que, como coronel de milicias, decíase haber mandado hacer fuego contra la multitud, opuesta a la introducción y establecimiento de aquel cuerpo, creyó prudente alejarse de Valencia mientras durase el huracán que la azotaba, y se retiró a Buñol, siete leguas distante. Su ausencia renovó la antigua llaga, todavía no bien cerrada, y el espíritu público se encarnizó contra su persona. Para aplacarle ordenó la Junta que, pues había el Barón rehusado acudir a sus sesiones, se presentase arrestado en la ciudadela. Obedeció, y al tiempo que el 29 de Mayo regresaba a Valencia, se encontró a tres leguas, en el más del Poyo, con el pueblo, que impaciente había salido a aguardar el correo que venía de Madrid. Por una aciaga coincidencia el de Albalat y el correo llegaron juntos, con lo cual tomaron cuerpo las sospechas. Entonces, a pesar de sus vivas reclamaciones, cogiéronle y le llevaron preso. A media legua de la ciudad se adelantó a protegerlo una partida de tropa al mando de don José Ordóñez, quien, a ruegos del Barón, en vez de conducirle directamente a la ciudadela, torció a casa de Cervellón; extravío que en parte coadyuvó a la posterior catástrofe, extendiéndose la voz de su vuelta, y dando lugar a que se atizase el encono público y aun el privado. Entró en aquellos umbrales amagado ya por los puñales de la plebe; aceleró hacia allí sus pasos el P. Rico, y vio al Barón tendido sobre un sofá, pálido y descaecido. El infeliz se arrojó a los brazos de quien podía ampararle en su desconsuelo, y con trémulo y penetrante acento le dijo: "Padre, salve V. a un caballero que no ha cometido otro delito que obedecer a la orden de que regresase a Valencia." Rico se lo prometió, y contando para ello con la ayuda de Cervellón, fue en su busca; pero éste, no menos atemorizado que el perseguido, se había metido en la cama con el simulado motivo de estar enfermo, y se negó a verle y a favorecer a un desgraciado con quien le enlazaba antigua amistad y deudo. Ruin villanía y notable contraposición con el valor e intrepidez que en el asunto de las cartas había mostrado su hija.

Entonces el P. Rico, pidiendo el pueblo desaforadamente la cabeza del Barón, determinó, con intento de salvarle, que se le trasladase a la ciudadela, metiéndole en medio de un cuadro de tropa mandado por Moreno. Sin que fuese roto por los remolinos y oleadas de la turba, consiguieron llegar al pedestal del obelisco de la plaza. Allí, al fin, forzó el pueblo el cuadro, penetró por todos lados, y sordo a las súplicas y exhortaciones de Rico, dieron de puñaladas en sus propios brazos al desventurado Barón, cuya cabeza cortada y clavada en una pica, la pasearon por la ciudad. Difundióse en toda ella un terror súbito, y la nobleza, para apartar toda sospecha, aumentó sus ofrecimientos y formó un regimiento de caballería de individuos suyos, que no deslucieron el esplendor de su cuna en empeñadas acciones.

Triste y doloroso como fue el asesinato del Barón de Albalat, desaparece a la vista de la horrorosa matanza que a pocos días tuvo que llorar Valencia, y a cuyo recuerdo la pluma se cae de la mano. En 1.º de Junio se presentó en aquella ciudad don Baltasar Calvo, canónigo de San Isidro de Madrid, hombre travieso, de amaño, fanático y arrebatado, con entendimiento bastantemente claro. Entre los dos bandos que anteriormente habían dividido a los prebendados de su iglesia de jansenistas y jesuitas, se había distinguido como cabeza de los últimos, y ensañándose en perseguir a la parcialidad contraria. Ahora tratando de amoldar a su ambición las doctrinas que tenazmente había siempre sostenido, notó muy luego que el P. Rico con su influjo pudiera en gran manera servirle, e hizo resolución de trabar con él amistad; pero, ya fuesen celos, o ya que en uno hubiera mejor fe que en otro, no pudieron entenderse ni concordarse. El astuto Calvo procuró entonces urdir con otros la espantosa trama que meditaba. Para encubrir sus torcidos manejos distraía con apariencias de santidad la atención del pueblo, tardando mucho en decir misa, y permaneciendo arrodillado en los templos cuatro o cinco horas en acto de contrita y fervorosa oración. Quería ser dominador de Valencia, y creyó que con la hipocresía y con poner en práctica la infernal maquinación de matar a los franceses, cautivaría el ánimo del pueblo, que tanto los odiaba. Para alcanzar su intento era necesario comenzar por apoderarse de la ciudadela, en cuyo recinto había ordenado la Junta que aquéllos se recogiesen, precaviéndolos de todo daño y respetando religiosamente sus propiedades y haberes. No era difícil la empresa, porque sólo habían quedado allí de guarnición unos cuantos inválidos, habiéndose ausentado con su gente para formar una división en Castellón de la Plana don Vicente Moreno, nombrado antes por la Junta gobernador de dicha ciudadela. Calvo conoció bien que dueño de este punto tenía en sus manos una prenda muy importante, y que podría a mansalva cometer la proyectada carnicería.

El y sus cómplices fijaron el 5 de Junio para la ejecución de su espantoso plan, y repentinamente al anochecer, levantando gran gritería y alboroto, sin obstáculo penetraron dentro de los muros de la ciudadela y la dominaron. Fue Calvo de los primeros que entraron, y apresurándose a poner en obra su proyecto, se complació en unir a la crueldad la más insigne perfidia. Porque presentándose a los franceses detenidos, con aire de compunción les dijo: "Que intentando el populacho matarlos, movido de piedad y caridad cristiana se había anticipado a preservarlos, disponiendo él a escondidas que se evadiesen por el postigo que daba al campo, y partiesen al Grao, en donde encontrarían barcos listos para transportarlos a Francia." Al mismo tiempo que de aquel modo con ellos se expresaba había preparado para determinarlos y azorar aún más sus caídos ánimos, que se diesen por los agavillados gritos amenazadores de *traición* y *venganza.* Con semejante amago cedieron los presos a las insinuaciones del fingido amigo, y trataron de salir por el postigo indicado. Al ir a ejecutarlo corrió la voz de que se salvaban los franceses, y hombres ciegos y rabiosos se atropellaron hacia su estancia. Dentro comenzó el horrible estrago; presidíale el feroz clérigo. Hubo tan sólo un intermedio en que se llamaron confesores para asistir en su última hora a las infelices víctimas. Aprovechándose de aquellos breves instantes, algunas personas humanas volaron a su socorro, acompañadas de imágenes y reliquias veneradas por los valencianos. Su presencia y las enternecidas súplicas de los respetables confesores a veces apiadaban a los verdugos; pero el furibundo Calvo, convertido en carnívora fiera, acallaba con el terror las lágrimas y los quejidos de los que intercedían en favor de tantos inocentes, y estimulaba a sus sicarios, añadiendo a las esperanzas de un asalariado cebo la blasfemia de que nada era más grato a los ojos de la Divinidad que el matar a los franceses. Quedaban vivos 70 de estos desgraciados, y menos bárbaros los ejecutores que su sanguinario jefe, suspendieron la matanza y pidieron que se les hiciese gracia. Fingió Calvo acceder a su ruego, seguro de que en vano hubiera insistido en que se continuase el destrozo, y mandó que los sacasen por fuera del muro a la torre de Cuarte. Mas, ¡quién creyera tamaña ferocidad! Aquel tigre había a prevención apostado una cuadrilla de bandidos cerca de la plaza de Toros, y al emparejar con ella los que ya se juzgaban libres, se vieron acometidos por los encubiertos asesinos, quienes fría y traidoramente los traspasaron con sus espadas y puñales. Perecieron en la noche 330 franceses; pensóse que con la oscuridad se pondría término a tan bárbaro furor pero el de Calvo aún no estaba satisfecho.

Al empezar el alboroto había la Junta comisionado a Rico para que le enfrenase y estorbara los males que amagaban. Inútiles fueron ofertas, ruegos y amenazas. La voz de su primer caudillo fue tan desoída por los amotinados como cuando mataron a Albalat. Nueva prueba, si de ella se necesitase, de que «los tribunos del pueblo (según la expresión de Tito Livio), más bien que rigen, son regidos casi siempre por la multitud"[5]. Calvo, ensoberbecido, se erigió en señor absoluto, y durante la carnicería de la ciudadela expidió órdenes a todas las autoridades, y todas ellas humildemente se le sometieron, empezando por el Capitán general. Rico, desfallecido, temió por su persona y se recogió a un sitio apartado. Sin embargo, por la mañana, recobrando sus abatidas fuerzas, montó a caballo, y confiando en que la multitud, con su inconstancia, desampararía a su nuevo dueño, pensó en prenderle, y estaba a punto de conseguir contra su rival un seguro triunfo, cuando el coronel don Mariano Usel propuso en la Junta que se nombrase a Calvo individuo suyo. Le apoyaron otros dos, por lo que de resultas hubo quien a éstos y al Usel los sospechara de no ignorar del todo el origen de los horrores cometidos.

Calvo, en la mañana del 6, todavía empapado en la inocente sangre, tomó asiento en la Junta. Consternados estaban todos sus miembros, y sólo Rico, despechado por el suceso de la anterior noche, alzó la voz, dirigió con energía su discurso al mismo Calvo, acriminó con negros colores su conducta, y afirmó que Valencia estaba perdida si al instante no se cortaba la cabeza a aquel malvado. Sorprendióse Calvo, pasmáronse los otros circunstantes, y en esto andaban cuando una parte del populacho, destacada por su jefe sediento de sangre, después de haber recorrido las calles en que se guarecían unos pocos franceses y de haberlos muerto, arrastró consigo a la presencia de la misma Junta ocho de aquellos desgraciados, que quiso inmolar en la sala de las sesiones. El cónsul inglés Tupper, que antes había salvado a algunos, intentó inútilmente y con harto riesgo de su persona libertar a éstos. Los individuos de aquella corporación, amedrentados, precipitadamente se dispersaron, salpicándose sus vestidos con la sangre de los ocho infelices franceses, vertida sin piedad por infames matadores. Todo fue entonces terror y espanto. Rico se escondió y aun dos veces mudó de disfraz, temiendo la inevitable venganza de Calvo, que triunfante dominaba solo, y se disponía a ejecutar actos de inaudita ferocidad.

Felizmente no todos se descorazonaron; al contrario, los hubo que trabajando en silencio por la noche, pudieron congregar la Junta en la mañana del 7. Vuelto en sí Rico del susto, llevó principalmente la voz, y queriendo los asistentes no ser envueltos en la ruina común que amenazaba, decretaron el arresto de Calvo, y antes de que éste pudiera ser avisado diéronse prisa a ejecutar la resolución convenida; sorprendiéronle y sin tardanza le pusieron a bordo de un barco, que le trasladó a Mallorca. Allí permaneció hasta últimos de Junio, en que preso se le volvió a traer a Valencia para ser juzgado. Grandes y honrosos sucesos acaecieron en el intervalo en aquella ciudad, y con los cuales lavó algún tanto el negro borrón que los asesinatos habían echado sobre su gloria. Ahora, aunque anticipemos la serie de acontecimientos, será bien que concluyamos con los hechos de Calvo y de sus cómplices.

Así con el pronto y severo castigo respirará el lector, angustiado con la nefanda relación de tantos crímenes.

Habiendo vuelto Calvo a Valencia, alegó, conforme a la doctrina de su escuela, en una defensa que extendió por escrito, que si había obrado mal, había sido por hacer el bien, debiendo la intención ponerle a salvo de toda inculpación. Aquí tenemos renovada la regla invariable de los sectarios de Loyola, a quienes todo les era lícito, con tal que, como dice Pascal[6], supiesen *dirigir la intención*. No le sirvió de descargo a Calvo, porque condenado a la pena de garrote, fue ajusticiado en la cárcel a las doce de la noche del 3 de Julio, y expuesto su cadáver al público en la mañana del 4. Hubo en la formación y sentencia de la causa algunas irregularidades, que a pesar de la atrocidad de los crímenes del reo hubiera convenido evitar. Achacóse también a Calvo haber procedido en virtud de comisión de Murat. Careció de verosimilitud y de fundamento tan extraña acusación. Se inventó para hacerle odioso a los ojos de la muchedumbre, y poder más fácilmente atajarle en su desenfreno. Fue hombre fanático y ambicioso, que mezclando y confundiendo erróneos principios con sus feroces pasiones, no reparó en los medios de llevar a cabo un proyecto que le facilitase obtener el principal y quizás exclusivo influjo en los negocios del día.

La Junta pensó además en hacer un escarmiento en los otros delincuentes. Creó con este objeto un tribunal de seguridad pública, compuesto de tres magistrados de la Audiencia, don José Manescau y los Sres. Villafañe y Fuster. Había la previsión del primero preparado una manera fácil de descubrir a los matadores y la cual en parte la debió a la casualidad. En la mañana que siguió a la cruel carnicería, quince o veinte de los asesinos, con las manos aún teñidas de sangre, creyendo haber procedido según los deseos de la Junta, se presentaron para entregar los relojes y alhajas de que habían despojado a los franceses muertos, y pidieron, en retribución del acto patriótico que habían ejecutado, alguna recompensa. El advertido Manescau condescendió en dar a cada uno 30 rs., pero con la precaución al escribano de que les tomase los nombres, bajo pretexto que era precisa aquella formalidad para justificar que habían cobrado el dinero. Partiendo de este antecedente pudo probarse quiénes eran los reos, y en el espacio de dos meses se ahorcó públicamente y se dio garrote en secreto a más de 200 individuos. Severidad que a algunos pareció áspera, pero sin ella la anarquía a duras penas se hubiera reprimido en Valencia y en otros pueblos de su reino, entre los que Castellón de la Plana y Ayora habían visto también perecer su gobernador y alcalde mayor. Con el ejemplo dado la autoridad recobró la conveniente fuerza.

Luego que la Junta se vio desembarazada de Calvo y de sus infernales maquinaciones, se ocupó con más desahogo en el alistamiento y organización de su ejército. El tiempo urgía, repetidos avisos anunciaban que los franceses disponían una expedición contra aquella provincia, y era preciso no desaprovechar tan preciosos momentos. Cartagena suministró inmediatos recursos, y con ellos y los que pudieron sacarse del propio suelo, se puso la ciudad de Valencia en estado de defensa. Al mismo tiempo se dirigió sobre Almansa un cuerpo de 15 000 hombres, al mando del Conde de Cervellón, a quien se juntó de Murcia don Pedro González de Llamas, y otro de 8000, bajo las de don Pedro Adorno, se situó en las Cabrillas. Tal estaba el reino de Valencia antes de ser atacado por el mariscal Moncey, de cuya campaña nos ocuparemos después.

La justa indignación abrigada en todos los pechos bullía con acelerados latidos en el de los moradores del antiguo asiento de las franquezas y libertades españolas, en la inmortal Zaragoza. Gloria duradera le estaba reservada, y la patria de Lanuza renovó en nuestros días las proezas que solemos colocar entre las fábulas de la historia. Su levantamiento, sin embargo, nada ofreció de nuevo ni singular, caminando por los mismos pasos por donde habían ido algunas de las otras provincias. Con Mayo empezaron los corrillos y las conversaciones populares, y al recibirse el correo de Madrid agrupábanse las gentes a saber las novedades que traía. Siendo por momentos más tristes y adversas, aguardaban todos que la inquieta curiosidad finalizaría por una estrepitosa explosión. Repartieron, en efecto, el 24 las cartas llegadas por la mañana, y de boca en boca cundió velozmente cómo Napoleón se erigía en dueño de la monarquía española, de resultas de haber renunciado la corona en favor suyo la familia de Borbón. Instantáneamente se armó gran bulla; y hombres, mujeres y niños se precipitaron a casa del capitán general don Jorge Juan de Guillelmi. Los vecinos de las parroquias de la Magdalena y San Pablo concurrieron en gran número, capitaneados por varios de los suyos, y entre ellos el tío Jorge, que era del arrabal. Descolló el último sobre todos, y la energía de su porte, el sano juicio que le distinguía, lo recto de su intención y el varonil denuedo con que a cada paso expuso después su vida, le hacen acreedor a una honrosa y particular mención. Hombre sin letras y desnudo de educación culta, halló en la nobleza de su corazón, y como por instinto, los elevados sentimientos que han ilustrado a los varones esclarecidos. Su nombre, aunque humilde, escrito al lado de ellos, resplandecerá sin deslucirlos.

La muchedumbre pidió al Capitán general que hiciera dimisión del mando. Costó mucho que se resolviese al sacrificio; mas forzado a ello y conducido preso a la Aljafería, fue interinamente sustituido por su segundo, el general Mori. Al anochecer se embraveció el tumulto, y desconfiándose del nuevo jefe por ser italiano de nación, se convidó con el mando a don Antonio Cornel, antiguo ministro de la Guerra, quien rehusó aceptarle.

Mori el 25 congregó una junta, la cual, tímida como su presidente, buscaba paliativos que sin desdoro ni peligro sacasen a sus miembros del atascadero en que estaban hundidos: inútiles y menguados medios en violentas crisis. Enfadóse el pueblo con la tardanza, volviendo sus inquietas miradas hacia don José Palafox y Melci. Recordará el lector que este militar a últimos de Abril, en comisión de su jefe el Marqués de Castelar, había ido a Bayona para informar al Rey de lo ocurrido en la soltura y entrega del Príncipe de la Paz. Continuó allí hasta los primeros días de Mayo, en que se asegura regresó a España con encargo parecido al que por el propio tiempo se dio a la Junta suprema de Madrid para resistir abiertamente a los franceses. Penetró Palafox por Guipúzcoa, de donde se trasladó a la torre de Alfranca, casa de campo de su familia cerca de Zaragoza. Permaneciendo misteriosamente en su retiro, movió a sospecha al general Guillelmi, quien le intimó la orden de salir del reino de Aragón. Tenemos entendido que Palafox, incomodado entonces, se arrimó a los que anhelaban por un rompimiento, y que no sin noticia suya estalló la revolución zaragozana. Por fin, al oscurecer del 25, depuesto ya Guillelmi y quejoso el pueblo de Mori, se despacharon a Alfranca 50 paisanos para traer a la ciudad a Palafox. Al principio se negó a ir, aparentando disculpas, y sólo cedió al expreso mandato que le fue enviado por el interino Capitán general.

Al entrar en Zaragoza pidió que se juntase el Acuerdo en la mañana del 26, con intento de comunicarle cosas del mayor interés. En la sesión celebrada aquel día hizo uso de las insinuaciones que se le habían hecho en Bayona para resistir a los franceses, y sobre las cuales, a causa de estar S. M. en manos de su enemigo, se guardó profundo silencio. Rogó después que se le desembarazase de la importunidad del pueblo, que se manifestaba deseoso de nombrarle por caudillo, no obstante que su vida y haberes los inmolaría con gusto en el altar de la patria. Enmudecieron todos, y vislumbraron que no desagradaban a los oídos de Palafox los clamores prorrumpidos por el pueblo en alabanza suya. Aguardaba la multitud impaciente a las puertas del edificio, e insistiendo por dos veces en que se eligiese capitán general a su favorecido, alcanzó la demanda, cediendo Mori el puesto que ocupaba.

Alzado a la dignidad suprema de la provincia don José Palafox y Melci, fue obedecido en toda ella, y a su voz se sometieron con gusto los aragoneses de acá y allá del Ebro. Admiró su elevación, y aún más que en sus procedimientos no desmereciese de la confianza que en él tenía el pueblo. Todavía mancebo, pues apenas frisaba los veintiocho años, bello y agraciado de rostro y de persona, con traeres apuestos y cumplidos, cautivaba Palafox la afición de cuantos le veían y trataban. Pero si la naturaleza con larga mano le había prodigado las perfecciones del cuerpo, no se creía hasta entonces que hubiese andado tan generosa en punto a las dotes del entendimiento. Buscado y requerido por las damas de la corrompida corte de Carlos IV, se nos ha asegurado que con porfiado empeño desdeñó el rendimiento obsequioso de la que entre todas era, si no la más hermosa, por lo menos la más elevada. Esta tenacidad fue una de las más principales cualidades de su alma, y la empleó más oportuna y dignamente en la memorable defensa de Zaragoza. Sin práctica ni conocimiento de la milicia ni de los negocios públicos, tuvo el suficiente tino para rodearse de personas que por su enérgica decisión o su saber y experiencia le sostuvieron en los apurados trances, o le ayudasen con sus consejos. Tales fueron el P. D. Basilio Bogiero, de la Escuela Pía, su antiguo maestro; don Lorenzo Calvo de Rozas, que habiendo llegado de Madrid el 28 de Mayo, fue nombrado corregidor e intendente, y el oficial de artillería don Ignacio López, a quien se debió en el primer sitio la dirección de importantes operaciones.

Para legitimar solemnemente el levantamiento, convocó Palafox a Cortes el reino de Aragón. Acudieron los diputados a Zaragoza, y el día 9 de Junio abrieron sus sesiones[7] en la casa de la ciudad, asistiendo 34 individuos, que representaban los cuatro brazos, en cuyo número se comprendía el de las ocho ciudades de voto en Cortes. Aprobaron éstas todo lo actuado antes de su reunión, y después de nombrar a don José Rebolledo de Palafox y Melci capitán general, juzgaron prudente separarse, formando una junta de seis individuos que de acuerdo con el jefe militar atendiese a la defensa común. La autoridad y poder de este nuevo cuerpo fueron más limitados que el de las juntas de las otras provincias, siendo Palafox la verdadera, y por decirlo así, la única cabeza del gobierno. Dependió no poco esta diferencia de la particular situación en que se halló Zaragoza, la cual, temiendo ser prontamente acometida por los franceses, necesitaba de un brazo vigoroso que la guiase y protegiese. Era esto tanto más urgente, cuanto la ciudad estaba del todo desabastecida. No llegaba a 2000 hombres el número de tropas que la guarnecían, inclusos los miñones y partidas sueltas de bandera. De doce cañones se componía toda la artillería, y ésta no gruesa, escaseando en mayor proporción los otros pertrechos. En vista de tamaña miseria, apresuráronse Palafox y sus consejeros a reunir la gente que de todas partes acudía, y a organizarla, empleando para ello a oficiales retirados y a los que de Pamplona, San Sebastián, Madrid, Alcalá y otros puntos sucesivamente se escapaban. Restableció, en la formación de los nuevos cuerpos, el ya desusado nombre de tercios, bajo el que la antigua infantería española había alcanzado tantos laureles, distinguiéndose más que todos el de los estudiantes de la universidad, disciplinado por el barón de Versages. Se recogieron fusiles, escopetas y otras armas, se montaron algunas piezas arrinconadas o viejas, y la fábrica de pólvora de Villafeliche suministró municiones. Escasos recursos, si a todo no hubiera suplido el valor y la constancia aragonesa.

El levantamiento se ejecutó en Zaragoza sin que felizmente se hubiese derramado sangre. Solamente se arrestaron las personas que causaban sombra al pueblo.

Enérgico como los demás, fue en especial notable su primer manifiesto por dos de los artículos que comprendía. "1.º Que el Emperador, todos los individuos de su familia, y finalmente, todo general francés, eran personalmente responsables de la seguridad del Rey y de su hermano y tío. 2.º Que en caso de un atentado contra vidas tan preciosas, para que la España no careciese de su monarca, *usaría la nación de su derecho electivo* a favor del archiduque Carlos, como nieto de Carlos III, siempre que el Príncipe de Sicilia y el infante don Pedro y demás herederos no pudieran concurrir." Echase de ver en la cláusula anotada con letra bastardilla que, al paso que los aragoneses estaban firmemente adictos a la forma monárquica de su gobierno, no se habían borrado de su memoria aquellos antiguos fueros que en la junta de Caspe les habían dado derecho a elegir un rey, conforme a la justicia y pública conveniencia.

"Cataluña, como dice Melo, una de las provincias de más primor, reputación y estima que se halla en la grande congregación de estados y reinos de que se formó la nación española", levantó erguida su cerviz, humillada por los que con fementido engaño habían ocupado sus princi-

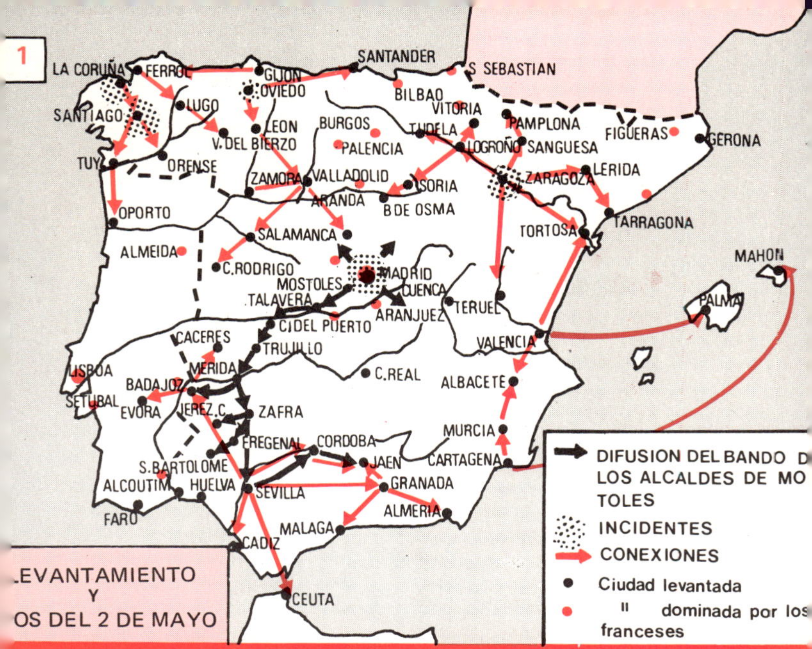
1
LA CORUÑA
FERROL
GIJON
OVIEDO
SANTANDER
S. SEBASTIAN
BILBAO
VITORIA
SANTIAGO
LUGO
LEON
V. DEL BIERZO
BURGOS
PALENCIA
TUDELA
PAMPLONA
LOGROÑO
SANGUESA
FIGUERAS
GERONA
TUY
ORENSE
ZAMORA
VALLADOLID
SORIA
ZARAGOZA
LERIDA
ARANDA
B DE OSMA
TARRAGONA
OPORTO
SALAMANCA
TORTOSA
ALMEIDA
C.RODRIGO
MADRID
MOSTOLES
CUENCA
TALAVERA
ARANJUEZ
TERUEL
MAHON
PALMA
C. DEL PUERTO
CACERES
TRUJILLO
VALENCIA
LISBOA
MERIDA
C.REAL
BADAJOZ
ALBACETE
SETUBAL
EVORA
JEREZ C.
ZAFRA
MURCIA
FREGENAL
CORDOBA
S.BARTOLOME
JAEN
CARTAGENA
ALCOUTIM
HUELVA
GRANADA
SEVILLA
ALMERIA
FARO
MALAGA
CADIZ
CEUTA
LEVANTAMIENTO
Y
OS DEL 2 DE MAYO
DIFUSION DEL BANDO D
LOS ALCALDES DE MO
TOLES
INCIDENTES
CONEXIONES
Ciudad levantada
" dominada por los
franceses

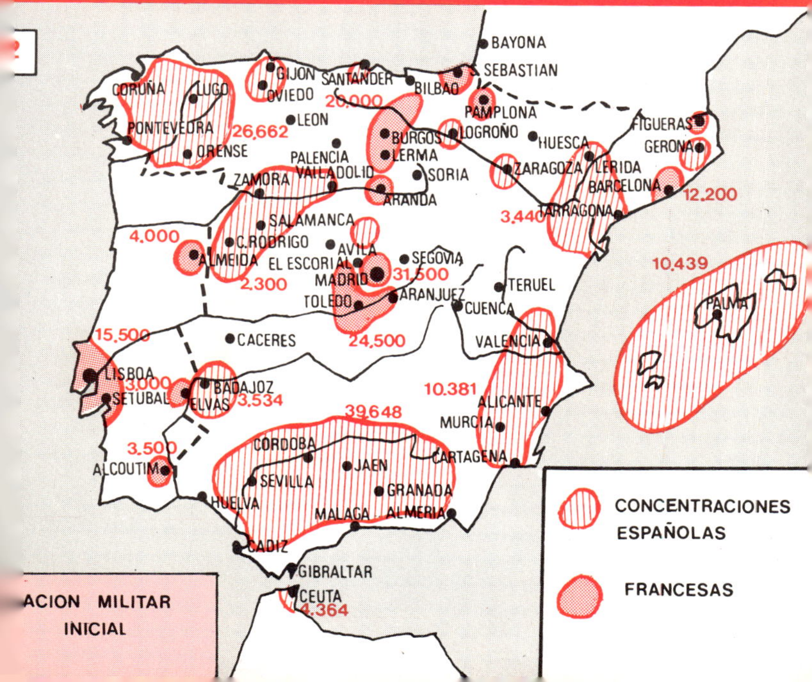
2
BAYONA
S. SEBASTIAN
GIJON
SANTANDER
BILBAO
CORUÑA
LUGO
OVIEDO
20.000
PAMPLONA
PONTEVEDRA
26.662
LEON
BURGOS
LOGROÑO
FIGUERAS
ORENSE
LERMA
HUESCA
GERONA
PALENCIA
ZAMORA
VALLADOLID
SORIA
ZARAGOZA
LERIDA
BARCELONA
12.200
ARANDA
3.440
TARRAGONA
SALAMANCA
4.000
C.RODRIGO
AVILA
SEGOVIA
10.439
ALMEIDA
EL ESCORIAL
MADRID
31.500
2.300
TERUEL
TOLEDO
ARANJUEZ
CUENCA
PALMA
15.500
CACERES
24.500
VALENCIA
LISBOA
3.000
BADAJOZ
SETUBAL
ELVAS
3.534
10.381
ALICANTE
39.648
MURCIA
3.500
CORDOBA
CARTAGENA
ALCOUTIM
JAEN
SEVILLA
GRANADA
HUELVA
MALAGA
ALMERIA
CADIZ
GIBRALTAR
CEUTA
4.364
ACION MILITAR
INICIAL
CONCENTRACIONES
ESPAÑOLAS
FRANCESAS

Levantamiento y ecos del 2 de mayo

Situación militar inicial

pales fortalezas. Mas desprovistos los habitantes de este apoyo, sobre todo del de Barcelona, grande e importante por el armamento, vestuario, tropa, oficialidad y abundantes recursos que en su recinto se encerraban, faltóles un centro de donde emanasen con uniforme impulso las providencias dirigidas a conmover las ciudades y pueblos de su territorio. No por eso dejaron de ser portentosos sus esfuerzos, y si cabe, en ellos y en admirable constancia sobrepujó a todas la belicosa Cataluña. Solamente obstruida y cortada por el ejército enemigo, tuvo al pronto que levantarse desunida y en separadas porciones, tardando algún tiempo en constituirse una junta única y general para toda la provincia.

Las conmociones empezaron a últimos de Mayo y al entrar Junio. Dentro del mismo Barcelona se desgarraron el 31 de aquel mes los carteles que proclamaban la nueva dinastía. Hubo tumultuosas reuniones, andúvose a veces a las manos, y resultaron muertes y otros disgustos. Los franceses se inquietaron bastantemente, ya por lo populoso de la ciudad, y ya también porque el vecindario amotinado hubiera podido ser sostenido por 3500 hombres de buena tropa española, que todavía permanecían dentro de la plaza, y cuyo espíritu era del todo contrario a los invasores. Sin embargo, acalláronse allí los alborotos, pero no en las poblaciones que estaban fuera del alcance de la garra francesa.

Había Duhesme, su general, pensado en hacerse dueño de Lérida para conservar francas sus comunicaciones con Zaragoza. Consiguió al efecto una orden de la Junta de Madrid, ya no débil, pero sí culpable, la cual ordenó la entrega a la tropa extranjera. Cauto, sin embargo, el general francés, envió por delante al regimiento de Extremadura, que no pudiendo, como español, despertar las sospechas de los leridanos, le allanase sin obstáculo la ocupación. Penetraron, no obstante, aquellos habitantes intención tan siniestra, y haciendo en persona la guardia de sus muros, rogaron a los de Extremadura que se quedasen afuera. Con gusto condescendieron éstos, aguardando en la villa de Tárrega favorable coyuntura para pasar a Zaragoza, en cuyo sitio se mantuvieron firmes apoyos de la causa de su patria. Lérida, por tanto, fue la que primero se armó y declaró ordenadamente. Al mismo tiempo Manresa quemó en público los bandos y decretos del gobierno de Madrid. Tortosa, luego que fue informada de las ocurrencias de Valencia, imitó su ejemplo, y por desgracia algunos de sus desórdenes, habiendo perecido miserablemente su gobernador don Santiago de Guzmán y Villoria. Igual suerte cupo al de Villafranca de Panadés, don Juan de Toda. Así todos los pueblos, unos tras de otros o a la vez, se manifestaron con denuedo, y allí el lidiar fue inseparable del pronunciamiento. Yendo uno y otro de compañía, nos reservaremos, pues, el hablar más detenidamente para cuando lleguemos a las acciones de guerra. El Principado se congregó en junta de todos sus corregimientos a fines de Junio, y se escogió entonces para su asiento la ciudad de Lérida.

Separadas por el Mediterráneo del continente español las islas Baleares, no sólo era de esperar que desconociesen la autoridad intrusa, resguardadas como lo estaban y al abrigo de sorpresa, sino que también era muy de desear que abrazasen la causa común, pudiendo su tranquilo y aislado territorio servir de reparo en los contratiempos, y dejando libres con su declaración las fuerzas considerables de mar y tierra que allí había. Además de la escuadra surta en Menorca, de que hemos hablado, se contaban en todas sus islas unos 10 000 hombres de tropa reglada, cuyo número, atendiendo a la escasez que de soldados veteranos había en España, era harto importante.

Notáronse en todas las Baleares parecidos síntomas a los que reinaban en la Península, y cuando se estaba en dudas y vacilaciones arribó de Valencia, el 29 de Mayo, un barco con la noticia de lo ocurrido en aquella capital el 23. El general, que lo era a la sazón don Juan Miguel de Vives, en unión con el pueblo, mostróse inclinado a seguir las mismas huellas; pero se retrajo en vista de pliegos recibidos de Madrid pocas horas después, y traídos por un oficial francés. Hízole titubear su contenido, y convocó el Acuerdo para que juntos discurriesen acerca de los medios de conservar la tranquilidad. Se traslució su intento, y por la tarde una porción de jóvenes de la nobleza y oficiales formaron el proyecto de trastornar el orden actual, valiéndose de la buena disposición del pueblo. Idearon, como paso previo, tantear al segundo cabo el mariscal de campo don Juan Oneille, con ánimo de que reemplazase al General, quien, sabiendo lo que andaba, paró el golpe, reuniendo a las nueve de la noche en las casas consistoriales una junta de autoridades. Se iluminó la fachada del edificio, y se anunció al pueblo la resolución de no reconocer otro gobierno que el de Fernando VII. Entonces fue universal la alegría, unánimes las demostraciones cordiales de patriotismo. Evitó la oportuna decisión del General desórdenes y desgracias. Al día siguiente 30 se erigió la junta que se había acordado en la noche anterior, la cual, presidida por el Capitán general, se compuso de más de 20 individuos, entresacados de las autoridades, y nombrados otros por sus estamentos o clases. Se agregaron posteriormente dos diputados por Menorca, dos por Ibiza, y otro por la escuadra fondeada en Mahón.

En esta última ciudad, siendo las cabezas oficiales de ejército y de marina, se había depuesto y preso al Gobernador y al coronel de Soria, Cabrera, y desobedecido abiertamente las órdenes de Murat. Recayó el mando en el comandante interino de la escuadra, a cuyas instancias envió la junta de Mallorca para relevarle al Marqués del Palacio, poco antes coronel de húsares españoles.

En nada se había perturbado la tranquilidad en Palma ni en las otras poblaciones. Sólo el 29, para resguardar su persona, se puso en el castillo de Bellver al oficial francés, portador de los pliegos de Madrid. Doloroso fue tener también que recurrir a igual precaución con los dos distinguidos miembros del instituto de Francia, Arago y Biot, quienes, en unión con los astrónomos españoles don José Rodríguez y don José Chaix, habían pasado a aquella isla con comisión científica importante. Era, pues, la de prolongar a la isla de Formentera la medida del arco del meridiano, observado y medido anteriormente desde Dunkerque hasta Montjuich, en Barcelona, por los sabios Mechain y Delambre. La operación, dichosamente, se había terminado antes que las provincias se alzasen, estorbando sólo este suceso medir una base de verificación proyectada en el reino de Valencia. Ya el ignorante pueblo los había mirado con desconfianza cuando, para el desempeño de su cargo, ejecutaban las operaciones geodésicas y astronómicas necesarias. Figuróse que eran planos que levantaban por orden de Napoleón, para sus fines políticos y militares. A tales sospechas daban lugar los engaños y aleves arterías con que los ejércitos franceses habían penetrado en lo interior del reino; y en verdad que nunca la ignorancia pudiera alegar motivos que pareciesen más fundados. La Junta, al principio, no osó contrarrestar el torrente de la opinión popular; pero conociendo el mérito de los sabios extranjeros, y la utilidad de sus trabajos, los preservó de todo daño; e imposibilitada por la guerra de enviarlos en derechura a Francia, los embarcó, en oportuna ocasión, a bordo de un buque que iba a Argel, país entonces neutral, y de donde se restituyeron después a sus hogares.

El entusiasmo en Mallorca fue universal, esmerándose con particularidad en manifestarle las más principales señoras; y si en toda la isla de Mallorca, como decía el Cardenal de Retz,[8] "no hay mujeres feas", fácil será imaginar el poderoso influjo que tuvieron en su levantamiento.

En Palma se creó un cuerpo de voluntarios con aquel nombre, que después pasó a servir a Cataluña. Y aunque al principio la Junta, obrando precavidamente, no permitió que se trasladasen a la Península las tropas que guarnecían las islas, por fin accedió a que se incorporasen sucesivamente con los ejércitos que guerreaban.

Unas tras otras hemos recorrido las provincias de España y contado su glorioso alzamiento. Habrá quien eche de menos a Navarra y las provincias Vascongadas; pero lindando con Francia, privados sus moradores de dos importantes plazas, y cercados y opresos por todos lados, no pudieron resolverse ni formalizar por de pronto gobierno alguno. Con todo, animadas de patriotismo acendrado, impelieron a la deserción a los pocos soldados españoles que había en su suelo, auxiliaron en cuanto alcanzaban sus fuerzas a las provincias lidiadoras, y luego que las suyas estuvieron libres o más desembarazadas, se unieron a todas, cooperando con no menor conato a la destrucción del común enemigo. Y más adelante veremos que, aun ocupado de nuevo su territorio, pelearon con empeño y constancia por medio de sus guerrillas y cuerpos francos.

En las islas Canarias, aunque algo lejanas de las costas españolas, siguióse el impulso de Sevilla. Dudóse en un principio de la certeza de los acontecimientos de Bayona, y se consideraron como invención de la malevolencia, o como voces de intento esparcidas por los partidarios de los ingleses. Mas habiendo llegado en Julio noticia de la insurrección de Sevilla y de la instalación de su Junta suprema, el Capitán general, Marqués de Casa-Cagigal, dispuso que se proclamase a Fernando VII, imitando con vivo entusiasmo los habitantes de todas las islas el noble ejemplo de la Península. Hubo, sin embargo, entre ellas algunas desavenencias, renovando la Gran Canaria sus antiguas rivalidades de primacía con la de Tenerife. Así se crearon en ambas separadas juntas, y en la última, despojado del mando Casa-Cagigal, ya de ambas aborrecido, fue puesto en su lugar el teniente de rey don Carlos O'Donnell. Levantáronse después quejas muy sentidas contra este jefe y la Junta de Tenerife, que no cesaron hasta que el gobierno supremo de la Central puso en ello el conveniente remedio.

Por lo demás, el cuadro que hemos trazado de la insurrección de España parecerá a algunos diminuto o conciso, y a otros difuso o harto circunstanciado. Responderemos a los primeros que, no habiendo sido nuestro propósito escribir la historia particular del alzamiento de cada provincia, el descender a más pormenores hubiera sido obrar con desacuerdo. Y a los segundos que, en vista de la nobleza de la causa, y de la ignorancia, cierta o fingida, que acerca de su origen y progreso muchos han mostrado, no ha sido tan fuera de razón dar a conocer con algún detenimiento una revolución memorable, que, por descuido de unos y malicia de otros, se iba sepultando en el olvido, o desfigurándose de un modo rápido y doloroso. Para acabar de llenar nuestro objeto, será bien que, fundándonos en la verídica relación que precede, sacada de las mejores fuentes, añadamos algunas cortas reflexiones, que, arrojando nueva luz, refuten las equivocaciones sobrado groseras en que varios han incurrido.

Entre éstas se ha presentado con más séquito la de atribuir las conmociones de España al ciego fanatismo y a los manejos e influjo del clero. Lejos de ser así, hemos visto cómo en muchas provincias el alzamiento fue espontáneo, sin que hubiera habido móvil secreto; y que si en otras hubo personas que aprovechándose del espíritu general trataron de dirigirle, no fueron clérigos ni clases determinadas, sino indistintamente individuos de todas ellas. El estado eclesiástico, cierto que no se opuso a la insurrección, pero tampoco fue su autor. Entró en ella, como toda la nación, arrastrado de un honroso sentimiento patrio, y no impelido por el inmediato temor de que se le despojase de sus bienes. Hasta entonces los franceses no habían en esta parte dado ocasión a sospechas, y según se advirtió en el libro segundo, el clero español, antes de los sucesos de Bayona, más bien era partidario de Napoleón que enemigo suyo, considerándole como el hombre que en Francia había restablecido con solemnidad el culto. Por tanto la resistencia de España nació de odio contra la dominación extranjera; y el clérigo como el filósofo, el militar como el paisano, el noble como el plebeyo, se movieron por el mismo impulso, al mismo tiempo, y sin consultar generalmente otro interés que el de la dignidad e independencia nacional. Todos los españoles que presenciaron aquellos días de universal entusiasmo, y muchos son los que aún viven, atestiguarán la verdad del aserto.

No menos infundado, aunque no tan general, ha sido achacar la insurrección a conciertos de los ingleses con agentes secretos. Napoleón y sus parciales, que por todas partes veían o aparentaban ver la mano británica, fueron los autores de invención tan peregrina. Por lo expuesto se habrá notado cuán ajeno estaba aquel gobierno de semejante suceso, y cuánto le sorprendió la llegada a Londres de los diputados asturianos, que fueron los primeros que lo anunciaron. Muchas de las costas de España estaban sin buques de guerra ingleses que de cerca observasen o fomentasen alborotos, y las provincias interiores no podían tener relación con ellos, ni esperar su pronta y efectiva protección; y aun en Cádiz, en donde había un crucero, se desechó su ayuda, si bien amistosamente, para un combate en el que, por ser marítimo, les interesaba tomar parte. Véase, pues, si el conjunto de estos hechos da el menor indicio de que la Inglaterra hubiese preparado el primero y gran sacudimiento de España.

Mas aun careciendo de la copia de datos que muestran lo contrario, el hombre meditabundo e imparcial fácilmente penetrará que no era dado ni a clérigos ni a ingleses, ni a ninguna otra persona, clase ni potencia, por poderosa que fuese, provocar con agentes y ocultos manejos en una nación entera un tan enérgico, unánime y simultáneo levantamiento. Buscará su origen en causas más naturales, y su atento juicio lo descubrirá sin esfuerzo en el desorden del anterior gobierno, en los vaivenes que precedieron, y en el cúmulo de engaños y alevosías con que Napoleón y los suyos ofendieron el orgullo español.

No bastaba a los detractores dar al fanatismo o a los ingleses el primer lugar en tan grande acontecimiento. Hanse recreado también en oscurecer su lustre, exagerando las muertes y horrores cometidos en medio del fervor popular. Cuando hemos referido los lamentables excesos que entonces hubo, cubriendo a sus autores del merecido oprobio, no hemos omitido ninguno que fuese notable. Siendo así, dígasenos de buena fe si acompañaron al tropel de revueltas desórdenes tales, que deban arrancar las desusadas exclamaciones en que algunos han prorrumpido. Sólo pudieran ser aplicables a Valencia, y no a la generalidad del reino, y aun allí mismo los excesos fueron inmediatamente reprimidos, y castigados con una severidad que rara vez se acostumbra contra culpados de semejantes crímenes en las grandes revoluciones. Pero, al paso que profundamente nos dolemos de aquel estrago, séanos lícito advertir que hemos recorrido provincias enteras sin topar con desmán alguno, y en todas las otras no llegaron a treinta las personas muertas tumultuariamente. Y por ventura, en la situación de España, rotos los vínculos de la subordinación y la obediencia, con autoridades que, compuestas en lo general de hechuras y parciales de Godoy, eran miradas de soslayo, y a veces aborrecidas, ¿no es de maravillar que desencadenadas las pasiones, no se suscitasen más rencillas, y que las tropelías, multiplicándose, no hubiesen salvado todas las barreras? ¿Merece, pues, aquella nación que se la tilde de cruel y bárbara? ¿Qué otra en tan deshecha tormenta se hubiera mostrado más moderada y contenida? Cítesenos una mudanza y desconcierto tan fundamental, si bien no igualmente justo y honroso, en que las demasías no hayan muy mucho sobrepujado a las que se cometieron en la insurrección española. Nuestra edad ha presenciado grandes trastornos en naciones apellidadas por excelencia cultas, y en verdad que el imparcial examen y cotejo de sus excesos con los nuestros no les sería favorable.

Después de haber tratado de desvanecer errores que tan comunes se han hecho, veamos lo que fueron las juntas y de qué defectos adolecieron. Agregado incoherente y sobrado numeroso de individuos en que se confundía el hombre del pueblo con el noble, el clérigo con el militar, estaban aquellas autoridades animadas del patriotismo más puro, sin que a veces le adornase la conveniente ilustración. Muchas de ellas pusieron todo su conato en ahogar el espíritu popular, que les había dado el ser, y no le sustituyeron la acertada dirección con que hubieran podido manejar los negocios hombres prácticos y de estado. Así fue que bien pronto se vieron privadas de los inagotables recursos que en todo trastorno social suministra el entusiasmo y facilita el mismo desembarazo de las antiguas trabas; no pudiendo en su lugar introducir orden ni regla fija, ya porque las circunstancias lo impedían, y ya también porque pocos de sus individuos estaban dotados de las prendas que se requieren para ello. Hombres tales, escasos en todos los países, era natural que fuesen más raros en España, en donde la opresiva humillación del gobierno había en parte ahogado las bellas disposiciones de los habitantes. Por este medio se explica cómo a la grandiosa y primera insurrección, hija de un sentimiento noble de honor e independencia nacional, que el despotismo de tantos años no había podido desarraigar, no correspondieron las medidas de gobierno y organización militar y económica que en un principio debieron adoptarse. No obstante, justo es decir que los esfuerzos de las juntas no fueron tan cortos ni limitados como algunos han pretendido, y que aun en naciones más adelantadas quizá no se hubiera ido más allá, si en lo interior hubiesen tenido éstas que luchar con un ejército extranjero, careciendo de uno propio que pudiera llamarse tal, vacías las arcas públicas, y poco provistos los depósitos y arsenales.

Fue muy útil que en el primer ardor de la insurrección se formase en cada provincia una junta separada. Esta especie de gobierno federativo, mortal en tiempos tranquilos para España, como nación contigua por mar y tierra a estados poderosos, dobló entonces, y aun multiplicó sus medios y recursos, excitó una emulación hasta cierto punto saludable, y sobre todo evitó que los manejos del extranjero, valiéndose de la flaqueza y villanía de algunos, barrenasen sordamente la causa sagrada de la patria. Un gobierno central y único, antes de que la revolución hubiese echado raíces, más fácilmente se hubiera doblegado a pérfidas insinuaciones, o su constancia hubiera con mayor prontitud cedido a los primeros reveses. Autoridades desparramadas como las de las juntas, ni ofrecían un blanco bien distinto contra el que pudieran apuntarse los tiros de la intriga, ni aun a ellas mismas les era permitido (cosa de que todas estuvieron lejos) ponerse de concierto para daño y pérdida de la causa que defendían.

Acompañó al sentimiento unánime de resistir al extranjero otro no menos importante de mejora y reforma. Cierto que éste no se dejó ver ni tan clara ni tan universalmente como el primero. Para el uno sólo se requería ser español y honrado; mas para el otro era necesario mayor saber que el que cabía en una nación sujeta por siglos a un sistema de persecución e intolerancia política y religiosa. Sin embargo, apenas hubo proclama, instrucción o manifiesto de las juntas, en que, lamentándose de las máximas que habían regido anteriormente, no se diese indicio de querer tomar un rumbo opuesto, anunciando para lo futuro o la convocación de Cortes, o el restablecimiento de antiguos fueros, o el desagravio de pasadas ofensas.

Antes de concluir el presente libro será justo que demos una razón, aunque breve, de la insurrección de Portugal, cuyos acontecimientos anduvieron tan mezclados con los nuestros.

Aquel reino, si bien al parecer tranquilo, viéndose agobiado con las extraordinarias cargas, y ofendido de los agravios que se hacían a sus habitantes, tan sólo deseaba oportuna ocasión en que sacudir el yugo que le oprimía.

Junot, en su desvanecimiento, a veces había ideado ceñirse la corona de Portugal. Para ello hubo insinuaciones, sordas intrigas, proyectos de Constitución y otros pasos, que no haciendo a nuestro propósito, los pasaremos en silencio. Tuvo, por último, que contentarse con la dignidad de duque de Abrantes, a que le ensalzó su amo en remuneración de sus servicios.

Desde el mes de Marzo, con motivo de la llamada de las tropas españolas, anduvo el general francés inquieto, temiendo que se aumentasen los peligros al paso que se disminuía su fuerza. Se tranquilizó algún tanto cuando vio que al advenimiento al trono de Fernando habían recibido los españoles contraorden. Así fue, como hemos dicho, que los de Oporto volvieron a sus acantonamientos; se mantuvieron quietos en Lisboa y sus contornos los de don Juan Carrafa, y sólo de los de Solano se restituyeron a Setúbal cuatro batallones, no habiendo Junot tenido por conveniente recibir a los restantes. Prefirió éste guardar por sí el Alentejo, y envió a Kellerman para reemplazar a Solano cuya memoria fue tanto más sentida por los naturales, cuanto el nuevo comandante se estrenó con imponer una contribución en tal manera gravosa, que el mismo Junot tuvo que desaprobarla. Kellerman transfirió a Yelbes su cuartel general para observar de cerca a Solano, quien permaneció en la frontera hasta Mayo, en cuyo tiempo se retiró a Andalucía.

En este estado se hallaban las cosas de Portugal, cuando, después del suceso del 2 de Mayo en Madrid, receloso Napoleón de nuevos alborotos en España, ordenó a Junot que enviase del lado de Ciudad Rodrigo 4000 hombres que obrasen de concierto con el mariscal Bessières, y otros tantos por la parte de Extremadura para ayudar a Dupont, que avanzaba hacia Sierra Morena. Al entrar Junio llegaron los primeros al pie del fuerte de la Concepción, el cual, situado sobre el cerro llamado el Gardón, sirve como de atalaya para observar la frontera portuguesa y las plazas de Almeida y Castel-Rodrigo. El general Loison, que mandaba a los franceses, ofreció al comandante español algunas compañías que reforzasen el fuerte contra los comunes enemigos de ambas naciones. El ardid, por tan repetido, era harto grosero para engañar a nadie. Pero no habiendo dentro la suficiente fuerza para la defensa, abandonó el comandante por la noche el fuerte, y se refugió a Ciudad-Rodrigo, cuya plaza, distante cinco leguas, y levantada ya, como toda la provincia de Salamanca, redobló su vigilancia y contuvo así los siniestros intentos de Loison. Por la parte del Mediodía los 4000 franceses que debían penetrar en las Andalucías, trataron, con su jefe Avril, de dirigirse sobre Mértola, y bajando después por las riberas de Guadiana, desembocar impensadamente en el condado de Niebla. Allí la insurrección había tomado tal incremento, que no osaron continuar en empresa tan arriesgada. Al paso que así se desbarataron los planes de Napoleón, que en esta parte no hubieran dejado de ser acertados si más a tiempo hubiesen tenido efecto los acontecimientos del norte de Portugal, vinieron a trastornar a Junot, y levantar un incendio universal en aquel reino.

Los españoles, a su vuelta de Oporto, habían sido puestos a las órdenes del general francés Quesnel. Desagradó la medida inoportuna en un tiempo en que la indignación crecía de punto, e inútil no siendo afianzada con tropa francesa. Andaba así muy irritado el soldado español, cuando alzándose Galicia, comunicó aquella Junta avisos para que los de Oporto se incorporasen a su ejército y llevasen consigo a cuantos franceses pudiesen coger. Concertáronse los principales jefes, se colocó al frente el mariscal de Campo don Domingo Belestá, como de mayor graduación, y el 6 de Junio, habiendo hecho prisionero a Quesnel y a los suyos, que eran muy pocos, tomó toda la división española que estaba en Oporto el camino de Galicia. Antes de partir dijo Belestá a los portugueses que les dejaba libres de abrazar el partido que quisieran, ya fuese el de España, ya el de Francia, o ya el de su propio país. Escogieron el último, como era natural. Pero luego que los españoles se alejaron, amedrentadas las autoridades, se sometieron de nuevo a Junot.

Continuaron de este modo algunos días, hasta que el 11 de Junio, habiéndose levantado la provincia de Tras-los-Montes, y nombrado por su jefe al teniente general Manuel Gómez de Sepúlveda, hombre muy anciano, se extendió a la de Entre-Duero-y-Miño la insurrección, y se renovó el 18 en Oporto, en donde pusieron a la cabeza a don Antonio de San José de Castro, obispo de la diócesis. Cundió también a Coimbra y otros pueblos de la Beira, haciendo prisioneros y persiguiendo a algunas partidas sueltas de franceses. Loison, que desde Almeida había intentado ir a Oporto, retrocedió al verse acometido por la población insurgente de las riberas del Duero.

Una junta se formó en Oporto, que mandó en unión con el Obispo, la cual fue reconocida por todo el norte de Portugal. Al instante abrió tratos con Inglaterra, y diputó a Londres al Vizconde de Balsemao y a un desembargador. Entabló también con Galicia convenientes relaciones, y entre ambas juntas se concluyó una convención o tratado de alianza ofensiva y defensiva.

Súpose en Lisboa el 9 de Junio la marcha de las tropas españolas de Oporto y lo demás que en esta ciudad había pasado. Sin dilación pensó Junot en tomar una medida vigorosa con los cuerpos de la misma nación que tenía consigo, y cuyos soldados estaban con el ánimo tan alborotado como todos sus compatriotas. Temíase una sublevación de parte de ellos, y no sin algún fundamento. Ya en el mes anterior, y cuando en 5 de Mayo dio en Extremadura la proclama, de que hicimos mención, el desgraciado Torre del Fresno, había sido enviado allí, de Badajoz, el oficial don Federico Moreti para concertarse con el general don Juan Carrafa y preparar la vuelta a España de aquellas tropas. La comisión de Moreti no tuvo resulta, así por ser temprana y arriesgada, como también por la tibieza que mostró el mencionado Carrafa; pero después embraveciéndose la insurrección española, llegaron de varios puntos emisarios que atizaban, faltando sólo ocasión oportuna para que hubiese un rompimiento. Ofrecíasela lo acaecido en Oporto, y con objeto de prevenir golpe tan fatal, procuró Junot, antes de que se esparciese la noticia, sorprender a los nuestros y desarmarlos. Pudo, sin embargo, escaparse de Mafra y pasar a España el Marqués de Malespina con el regimiento de dragones de la Reina; y para engañar a los demás emplearon los franceses varios ardides, cogiendo a unos en los cuarteles y a otros divididos. Mil y doscientos de ellos, que estaban en el campo de Ourique, rehusaron ir al convento de San Francisco, barruntando que se les armaba alguna celada. Entonces Junot los mandó llamar al Terreiro do Pazo, fingiendo que era con intento de embarcarlos para España. Alborozados por nueva tan halagüeña, llegaron a aquella plaza, cuando se vieron rodeados por 3000 franceses y asestada contra sus filas la artillería en las bocacalles. Fueron, pues, desarmados todos y conducidos a bordo de los pontones que había en el Tajo. No se comprendió a los oficiales en precaución tan rigurosa; pero no habiendo creído algunos de ellos deber respetar una palabra de honor que se les había arrancado después de una alevosía, se fugaron a España, y de resultas sus compañeros fueron sometidos a igual y desgraciada suerte que los soldados.

No fue tan fácil sorprender ni engañar a los que estando a la izquierda del Tajo vivían más desembarazadamente. Así desertó la mayor parte del regimiento de caballería de María Luisa, y fue notable la insurrección de los cuerpos de Valencia y Murcia, de los que, con una bandera, se dirigieron a España muchos soldados. Estaban en Setúbal, y el general francés Graindorge, que allí mandaba, los persiguió. Hubo un reencuentro en Os-Pegoes, y los franceses, habiendo sido rechazados, no pudieron detener a los nuestros en su marcha.

El haber desarmado a los españoles de Lisboa motivó la insurrección de los Algarbes, y por consecuencia, la de todo el mediodía de Portugal. Gobernaba aquella provincia, de parte de los franceses, el general Maurin, a quien, estando enfermo, sustituyó el coronel Maransin. Eran cortas las tropas que estaban a sus órdenes, y cuidadoso dicho jefe por los alborotos, había salido para Villarreal, en donde construía una batería que asegurase aquel punto contra los ataques de Ayamonte. Ocupado en guarecerse de un peligro, otro más inmediato vino a distraerle y consternarle. Era el 16 de Junio cuando Olhá, pequeño pueblo de pescadores, a una legua de Faro, se sublevó a la lectura de una proclama que había publicado Junot con ocasión de haber desarmado a los españoles. Dio el coronel José López de Sousa el primer grito contra los franceses, que fue repetido por toda la población. Este alboroto estuvo a punto de apaciguarse; pero obligado Maransin, que había acudido al primer ruido, a salir de Faro para combatir a los paisanos, que levantados descendían de las montañas que parten término con el Alentejo, se sublevó, a su vez, dicha ciudad de Faro, formó una junta, se puso en comunicación con los ingleses, y llevó a bordo de sus navíos al enfermo general Maurin y a los pocos franceses que estaban en su compañía. Maransin, en vista de la poca fuerza que le quedaba, se retiró a Mértola, para de allí darse más fácilmente la mano con los generales Kellerman y Avril, que ocupaban el Alentejo. Se aproximó después a Beja, y por haberle asesinado algunos soldados, la entró a saco el 25 de Junio. Prendió la insurrección en otros puntos, y en todos aquellos en que el espíritu público no fue comprimido por la superioridad de la fuerza francesa, se repitió el mismo espectáculo y hubo iguales alborotos que en la Península. Entre la junta de Faro y los españoles suscitóse cierta disputa por haber éstos destruido las fortificaciones de Castro-Marín. De ambos lados se dieron las competentes satisfacciones, y amistosamente se concluyó un convenio adecuado a las circunstancias entre los nuevos gobiernos de Sevilla y Faro.

No faltó quien viese, así en este arreglo como en lo que antes se había estipulado entre Galicia y Oporto, una preparación para tratados más importantes, que hubieran podido rematar por una unión y acomodamiento entre ambas naciones. Desgraciadamente varios obstáculos, con los cuidados graves de entonces, debieron impedir que se prosiguiese en designio de tal entidad. Es, sin embargo, de desear que venga un tiempo en que, desapareciendo añejas rivalidades, e ilustrándose unos y otros sobre sus recíprocos y verdaderos intereses, se estrechen dos países que, al paso que juntos formarán un incontrastable valladar contra la ambición de los extraños, desunidos sólo son víctimas de ajenas contiendas y pasiones.

NOTAS

LIBRO PRIMERO

1. M. Bignon en su *Historia de Francia,* escrita por encargo que Napoleón le dejó en su testamento, niega este hecho y los que tienen conexión con él. Sin embargo, iguales e idénticos a los que nosotros referimos los estampa en su historia el general Foy, amigo y compañero de M. Bignon. Además, por papeles concernientes al propio asunto, que aún se conservan en la secretaría de Estado de España, consta que luego que fue comunicada al gabinete de Madrid la cesión en José Bonaparte de la corona de Nápoles, se dio orden al embajador español en París para que éste se presentase al Príncipe de Talleyrand y le expusiese verbalmente los derechos a aquella corona de Carlos IV y su estirpe. Cierto que los acontecimientos posteriores y la debilidad del gobierno español no consintieron apoyar con la correspondiente energía las reclamaciones empezadas, ni continuarlas; pero ellas prueban no ser infundado cuanto en el caso refiere el autor de esta historia.

2. Tenemos noticia original del despacho que con este motivo escribió a Madrid D. Eugenio Izquierdo, y también podrá verse en el manifiesto que de sus procedimientos publicó el Consejo Real, la mención que en su contenido se hace del convenio concluido por Izquierdo en 10 de Mayo de 1806.

3. *Plenos poderes dados por el rey Carlos IV a D. Eugenio Izquierdo, embajador extraordinario en Francia, en 26 de Mayo de 1806, renovados en 8 de Octubre de 1807.*

Don Carlos, por la gracia de Dios, rey de España y de las Indias, etc.

Teniendo entera confianza en vos, D. Eugenio Izquierdo, nuestro consejero honorario de Estado, y habiéndoos autorizado, en virtud de esta confianza, justamente merecida, para firmar un tratado con la persona que fuere igualmente autorizada por nuestro aliado el Emperador de los franceses, nos comprometemos de buena fe y sobre nuestra palabra real que aprobaremos, ratificaremos y haremos observar y ejecutar entera e inviolablemente todo lo que sea estipulado y firmado por vos. En fe de lo cual, hemos hecho expedir la presente, firmada de nuestra mano, sellada con nuestro sello secreto, y refrendada por el infrascrito, nuestro consejero de Estado, primer secretario de Estado y del Despacho. Dada en Aranjuez, a 26 de Mayo de 1806. — *Yo el Rey.* — *Pedro Cevallos.*

NOTA. Traducción española de la francesa que había entre los papeles de D. Eugenio Izquierdo, quien al pie de la dicha traducción francesa puso las dos certificaciones siguientes en francés: — 1.ª Certifico que esta traducción es fiel. París, 5 de Junio de 1806. — *Izquierdo,* consejero de Estado de S. M. C. — 2.ª Certifico que estos poderes han sido renovados día 8 del presente mes en el real sitio de San Lorenzo. — Fontainebleau, 27 de Octubre de 1807. — *Izquierdo.* — (*Llorente,* tomo III, núm. 106.)

4. *Nota justificativa sobre un hecho importante.*

En una obra que se publicó en París, en lengua francesa, bajo el título de *Memorias del Príncipe de la Paz,* cuando se imprimió la primera edición de esta *Historia,* quiso darse una desmentida respecto de una comisión que tuvo en Londres D. Agustín Argüelles por los años de 1806. En comprobación de la verdad de lo referido, insertamos aquí íntegra una carta documentada del mismo Sr. Argüelles, cuyo original conservamos en nuestro poder.

«Madrid, 12 de Abril de 1837.

»Querido Toreno: No puedo explicar a V. lo que me ha sorprendido la nota impresa del tomo IV de las *Memorias del Príncipe de la Paz,* pág. 210, que V. me incluye en su estimada carta.

»Es incomprensible que el autor de dichas *Memorias* niegue lo que pasó entre los dos, estando vivo el que, afirmándolo, no cree tener menor derecho a ser creído que el que lo contradice. Si él es un caballero en su patria, V. sabe muy bien que yo lo soy igualmente en ella; y este carácter de nacimiento en ambos, anterior e independiente de vicisitudes humanas, me impone el deber de vindicar y sostener como cierto lo que comuniqué a V. en Londres, en Junio de 1808, y le repetí después en varias ocasiones. Una sencilla relación de las principales circunstancias del hecho que se intenta oscurecer con artificio en la referida nota, pondrá a V. en estado de juzgar con conocimiento de causa de la verdad de lo que aseguré a V. en la primera época en Inglaterra, y después repetidas veces en España.

»Hacia fines de Septiembre de 1806, un día, a cosa de las diez de la mañana, me llamó a su despacho en la caja de Consolidación el señor D. Manuel Sixto Espinosa, y quedando a solas los dos, me dijo, en sustancia, lo que sigue:

»"Acabo de llegar de Aranjuez, y es preciso que V. se disponga para ir a Londres, a una comisión importante y de la mayor reserva. A fin de asegurar esta reserva, me he comprometido a que V. se encargue de la comisión, por lo mismo que V. no llamará la atención con su salida de aquí ni con su permanencia en aquella capital. La pérdida de Buenos Aires no puede menos de acarrear una catástrofe en la América, y de resultas la bancarrota del Estado, si no se ataca prontamente el mal, reconciliándonos con los ingleses. Así lo he declarado francamente en Aranjuez, añadiendo que yo no podía continuar al frente de la caja en medio de tantos riesgos como se iban a correr con la prolongación de la guerra con Inglaterra. De resultas se ha convenido en intentarlo del mejor modo que sea posible."

»Usted me ha oído diferentes veces hablar de mi sorpresa al verme designado por el Sr. Espinosa para una comisión semejante, siendo yo tan joven, sin experiencia de negocios y con tan poca propensión a entrar en ellos. Finalmente, después de resistirlo cuanto pude, cedí con indecible repugnancia a sus reflexiones, y salí de su despacho a disponer mi viaje. El 3 de Octubre por la mañana me llevó el Sr. Espinosa en su propia berlina a casa del Príncipe de la Paz. Tengo muy presente que en la escalera hallamos que bajaba el Sr. Noriega, entonces tesorero general, con quien se detuvo minutos el Sr. Espinosa. Noté que este último señor, habiendo hablado con una persona, al parecer secretario, entró sin preceder recado, y yo me quedé en una antesala. A poco rato la misma persona me hizo pasar adelante, y hallé en un salón inmediato al Príncipe de la Paz con el Sr. Espinosa, ambos en pie. Como era la primera vez que yo veía al Príncipe de cerca, le observé con suma atención, y recuerdo todavía muy distintamente su fisonomía, su tono de voz y hasta que tenía vestida una bata de seda de color oscuro. Después de haberme recibido con mucho agrado, me dijo, con muy poca diferencia, lo siguiente:

»"Ya el Sr. D. Manuel ha enterado a V. de la naturaleza del encargo que se le confía. Aprovechándose V. de las recomendaciones que V. lleve, procurará V. persuadir a aquellos *magnates* (expresión que tengo muy presente) de que el Gobierno está muy deseoso y dispuesto a entrar en negociaciones; y que admitirá gustoso cualquiera persona debidamente autorizada que quieran enviar al intento; y asegúreles V. desde luego que este Gobierno no pondrá ninguna condición, sino una satisfacción por el insulto de las fragatas. Usted se entenderá en derechura con el Sr. D. Manuel, alisando, sin pérdida de momento, cuanto V. adelante; y en su consecuencia se le autorizará a V. para cuanto sea necesario y conveniente, según las circunstancias lo exigieren. Por lo que me ha informado el Sr. D. Manuel, no dudo que V. corresponderá a esta confianza con todo celo, actividad y reserva."

»Contesté del mejor modo que me fue posible, y recuerdo también que el Sr. Espinosa, al volvernos en su berlina, se manifestó muy satisfecho del modo como yo me había expresado. Al día siguiente, 4 de Octubre, por la mañana, salí en posta para Lisboa, donde entregué en propia mano al Conde de Campo-Alange, nuestro embajador en aquella corte, la carta de que acompaño copia autorizada en debida forma, pues acaba de hallarse y existe original en el archivo de nuestra legación. Antes de embarcarme recibí cartas del Sr. Espinosa en que me encargaba que lo hiciese sin pérdida de momento, y aprovechando el primer paquete, salí para Falmouth, no obstante que me hallaba en cama con calentura. Desde Londres avisé puntualmente al Sr. Espinosa cuanto me habían contestado las personas con quienes hablé, lo que consta y se conserva original en el expediente respectivo, archivado con los demás pertenecientes a la correspondencia extranjera de aquel establecimiento.

»De esta relación resulta que la comisión ha existido. Ni los términos en que me fue confiada, ni las circunstancias que la acompañaron, ni las intenciones con que pueda publicarse hoy la nota en que intenta oscurecer la verdad el autor de las *Memorias,* pueden destruir el hecho. Yo no pude inventarle. Tan joven entonces, pues tendría poco más de veinte y ocho años, sin ningún carácter público que me hiciese conocido, siéndolo del Sr. Espinosa por una casualidad; entregado, como V. sabe, al estudio de libros y materias poco a propósito para hacer fortuna en ninguna carrera; reducido a un corto círculo de amigos, que V. conocía bien, modestos todos ellos y aficionados, como yo, a la vida retirada y laboriosa, ¿cómo era posible que yo fraguase encargo semejante? Me abstengo de hacer otras reflexiones en un punto en que la evidencia del hecho ni las reclama ni las necesita. Espero que esta relación sea suficiente para que V. pueda vindicar el aserto de su obra; y si V. considerase conveniente aprovecharse de esta carta, autorizo a V. para que haga de ella y del documento adjunto el uso que su prudencia le dicte.

»Celebraré que V. se conserve bueno y que disponga como guste del corazón de su afectísimo amigo, Q. B. S. M. — *Agustín Argüelles.* — Excelentísimo Sr. Conde de Toreno.»

«Legación de S. M. C. en Lisboa. — Copia de un despacho del Príncipe de la Paz, de tres de Octubre de mil ochocientos seis, al Excmo. Sr. Conde de Campo-Alange, entonces embajador de S. M. C. en esta corte. — Excelentísimo Sr.: D. Agustín Argüelles, que va a esa ciudad con el objeto de embarcarse para Londres a tratar de negocios de su propio interés, lleva al mismo tiempo un importante cargo reservado del real servicio; y así espero que V. E. se servirá no solamente proporcionarle los medios de que pase prontamente a su destino, sino también facilitarle los auxilios que pendan de su autoridad y las recomendaciones oportunas. Dios guarde a V. E. muchos años. Madrid, a tres de Octubre de mil ochocientos seis. — *El Príncipe de la Paz.* — Sr. Conde de Campo-Alange. — Don Evaristo Pérez de Castro y Colomera, del Consejo de Estado, caballero gran cruz de la real y distinguida orden de Carlos III, gran cruz de la orden de Cristo en Portugal, enviado extraordinario y ministro plenipotenciario de S. M. C. doña Isabel II cerca de S. M. F. doña María II, etc. — Certifico que la copia que antecede de un despacho del Príncipe de la Paz, dirigida al Sr. Conde de Campo-Alange con fecha de tres de Octubre de mil ochocientos seis, es auténtica y literal, y la firma la del referido Príncipe de la Paz, de mí bien conocida; cuya copia he hecho sacar a mi vista del original, existente en el archivo de esta legación de mi cargo. Y para que conste lo firmo y sello con el sello de mis armas en Lisboa a veinte y cinco de Febrero de mil ochocientos treinta y siete. — *Evaristo Pérez de Castro.* — (Hay un sello.) — Don Ildefonso Díez de Rivera, conde de Almodóvar, secretario de Estado y del despacho de la Guerra e interino del de Estado, etc., etc. — Certifico que la firma que antecede es verdadera y la misma que usa siempre en sus escritos el Sr. D. Evaristo Pérez de Castro, enviado extraordinario y ministro plenipotenciario de S. M. C. cerca de S. M. F. la Reina de Portugal. Madrid diez y ocho de Marzo de mil ochocientos treinta y siete. — *El Conde de Almodóvar.* — Corresponde con su original, que me ha sido exhibido por el Sr. D. Agustín Argüelles, a quien lo devolví, y firmó su recibo, de que doy fe y a que me remito. Y para que conste donde convenga, a su instancia, yo, el infraescrito escribano de esta villa de Madrid, pongo el presente, que signo y firmo en ella a primero de Abril de mil ochocientos treinta y siete. — *Don Claudio Sanz y Barea.* — Recibí el original. — *Agustín Argüelles.* — *Legalización.* — Los escribanos del número de esta M. H. villa de Madrid, que aquí signamos y firmamos,

damos fe que el doctor don Claudio Sanz y Barea, por quien va dado y signado el testimonio que antecede es tal escribano del número, nuestro compañero, como se titula y nombra, y en actual ejercicio de su destino, y para que conste donde convenga, damos la presente, sellada con el de nuestro cabildo, en Madrid, fecha ut supra. — (Hay un sello.) — *José García Varela. — Martín Santín y Vázquez. — Miguel María Sierra.* — Don Luis Mayans, ministro togado de primera instancia en esta M. H. villa de Madrid. — Certifico que D. Martín Santín y Vázquez, D. José García Varela y D. Miguel María Sierra, por quien va autorizada la legalización anterior, son tales escribanos de número de esta misma vida e individuos de su cabildo, como se titulan y nombran, los cuales desempeñan sus respectivos oficios. Y para que conste donde convenga firmo ésta en Madrid, a primero de Abril de mil ochocientos treinta y siete. — *Luis Mayans.* — Don José Landero, notario mayor de los reinos y secretario del despacho de Gracia y Justicia de España e Indias, etc., etc. — Certifico que D. Luis Mayans, por quien aparece autorizado el documento que precede, el tal juez de primera instancia de Madrid, como se titula, y de su puño y letra, al parecer, la firma que pone. Y para que conste doy el presente en Madrid, a cinco de Abril de mil ochocientos treinta y siete. — *José Landero.* — Don José María Calatrava, secretario de Estado y del despacho, presidente del Consejo de ministros, etc., etc. — Certifico que D. José Landero, por quien va autorizada la anterior partida, es tal secretario de Estado y del despacho de Gracia y Justicia, como se titula, y la firma que pone a su final de su puño y letra. Y para que conste doy el presente en Madrid a seis de Abril de mil ochocientos treinta y siete. — (Hay un sello.) — *José María Calatrava.* — Primera secretaría de Estado. — Registrado número 445. — Nous embassadeur de S. M. le Roi des Français près S. M. C.: Certifions véritable la signature ci-dessus de Mr. José María Calatrava, premier sécretaire d'État de S. M. C. et president du Conseil des Ministres. Madrid, le 8 Avril 1837. — Pour Mr. l'Ambassadeur et par autorisation. — Le premier sécretaire d'ambassade, *E. Drouyn de Lhuy.*»

Y si el autor de las *Memorias* ha perdido la suya sobre un hecho de tamaña entidad, ¿qué crédito podrán merecer los demás sucesos que relata?

El público ha hecho ya justicia de ésta, considerándola como una fastidiosa compilación, falta de verdad e interés histórico, y desnuda de todo mérito literario; no queriendo, por lo tanto, nosotros manchar las páginas de nuestra *Historia,* destinada a un objeto grandioso, con responder a personalidades que nos tocan, falsas o ridículas, comunes todas y expresadas en lenguaje vulgar. Por otra parte, maltratados en dichas *Memorias,* con casi todos los hombres célebres y dignos que ha contado la España desde Carlos III acá, holgámonos de estar en medio de compañía tan buena y honrosa; sólo nos dolemos de que el Príncipe de la Paz, nada versado en letras, haya querido aparecer convertido en autor al fin de su carrera, poniendo a ella funesto colmo, y sirviendo de instrumento torpe y ciego a tres o cuatro de sus antiguos aduladores o secuaces, verdaderos componedores de las *Memorias,* quienes, escudados con el nombre del Príncipe, han derramado en su obra a manos llenas la hiel y las falsedades, desfigurando sin recato alguno la historia entera del reinado de Carlos IV.

Posteriormente se ha publicado en París, en español, otra edición en seis tomos de las *Memorias del Príncipe de la Paz,* con la especificación de ser la única edición *original* publicada por el mismo Príncipe. Repítense en ella en impropio, pedantesco y aun a veces asqueroso lenguaje los baldones, las injurias y los falsos hechos de los tomos impresos en francés, dándoles sólo mayor extensión y desenvolvimiento. Atribúyese la nueva producción, o si se quiere versión en español, a un clérigo andaluz de pobres letras y mal asentado concepto; quien, creído de que iban en España a restituir los bienes al Príncipe de la Paz, se arrimó a él y le prestó su pluma, esperando recibir con creces la recompensa que juzgaba debida a sus obsequiosos, pero no desinteresados, desvelos.

5. La amistad que media hace muchos años entre don Agustín de Argüelles

y nosotros nos ha puesto en el caso de haber oído muchas veces de su misma boca la relación de esta misión que le fue encomendada. A mayor abundamiento, conservamos por escrito una nota suya acerca de aquel suceso.

6. *Proclama de don Manuel Godoy.*

En circunstancias menos arriesgadas que las presentes han procurado los vasallos leales auxiliar a sus soberanos con dones y recursos anticipados a las necesidades; pero en esta previsión tiene el mejor lugar la generosa acción del súbdito hacia su señor. El reino de Andalucía, privilegiado por la naturaleza en la producción de caballos de guerra ligeros; la provincia de Extremadura, que tantos servicios de esta clase hizo al señor Felipe V, ¿verán con paciencia que la caballería del Rey de España esté reducida e incompleta por falta de caballos? No, no lo creo; antes sí espero que del mismo modo que los abuelos gloriosos de la generación presente sirvieron al abuelo de nuestro rey con hombres y caballos, asistan ahora los nietos de nuestro suelo con regimientos o compañías de hombres diestros en el manejo del caballo, para que sirvan y defiendan a su patria todo el tiempo que duren las urgencias actuales, volviendo después, llenos de gloria y con mejor suerte, al descanso entre su familia. Entonces sí que cada cual se disputará los laureles de la victoria: cuál dirá deberse a su brazo la salvación de su familia; cuál la de su jefe; cuál la de su pariente o amigo; y todos a una tendrán razón para atribuirse a sí mismos la salvación de la patria. Venid, pues, amados compatriotas; venid a jurar bajo las banderas del más benéfico de los soberanos; venid, y yo os cubriré con el manto de la gratitud, cumpliéndoos cuanto desde ahora os ofrezco, si el Dios de las victorias nos concede una paz tan feliz y duradera cual le rogamos. No, no os detendrá el temor, no la perfidia: vuestros pechos no abrigan tales vicios, ni dan lugar a la torpe seducción. Venid, pues, y si las cosas llegasen a punto de no enlazarse las armas con las de nuestros enemigos, no incurriréis en la nota de sospechosos, ni os tildaréis con un dictado impropio de vuestra lealtad y pundonor por haber sido omisos a mi llamamiento.

Pero, si mi voz no alcanzase a despertar vuestros anhelos de gloria, sea la de vuestros inmediatos tutores, o padres del pueblo, a quienes me dirijo, la que os haga entender lo que debéis a vuestra obligación, a vuestro honor y a la sagrada religión que profesáis. — *El Príncipe de la Paz.*

7. *Estado de los regimientos que componían la expedición de tropas españolas al mando del teniente general Marqués de la Romana, destinada a formar un cuerpo de observación hacia el país de Hannover.*

Deberán salir de España por la parte de Irún los cuerpos siguientes: infantería de línea, tercer batallón de Guadalajara, 778 hombres; regimiento de Asturias, 2.332; primero y segundo batallón de la Princesa, 1.554; infantería ligera, primer batallón de Barcelona, 1.245 plazas; caballería de línea, Rey, 670 hombres y 540 caballos; Infantería, íd., íd.

Por la parte de la Junquera: infantería de línea, tercer batallón de la Princesa, 778 plazas; dragones, Almansa, 670 hombres y 540 caballos; Lusitania, íd.; artillería, un tren de campaña de 25 piezas y el ganado de tiro correspondiente, 270 hombres zapadores minadores, una compañía, 127 hombres.

Existentes en Etruria, y que constituyen parte de la expedición: infantería de línea, regimiento de Zamora, 969 plazas; primero y segundo batallón de Guadalajara, 996; infantería ligera, primer batallón de Cataluña, 1.042 hombres; caballería, Algarbe, 624 hombres y 406 caballos; dragones, Villaviciosa, 634 hombres y 393 caballos.

Total, 14.019 hombres y 2.859 caballos. — Id. plazas agregadas, 2.216 hombres y 241 caballos. — Madrid, 4 de Marzo de 1807.

8. *Tratado secreto entre el Rey de España y el Emperador de los franceses, relativo a la suerte futura del Portugal.*

Napoleón, emperador de los franceses, etc. Habiendo visto y examinado el tratado concluido, arreglado y firmado en Fontainebleau, a 27 de Octubre de 1807, por el general de división Miguel Duroc, gran mariscal de nuestro palacio, etc., en virtud de los plenos poderes que le hemos conferido a este efecto, con D. Eugenio Izquierdo, consejero honorario de Estado y de Guerra de S. M. el Rey de España, igualmente autorizado con plenos poderes de su soberano, de cuyo tratado es el tenor como sigue:

S. M. el Emperador de los franceses y S. M. el Rey de España, queriendo arreglar de común acuerdo los intereses de los dos estados, y determinar la suerte futura de Portugal de un modo que concilie la política de los dos países, han nombrado por sus ministros plenipotenciarios, a saber: S. M. el Emperador de los franceses, al general Duroc, y S. M. el Rey de España, a D. Eugenio Izquierdo, los cuales, después de haber canjeado sus plenos poderes, se han convenido en lo que sigue:

1.º La provincia de Entre-Duero-y-Miño, con la ciudad de Oporto, se dará en toda propiedad y soberanía a S. M. el Rey de Etruria, con el título de rey de la Lusitania septentrional.

2.º La provincia del Alentejo y el reino de los Algarbes se darán en toda propiedad y soberanía al Príncipe de la Paz, para que las disfrute con el título de príncipe de los Algarbes.

3.º Las provincias de Beira, Tras-los-Montes y la Extremadura portuguesa quedarán en depósito hasta la paz general para disponer de ellas según las circunstancias y conforme a lo que se convenga entre las dos altas partes contratantes.

4.º El reino de la Lusitania septentrional será poseído por los descendientes de S. M. el Rey de Etruria hereditariamente, y siguiendo las leyes que están en uso en la familia reinante de S. M. el Rey de España.

5.º El principado de los Algarbes será poseído por los descendientes del Príncipe de la Paz hereditariamente, siguiendo las reglas del artículo anterior.

6.º En defecto de descendientes o herederos legítimos del Rey de la Lusitania septentrional o del Príncipe de los Algarbes, estos países se darán por investidura por S. M. el Rey de España, sin que jamás puedan ser reunidas bajo una misma cabeza o a la corona de España.

7.º El reino de la Lusitania septentrional y el principado de los Algarbes reconocerán por protector a S. M. el Rey de España, y en ningún caso los soberanos de estos países podrán hacer ni la paz ni la guerra sin su consentimiento.

8.º En el caso en que las provincias de Beira, Tras-los-Montes y la Extremadura portuguesa, tenidas en secuestro, fuesen devueltas, a la paz general, a la casa de Braganza en cambio de Gibraltar, la Trinidad y otras colonias que los ingleses han conquistado sobre la España y sus aliados, el nuevo soberano de estas provincias tendría con respecto a S. M. el Rey de España los mismos vínculos que el Rey de la Lusitania septentrional y el Príncipe de los Algarbes, y serán poseídas por aquél bajo las mismas condiciones.

9.º S. M. el Rey de Etruria cede en toda su propiedad y soberanía el reino de Etruria a S. M. el Emperador de los franceses.

10. Cuando se efectúe la ocupación definitiva de las provincias de Portugal, los diferentes príncipes que deben poseerlas nombrarán de acuerdo comisarios para fijar sus límites naturales.

11. S. M. el Emperador de los franceses sale garante a S. M. el rey de España de la posesión de sus estados del continente de Europa situados al mediodía de los Pirineos.

12. S. M. el Emperador de los franceses se obliga a reconocer a S. M. el Rey de España como emperador de las dos Américas cuando todo esté preparado para que S. M. pueda tomar ese título, lo que podrá ser, o bien a la paz general, o a más tardar dentro de tres años.

13. Las dos altas partes contratantes se entenderán para hacer un repartimiento igual de las islas, colonias y otras propiedades ultramarinas del Portugal.

14. El presente tratado quedará secreto, será ratificado, y las ratificaciones serán canjeadas en Madrid veinte días a más tardar después del día en que se ha firmado.

Fecho en Fontainebleau a 27 de Octubre de 1807. — *Duroc.* — *Izquierdo.*

Hemos aprobado y aprobamos el precedente tratado en todos y en cada uno de los artículos contenidos en él; declaramos que está aceptado, ratificado y confirmado, y prometemos que será observado inviolablemente. En fe de lo cual hemos dado la presente, firmada de nuestra mano, refrendada y sellada con nuestro sello imperial, en Fontainebleau, a 29 de Octubre de 1807. — Firmado. — *Napoleón.* — El ministro de Relaciones exteriores. — *Champagny.* — Por el Emperador, el Ministro secretario de Estado, *Hugo Maret.*

Convención anexa al tratado anterior, aprobada y ratificada en los mismos términos.

Artículo 1.º Un cuerpo de tropas imperiales francesas, de 25.000 hombres de infantería y 3.000 de caballería, entrará en España y marchará en derechura a Lisboa; se reunirá a este cuerpo otro de 8.000 hombres de infantería y 3.000 de caballería de tropas españolas con 30 piezas de artillería.

2.º Al mismo tiempo una división de tropas españolas de 10.000 hombres tomará posesión de la provincia de Entre-Duero-y-Miño y de la ciudad de Oporto; y otra división de 6.000 hombres, compuesta igualmente de tropas españolas, tomará posesión de la provincia del Alentejo y del reino de los Algarbes.

3.º Las tropas francesas serán alimentadas y mantenidas por la España y sus sueldos pagados por la Francia durante todo el tiempo de su tránsito por España.

4.º Desde el momento en que las tropas combinadas hayan entrado en Portugal, las provincias de Beira, Tras-los-Montes y la Extremadura portuguesa (que deben quedar secuestradas) serán administradas y gobernadas por el general comandante de las tropas francesas, y las contribuciones que se les impondrán quedarán a beneficio de la Francia. Las provincias que deben formar el reino de la Lusitania septentrional y el principado de los Algarbes serán administradas y gobernadas por los generales comandantes de las divisiones españolas que entrarán en ellas, y las contribuciones que se les impondrán quedarán a beneficio de la España.

5.º El cuerpo del centro estará bajo las órdenes de los comandantes de las tropas francesas, y a él estarán sometidas las tropas españolas que se reúnan a aquéllas; sin embargo, si el Rey de España o el Príncipe de la Paz juzgaren conveniente trasladarse a este cuerpo de ejército, el general comandante de las tropas francesas y éstas mismas estarán bajo sus órdenes.

6.º Un nuevo cuerpo de 40.000 hombres de tropas francesas se reunirá en Bayona a más tardar el 20 de Noviembre próximo, para estar pronto a entrar en España para transferir a Portugal en el caso de que los ingleses enviasen refuerzos y amenazasen atacarlo. Este nuevo cuerpo no entrará, sin embargo, en España hasta que las dos altas potencias contratantes se hayan puesto de acuerdo a este efecto.

7.º La presente convención será ratificada, etc.

9. Hemos visto las más de las piezas que obraron en este proceso. Decimos *las más,* porque como el original ha rodado por tantas manos y personas de intereses encontrados, no sería extraño que se hubiesen extraviado algunos documentos o alterado otros. Dicho proceso paraba en poder de D. Mariano Luis de Urquijo, y a su muerte, acaecida en París en 1817, pasó al del Marqués de Almenaria. No sabemos si éste lo conserva aún, o si lo ha entregado al rey Fernando VII.

10. *Carta del príncipe de Asturias, Fernando, al emperador Napoleón, en 11 de Octubre de 1807.*

«Señor: El temor de incomodar a V. M. I. en medio de sus hazañas y grandes negocios que lo ocupan sin cesar, me ha privado hasta ahora de satisfacer directamente mis deseos eficaces de manifestar a lo menos por escrito los sentimientos de respeto, estimación y afecto que tengo al héroe mayor que cuantos le han precedido, enviado por la Providencia para salvar la Europa del trastorno total que la amenazaba, para consolidar los tronos vacilantes, y para dar a las naciones la paz y la felicidad.

»Las virtudes de V. M. I., su moderación, su bondad aún con sus más injustos e implacables enemigos, todo, en fin, me hacía esperar que la expresión de estos sentimientos sería recibida como efusión de un corazón lleno de admiración y de amistad sincera.

»El estado en que me hallo de mucho tiempo a esta parte, incapaz de ocultarse a la grande penetración de V. M., ha sido hasta hoy segundo obstáculo que ha contenido mi pluma, preparada siempre a manifestar mis deseos. Pero lleno de esperanzas de hallar en la magnanimidad de V. M. I. la protección más poderosa, me determino, no solamente a testificar los sentimientos de mi corazón para con su augusta persona, sino a depositar los secretos más íntimos en el pecho de V. M. como en el de un tierno padre.

»Yo soy bien infeliz de hallarme precisado, por circunstancias particulares, a ocultar como si fuera crimen una acción tan justa y tan loable; pero tales suelen ser las consecuencias funestas de un exceso de bondad, aun en los mejores reyes.

»Lleno de respeto y de amor filial para con mi padre (cuyo corazón es el más recto y generoso), no me atrevería a decir sino a V. M. aquello que V. M. conoce mejor que yo; esto es, que estas mismas calidades suelen con frecuencia servir de instrumento a las personas astutas y malignas para confundir la verdad a los ojos del Soberano, por más propia que sea esta virtud de caracteres semejantes al de mi respetable padre.

»Si los hombres que lo rodean aquí le dejasen conocer a fondo el carácter de V. M. I., como yo lo conozco, ¿con qué ansias procuraría mi padre estrechar los nudos que deben unir nuestras dos naciones? Y ¿habrá medio más proporcionado que rogar a V. M. I. el honor de que me concediera por esposa una princesa de su augusta familia? Este es el deseo unánime de todos los vasallos de mi padre, y no dudo que también el suyo mismo (a pesar de los esfuerzos de un corto número de malévolos) así que sepa las intenciones de V. M. I. Esto es cuanto mi corazón apetece; pero no sucediendo así a los egoístas pérfidos que rodean a mi padre, y que pueden sorprenderlo por un momento, estoy lleno de temores en este punto.

»Sólo el respeto de V. M. I. pudiera desconcertar sus planes, abriendo los ojos a mis buenos y amados padres, y haciéndolos felices al mismo tiempo que a la nación española y a mí mismo. El mundo entero admirará cada día más la bondad de V. M. I., quien tendrá en mi persona el hijo más reconocido y afecto.

»Imploro, pues, con la mayor confianza la protección paternal de V. M. a fin de que no solamente se digne concederme el honor de darme por esposa una princesa de su familia, sino allanar todas las dificultades y disipar todos los obstáculos que puedan oponerse en este único objeto de mis deseos.

»Este esfuerzo de bondad de parte de V. M. I. es tanto más necesario para mí, cuanto yo no puedo hacer ninguno de mi parte, mediante a que se interpretaría insulto a la autoridad paternal, estando, como estoy, reducido a sólo el arbitrio de resistir (y lo haré con invencible constancia) mi casamiento con otra persona, sea la que fuere, sin el consentimiento y aprobación positiva de V. M., de quien yo espero únicamente la elección de esposa para mí.

»Esta es la felicidad que confío conseguir de V. M. I., rogando a Dios que guarde su preciosa vida muchos años. Escrito y firmado de mi propia mano y sellado con mi sello en el Escorial, a 11 de Octubre de 1807. — De V. M. I. y R. su más afecto servidor y hermano. — *Fernando.*

11. *Extracto del coloquio tenido por D. Eugenio Izquierdo con el ministro Champagny.* (*Llorente,* tomo III, núm. 120.)

Mr. Champagny: No quiero meterme en cuestiones; me limito a decir a V. de orden del Emperador: 1.º Que pide muy de veras S. M. que por ningún motivo ni razón y bajo ningún pretexto no se hable ni se publique en este negocio cosa que tenga alusión al Emperador ni a su embajador en Madrid, y nada se actúe de que pueda resultar indicio ni sospecha de que S. M. I.

ni su embajador hayan sabido, entendido ni coadyuvado a cosa alguna interior de España. 2.º Que si no se ejecuta lo que acabo de decir, lo mirará como una ofensa hecha directamente a su persona, que tiene (como V. sabe) medios de vengarla, y que la vengará. 3.º Declara positivamente S. M. que jamás se ha mezclado en cosas interiores de España, y asegura solemnemente que jamás se mezclará; que nunca ha sido su pensamiento el que el Príncipe de Asturias se casase con una princesa, y mucho menos con Mlle. Tascher de la Pagerie, sobrina de la Emperatriz, prometida ha mucho tiempo al Duque de Aremberg; que no se opondrá (como tampoco se opuso cuando lo de Nápoles) a que el Rey de España case a su hijo con quien tenga por acertado. 4.º Mr. de Beauharnais no se entrometerá en asuntos interiores de España; pero S. M. I. no le retirará, y nada debe dejarse publicar ni escribir de que pudiera inferirse cosa alguna contra este embajador. Y 5.º Que se lleven a ejecución estricta y prontamente los convenios ajustados el 27 de Octubre último; que no haya pretexto para dejar de enviar las tropas prometidas; que en ningún punto falten, y que si faltan, S. M. mirará esta falta como una infracción del convenio ajustado.

12. Esta orden se copia de los papeles que en defensa suya ha publicado el mismo Duque de Mahon.

13. *Nota dirigida desde París al Príncipe de la Paz por el consejero de Estado D. Eugenio Izquierdo.* Escóiquiz, *Idea sencilla,* número 1.º)

La situación de las cosas no da lugar para referir con individualidad las conversaciones que desde mi vuelta de Madrid he tenido por disposición del Emperador, tanto con el gran mariscal del palacio imperial, el general Duroc, como con el vice-gran elector del imperio, Príncipe de Benevento.

Así me ceñiré a exponer los medios que se me han comunicado en estos coloquios para arreglar, y aun para terminar amistosamente los asuntos que existen hoy entre España y Francia; medios que me han sido transmitidos con el fin de que mi gobierno tome la más pronta resolución acerca de ellos.

Que existen actualmente varios cuerpos de tropas francesas en España es un hecho constante.

Las resultas de esta existencia de tropas están en lo futuro. Un arreglo entre el gobierno francés y español, con recíproca satisfacción, puede detener los eventos y elevarse a solemne tratado y definitivo sobre las bases siguientes:

1.ª En las colonias españolas y francesas podrán franceses y españoles comerciar libremente, el francés en las españolas como si fuese español, y el español en las francesas como si fuese francés, pagando unos y otros los derechos que se paguen en los respectivos países por sus naturales.

Esta prerrogativa será exclusiva, y ninguna potencia sino la Francesa podrá obtenerla en España, como en Francia ninguna potencia sino la española.

2.ª Portugal está hoy poseído por Francia. La comunicación de Francia con Portugal exige una ruta militar, y también un paso continuo de tropas por España para guarnecer aquel país y defenderle contra la Inglaterra, ha de causar multitud de gastos, de disgustos, engorros, y tal vez producir frecuentes motivos de desaveniencias. Podría amistosamente arreglarse este objeto quedando todo el Portugal para España, y recibiendo un equivalente la Francia en las provincias de España contiguas a este imperio.

3.ª Arreglar de una vez la sucesión al trono de España.

4.ª Hacer un tratado ofensivo y defensivo de alianza, estipulando el número de fuerzas con que se han de ayudar recíprocamente ambas potencias.

Tales deben ser las bases sobre que debe cimentarse y elevarse a tratado el arreglo capaz de terminar felizmente la actual crisis política en que se hallan España y Francia.

En tan altas materias yo debo limitarme a ejecutar lo que se me dice.

Cuando se trata de la existencia del Estado, de su honor, decoro y del de su gobierno, las decisiones deben emanar del Soberano y de su Consejo.

Sin embargo, mi ardiente amor a la patria me pone en la obligación de decir que en mis conversaciones he hecho presente al Príncipe de Benevento lo que sigue:

1.º Que abrir nuestras Américas al comercio francés es partirlas entre España y Francia; que de abrirlas únicamente para los franceses es, dado que no quede de una vez arrollada la arrogancia inglesa, alejar cada día más la paz, y perder, hasta que ésta se firme, nuestras comunicaciones y las de los franceses con aquellas regiones.

He dicho que aún cuando se admita el comercio francés no debe permitirse que se avecinen vasallos de la Francia en nuestras colonias, con desprecio de nuestras leyes fundamentales.

2.º Concerniente a lo de Portugal, he hecho presentes nuestras estipulaciones de 27 de Octubre último; he hecho ver el sacrificio del Rey de Etruria; lo poco que vale Portugal separado de sus colonias; su ninguna utilidad para España, y he hecho una fiel pintura del horror que causaría a los pueblos cercanos al Pirineo la pérdida de sus leyes, libertades, fueros y lengua, y sobre todo pasar a dominio extranjero.

He añadido: «No podré yo firmar la entrega de Navarra por no ser el objeto de execración de mis compatriotas, como sería si constase que un navarro había firmado el tratado en que la entrega de la Navarra a la Francia estaba estipulada.

»En fin, he insinuado que si no había otro remedio para erigirse un nuevo reino, virreinato de Iberia, estipulando que este reino o virreinato no recibiese otras leyes, otras reglas de administración que las actuales, y que sus naturales conservasen sus fueros y exenciones. Este reino o virreinato podría darse al Rey de Etruria o a otro infante de Castilla.

3.º Tratándose de fijar la sucesión de España, he manifestado lo que el Rey, nuestro señor, me mandó que dijese de su parte, y también he hecho de modo que creo quedan desvanecidas cuantas calumnias inventadas por los malévolos en ese país han llegado a inficionar la opinión pública en éste.

4.º Por lo que concierne a la alianza ofensiva y defensiva, mi celo patriótico ha preguntado al Príncipe de Benevento si se pensaba en hacer de España un equivalente a la confederación del Rin y en obligarla a dar un contingente de tropas cubriendo este tributo con el decoroso nombre de tratado ofensivo y defensivo. He manifestado que nosotros, estando en paz con el imperio francés, no necesitamos para defender nuestros hogares de socorros de Francia; que Canarias, Ferrol y Buenos-Aires lo atestiguan.

En nuestras conversaciones ha quedado ya como negocio terminado el del casamiento. Tendría efecto; pero será un arreglo particular, de que no se tratará con el convenio de que se envían las bases.

En cuanto al título de emperador que el Rey, nuestro señor, debe tomar, no hay ni había dificultad alguna. Se me ha encargado que no se pierda un momento en responder, a fin de precaver las fatales consecuencias a que puede dar lugar el retardo de un día el ponerse de acuerdo.

Se me ha dicho que se evite todo acto hostil, todo movimiento que pudiera alejar el saludable convenio que aún puede hacerse.

Preguntado que si el Rey, nuestro señor, debía irse a Andalucía, he respondido la verdad: que nada sabía. Preguntado también que si creía que se hubiese ido, he contestado que no, vista la seguridad en que se hallaban, concerniente al buen proceder del Emperador, tanto los reyes como V. A.

He pedido, pues se medita un convenio, que ínterin que vuelve la respuesta, se suspenda la marcha de los ejércitos franceses hacia lo interior de la España. He pedido que las tropas salgan de Castilla; nada he conseguido; pero presumo que si vienen aprobadas las bases, podrán las tropas francesas recibir órdenes de alejarse de la residencia de SS. MM.

De ahí se ha escrito que se acercaban tropas por Talavera a Madrid; que V. A. me despachó un alcance; a todo he satisfecho, exponiendo con verdad lo que me constaba.

Según se presume aquí, V. A. había salido de Madrid acompañando los reyes a Sevilla; yo nada sé; y así he dicho al correo que vaya hasta donde V. A. esté. Las tropas francesas dejarán pasar al correo, según me ha asegurado el gran mariscal del palacio imperial. — París, 24 de Marzo de 1808. — Sermo. Sr.: de V. A. S. — *Eugenio Izquierdo*.

LIBRO SEGUNDO

1. *Proclama de Carlos IV.*

«Amados vasallos míos: Vuestra noble agitación en estas circunstancias es un nuevo testimonio que me asegura de los sentimientos de vuestro corazón; y Yo, que cual padre tierno os amo, me apresuro a consolaros en la actual angustia que os oprime. Respirad tranquilos: sabed que el ejército de mi caro aliado, el Emperador de los franceses, atraviesa mi reino con ideas de paz y de amistad. Su objeto es trasladarse a los puntos que amenaza el riesgo de algún desembarco del enemigo, y que la reunión de los cuerpos de mi guardia ni tiene el objeto de defender mi persona, ni acompañarme en un viaje que la malicia os ha hecho suponer como preciso. Rodeado de la acendrada libertad de mis vasallos amados, de la cual tengo tan irrefragables pruebas, ¿qué puedo Yo temer? Y cuando la necesidad urgente lo exigiese, ¿podría dudar de las fuerzas que sus pechos generosos me ofrecerían? No: esta urgencia no la verán mis pueblos. Españoles, tranquilizad vuestro espíritu; conducíos como hasta aquí con las tropas del aliado de vuestro rey, y veréis en breves días restablecida la paz de vuestros corazones, y a Mí gozando la que el cielo me dispensa en el seno de mi familia y vuestro amor. Dado en mi palacio real de Aranjuez, a 16 de Marzo de 1808. — *Yo el Rey.* — A D. Pedro Cevallos.»

2. *Decreto de S. M. el rey Carlos IV exonerando a D. Manuel Godoy de sus empleos de generalísimo y almirante.*

«Queriendo mandar por mi persona el ejército y la marina, he venido en exonerar a D. Manuel Godoy, príncipe de la Paz, de sus empleos de generalísimo y almirante, concediéndole su retiro donde más le acomode. Tendréislo entendido, y lo comunicaréis a quien corresponda. Aranjuez, 18 de Marzo de 1808. — A D. Antonio Olaguer Feliu.»

3. *Carta del rey Carlos IV al emperador Napoleón, en Aranjuez, a 18 de Marzo de 1808.*

«Señor mi hermano: Hacía bastante tiempo que el Príncipe de la Paz me había hecho reiteradas instancias para que le admitiese la dimisión de los encargos de generalísimo y almirante, y he accedido a sus ruegos; pero como no debo poner en olvido los servicios que me ha hecho, y particularmente los de haber cooperado a mis deseos constantes e invariables de mantener la alianza y la amistad íntima que me une a V. M. I. y R., yo le conservaré mi gracia.

»Persuadido yo de que será muy agradable a mis vasallos, y muy conveniente para realizar los importantes designios de nuestra alianza, encargarme yo mismo del mando de mis ejércitos de tierra y mar, he resuelto hacerlo así, y me apresuro a comunicarlo a V. M. I. y R., queriendo dar en esto nuevas pruebas de afecto a la persona de V. M. de mis deseos de conservar las íntimas relaciones que nos unen, y de la fidelidad que forma mi carácter, del que V. M. I. y R. tiene repetidos y grandes testimonios.

»La continuación de los dolores reumáticos, que de un tiempo a esta parte me impiden usar de la mano derecha, me privan del placer de escribir por mí mismo a V. M. I. y R.

»Soy con los sentimientos de la mayor estimación y del más sincero afecto de V. M. I. y R. su buen hermano. — *Carlos.*»

4. S. Juan Crisóstomo, *Homilía contra Eutropio.*

5. Véase la *Gaceta de Madrid* del 25 de Marzo de 1808.

6. Cesión de Carlos V. (Véase *Famiani Estrada, De bello belgico,* lib. I, y F. *Prudencio de Sandoval, Historia de la vida y hechos de Carlos V.*)

7. Véase *Marina, Teoría de las Cortes,* tomo II, cap. X, refiriéndose al documento que existe en la Academia de la Historia. — Z. 52, fol. 301.

8. *Comentarios del Marqués de San Felipe,* tomo II, año 1724.

9. *Des documents historiques publiés par Louis Bonaparte,* vol II, pág. 290. París, 1820.

10. *Nota escrita por la Reina de España para el gran Duque de Berg, y remitida por la Reina de Etruria, sin fecha.*

«El Rey, mi esposo (que me hace escribir por no poderlo hacer a causa de los dolores e hinchazón de su mano), desea saber si el gran Duque de Berg llevaría a bien encargarse de tratar eficazmente con el Emperador para asegurar la vida del Príncipe de la Paz, y que fuese asistido de algunos criados suyos o de capellanes.

»Si el gran Duque pudiera ir a librarle, o por lo menos darle algún consuelo, él tiene todas sus esperanzas en el gran Duque, por ser su grande amigo. El espera todo de S. A. y del Emperador, a quien siempre ha sido afecto.

»Asimismo que el gran Duque consiga del Emperador que al Rey, mi esposo, a mí y al Príncipe de la Paz se dé lo necesario para poder vivir todos tres juntos donde convenga para nuestra salud, sin mando ni intrigas, pues nosotros no las tendremos.

»El Emperador es generoso, es un héroe, y ha sostenido siempre a sus fieles aliados y aun a los que son perseguidos. Nadie lo es tanto como nosotros. ¿Y por qué? Porque hemos sido siempre fieles a la alianza.

»De mi hijo no podemos esperar jamás sino miserias y persecuciones. Han comenzado a forjar y se continuará fingiendo todo lo que pueda contribuir a que el Príncipe de la Paz (amigo inocente y afecto al Emperador, al gran Duque y a todos los franceses) parezca criminal a los ojos del público y del Emperador. Es necesario que no se crea nada. Los enemigos tienen la fuerza y todos los medios de justificar como verdadero lo que en sí es falso.

»El Rey desea, igualmente que yo, ver y hablar al gran Duque y darle por sí mismo la protesta que tiene en su poder. Los dos estamos agradecidos al envío que ha hecho de tropas suyas y a todas las pruebas que nos da de su amistad. Debe estar S. A. I. bien persuadido de la que nosotros le hemos tenido siempre y conservamos ahora. Nos ponemos en sus manos y las del Emperador, y confiamos que nos concederá lo que pedimos.

»Estos son todos nuestros deseos cuando estamos puestos en las manos de tan grande y generoso monarca y héroe.»

Carta de la Reina de Etruria al gran Duque de Berg, en Aranjuez, a 22 de Marzo de 1808, con una posdata del rey Carlos IV.

«Señor mi hermano: Acabo de ver al edecán comandante, quien me ha entregado vuestra carta, por la cual veo con mucha pena que mi padre y mi madre no han podido tener el gusto de veros, aunque lo deseaban eficazmente, porque toda su confianza tienen puesta en vos, de quien esperan que podréis contribuir a su tranquilidad.

»El pobre Príncipe de la Paz, cubierto de heridas y contusiones, está decaído en la prisión, y no cesa de invocar el terrible momento de su muerte. No hace recuerdo de otras personas que de su amigo el gran Duque de Berg, y dice que éste es el único en quien confía que le ha de conseguir su salud.

»Mi padre, mi madre y yo hemos hablado con vuestro edecán comandante. El os dirá todo. Yo fío en vuestra amistad, y que por ella nos salvaréis a los tres y al pobre preso.

»No tengo tiempo de deciros más: confío en vos. Mi padre añadirá dos líneas a esta carta: yo soy de corazón vuestra afectísima hermana y amiga. — *Luisa.*»

Posdata de Carlos IV.

«Señor y muy querido hermano: Habiendo hablado a vuestro edecán comandante, e informándole de todo lo que ha sucedido, yo os ruego el favor de hacer saber al Emperador que le suplico disponga la libertad del pobre Príncipe de la Paz, quien sólo padece por haber sido amigo de la Francia, y asimismo que nos deje ir al país que más nos convenga, llevándonos en nuestra compañía al mismo Príncipe. Por ahora vamos a Badajoz: confío recibir antes vuestra respuesta, caso de que absolutamente carezcáis de medios de vernos, pues mi confianza sólo está en vos y en el Emperador. Mientras tanto yo soy vuestro muy afecto hermano y amigo de todo corazón. — *Carlos.*»

Carta de la Reina de España al gran Duque de Berg, en Aranjuez, a 22 de Marzo de 1808, junta con la anterior de su hija.

«Señor mi querido hermano: Yo no tengo más amigos que V. A. I. El Rey, mi amado esposo, os escribe implorando vuestra amistad. En ella está únicamente nuestra esperanza. Ambos os pedimos una prueba de que sois nuestro amigo, y es la de hacer conocer al Emperador lo sincero de nuestra amistad y del afecto que siempre hemos profesado a su persona, a la vuestra y a la de todos los franceses.

»El pobre Príncipe de la Paz, que se halla encarcelado y herido por ser amigo nuestro, apasionado nuestro y afecto a toda la Francia, sufre todo por causa de haber deseado el arribo de vuestras tropas y haber sido el único amigo nuestro permanente. El hubiera ido a ver a V. A. si hubiera tenido libertad, y ahora mismo no cesa de nombrar a V. A. y de manifestar deseos de ver al Emperador.

»Consíganos V. A. que podamos acabar nuestros días tranquilamente en un país conveniente a la salud del Rey (la cual está delicada, como también la mía), y que sea esto en compañía de nuestro único amigo, que también lo es de V. A.

»Mi hija será mi intérprete, si yo no logro la satisfacción de poder conocer personalmente y hablar a V. A. ¿Podríais hacer esfuerzos para vernos, aunque fuera un solo instante, de noche o como quisierais? El comandante edecán de V. A. contará todo lo que hemos dicho.

»Espero que V. A. conseguirá para nosotros lo que deseamos, y que perdonará las faltas y olvidos que haya cometido yo en el tratamiento, pues no sé dónde estoy, y debéis creer que no habrán sido por faltar a V. A. ni dejar de darle seguridad de toda mi amistad.

»Ruego a Dios guarde a V. A. I. muchos años. Vuestra más afecta. — *Luisa.*»

Carta del general Monthion al gran Duque de Berg, en Aranjuez, a 23 de Marzo de 1808.

«Conforme a las órdenes de V. A. I., vine a Aranjuez con la carta de V. A. para la Reina de Etruria. Llegué a las ocho de la mañana: la Reina estaba todavía en cama: se levantó inmediatamente: me hizo entrar: le entregué vuestra carta: me rogó esperar un momento mientras iba a leerla con el Rey y la Reina, sus padres: media hora después entraron todos tres a la sala en que yo me hallaba.

»El rey me dijo que daba gracias a V.A. de la parte que tomabais en sus desgracias, tanto más grandes, cuanto era el autor de ellas un hijo suyo. El Rey me dijo "que esta revolución había sido muy premeditada; que para ello se había distribuido mucho dinero, y que los principales personajes habían sido su hijo y M. Caballero, ministro de la Justicia; que S. M. había sido violentado para abdicar la corona por salvar la vida de la Reina y la suya, pues sabía que sin esta diligencia los dos hubieran sido asesinados aquella noche; que la conducta del Príncipe de Asturias era tanto más horrible, cuanto más prevenido estaba de que conociendo el Rey los deseos que su hijo tenía que reinar, y estando S. M. próximo a cumplir sesenta años, había convenido en ceder a su hijo la corona cuando éste se casara con una princesa de la familia imperial de Francia, como S. M. deseaba ardientemente."

»El Rey ha añadido que el Príncipe de Asturias quería que su padre se retirase con la Reina, su mujer, a Badajoz, frontera de Portugal; que el Rey le había hecho la observación de que el clima de aquel país no le convenía, y le había pedido permiso de escoger otro, por lo cual el mismo rey Carlos deseaba obtener del Emperador licencia de adquirir un bien en Francia y de asegurar allí su existencia. La Reina me ha dicho "que había suplicado a su hijo la dilación del viaje a Badajoz; pero que no había conseguido nada, por lo que debería verificarse en el próximo lunes."

»Al tiempo de despedirme yo de SS. MM. me dijo el Rey: "Yo he escrito al Emperador poniendo mi suerte en sus manos: quise enviar mi carta por un correo; pero no es posible medio más seguro que el de confiarla a vuestro cuidado."

»El Rey pasó entonces a su gabinete, y luego salió, trayendo en su mano la carta adjunta. Me la entregó y dijo estas palabras: "Mi situación es de las más tristes; acaban de llevarse al Príncipe de la Paz y quieren conducirlo a la muerte: no tiene otro delito que haber sido muy afecto a mi persona toda su vida."

»Añadió "que no había modo de ruegos que no hubiese puesto en práctica para salvar la vida de su infeliz amigo; pero había encontrado sordo a todo el mundo y dominado del espíritu de venganza. Que la muerte del Príncipe de la Paz produciría la suya, pues no podría S. M. sobrevivir a ella." — *B. de Monthion.*»

Carta del rey Carlos IV al emperador Napoleón, en Aranjuez, a 23 de Marzo de 1808.

«Señor mi hermano: V. M. sabrá sin duda con pena los sucesos de Aranjuez y sus resultas, y no verá con indiferencia a un rey que, forzado a renunciar la corona, acude a ponerse en los brazos de un grande monarca, aliado suyo, subordinándose totalmente a la disposición del único que puede darle su felicidad, la de toda su familia y la de sus fieles vasallos.

»Yo no he renunciado en favor de mi hijo sino por la fuerza de las circunstancias, cuando el estruendo de las armas y los clamores de una guardia sublevada me hacían conocer bastante la necesidad de escoger la vida o la muerte, pues esta última se hubiera seguido después de la de la Reina.

»Yo fui forzado a renunciar; pero asegurado ahora con plena confianza en la magnanimidad y el genio del grande hombre que siempre ha mostrado ser amigo mío, yo he tomado la resolución de conformarme con todo lo que este mismo grande hombre quiera disponer de nosotros y de mi suerte, la de la Reina y la del Príncipe de la Paz.

»Dirijo a V. M. I. y R. una protesta contra los sucesos de Aranjuez y contra mi abdicación. Me entrego y enteramente confío en el corazón y amistad de V. M., con lo cual ruego a Dios que os conserve en su santa y digna guarda.

»De V. M. I. y R. su muy afecto hermano y amigo. — *Carlos.*»

Carta de la Reina de Etruria, incluyendo otra de su madre la Reina de España para el gran Duque de Berg, en Madrid, a 26 de Marzo de 1808.

«Señor mi hermano: Mi madre me envía la adjunta carta para que os la remita y la conservéis. Hacednos la gracia, querido mío, de no abandonarnos: todas nuestras esperanzas están en vos. Concededme el consuelo de ir a ver a mis padres. Respondedme alguna cosa que nos alivie, y no os olvidéis de una amiga que os ama de corazón. — *María Luisa.*»

P. D. — «Yo estoy enferma en la cama con algo de calentura, por lo cual no me veréis fuera de mi habitación.»

Carta inclusa en la antecedente.

«Querida hija mía: Decid al gran Duque de Berg la situación del Rey, mi esposo, la mía y la del pobre Príncipe de la Paz.

»Mi hijo Fernando era el jefe de la conjuración: las tropas estaban ganadas por él; él hizo poner una de las luces de su cuarto en una ventana para señal de que comenzase la explosión. En el instante mismo los guardias y las personas que estaban a la cabeza de la revolución hicieron tirar dos fusilazos. Se ha querido persuadir que fueron tirados por la guardia del Príncipe de la Paz, pero no es verdad. Al momento los guardias de Corps, los de infantería española y los de la walona se pusieron sobre las armas, y sin recibir órdenes de sus primeros jefes, convocaron todas las gentes del pueblo y las condujeron adonde les acomodaba.

»El Rey y yo llamamos a mi hijo para decirle que su padre sufría grandes dolores, por lo que no podía asomarse a la ventana, y que lo hiciese por sí mismo a nombre del Rey para tranquilizar al pueblo: me respondió con mucha firmeza que no lo haría, porque lo mismo sería asomarse a la ventana que comenzar el fuego; y así no lo quiso hacer.

»Después, a la mañana siguiente, le preguntamos si podría hacer cesar el tumulto y tranquilizar los amotinados, y respondió que lo haría, pues enviaría a buscar a los segundos jefes de los cuerpos de la casa real, enviando también algunos de sus criados con encargo de decir en su nombre al pueblo y a las tropas que se tranquilizasen; que también haría se volviesen a Madrid muchas personas que habían concurrido de allí para aumentar la revolución, y encargaría que no viniesen más.

»Cuando mi hijo había dado estas órdenes, fue descubierto el Príncipe de la Paz. El Rey envió a buscar a su hijo y le mandó salir adonde estaba el desgraciado Príncipe, que ha sido víctima por ser amigo nuestro y de los franceses, y principalmente del gran Duque. Mi hijo fue y mandó que no se tocase más al Príncipe de la Paz y se le condujese al cuartel de Guardias de Corps. Lo mandó en nombre propio, aunque lo hacía por encargo de su padre, y como si él mismo fuese ya rey dijo al Príncipe de la Paz: "Yo te perdono la vida."

»El Príncipe, a pesar de sus grandes heridas, le dio gracias, preguntándole si era ya rey. Esto aludía a lo que ya se pensaba en ello, pues el Rey, el Príncipe de la Paz y yo teníamos la intención de hacer la abdicación en favor de Fernando cuando hubiéramos visto al Emperador y compuesto todos los asuntos, entre los cuales el principal era el matrimonio. Mi hijo respondió al Príncipe: "No: hasta ahora no soy rey; pero lo seré bien pronto." Lo cierto es que mi hijo mandaba todo como si fuese rey, sin serlo y sin saber si lo sería. Las órdenes que el Rey, mi esposo, daba no eran obedecidas.

»Después debía haber en el día 19, en que se verificó la abdicación, otro tumulto más fuerte que el primero contra la vida del Rey, mi esposo, y la mía, lo que obligó a tomar la resolución de abdicar.

»Desde el momento de la renuncia mi hijo trató a su padre con todo el desprecio que puede tratarlo un rey, sin consideración alguna para con sus padres. Al instante hizo llamar a todas las personas complicadas en su causa que habían sido desleales a su padre, y hecho todo lo que pudiera ocasionarle pesadumbres. El nos da priesa para que salgamos de aquí, señalándonos la ciudad de Badajoz para residencia. Entre tanto nos deja sin consideración alguna, manifestando gran contento de ser ya rey, y de que nosotros nos alejemos de aquí.

»En cuanto al Príncipe de la Paz, no quisiera que nadie se acordara de él. Los guardias que le custodian tienen orden de no responder a nada que les pregunte, y lo han tratado con la mayor inhumanidad.

»Mi hijo ha hecho esta conspiración para destronar al Rey, su padre. Nuestras vidas hubieran estado en grande riesgo, y la del pobre Príncipe de la Paz lo está todavía.

»El Rey, mi esposo, y yo esperamos del gran Duque que hará cuanto pueda en nuestro favor, porque nosotros siempre hemos sido aliados fieles del Emperador, grandes amigos del gran Duque, y lo mismo sucede al pobre Príncipe de la Paz. Si él pudiese hablar, daría pruebas, y aun en el estado en que se halla no hace otra cosa que exclamar por su grande amigo el gran Duque.

»Nosotros pedimos al gran Duque que salve al Príncipe de la Paz, y que salvándonos a nosotros, nos le dejen siempre a nuestro lado, para que podamos acabar juntos tranquilamente el resto de nuestros días en un clima más dulce, y retirados, sin intrigas y sin mando, pero con honor. Esto es lo que deseamos el Rey y yo, igualmente que el Príncipe de la Paz, el cual estaría siempre pronto a servir a mi hijo en todo. Pero mi hijo *(que no tiene carácter alguno, y mucho menos el de la sinceridad)* jamás ha querido servirse de él, y siempre le ha declarado guerra, como al Rey, su padre, y a mí.

»Su ambición es grande, y mira a sus padres como si no lo fuesen. ¿Qué hará por los demás? Si el gran Duque pudiera vernos, tendríamos grande placer, y lo mismo su amigo el Príncipe de la Paz, que sufre porque lo ha sido siempre de los franceses y del Emperador. Esperamos todo del gran Duque, recomendándole también a nuestra pobre hija María Luisa, que no es amada de su hermano. Con esta esperanza estamos próximos a verificar nuestro viaje. — *Luisa.*»

Nota de la Reina de España para el gran Duque de Berg, en 27 de Marzo de 1808.

«Mi hijo no sabe nada de lo que tratamos, y conviene que ignore todos nuestros pasos. Su carácter es falso; nada le afecta; es insensible y no inclinado a la clemencia. Está dirigido por hombres malos, y hará todo por la ambición que le domina; promete, pero no siempre cumple sus promesas.

»Creo que el gran Duque debe tomar medidas para impedir que al pobre Príncipe de la Paz se le quite la vida, pues los guardias de Corps han dicho que primero lo matarán que entregarle vivo, aunque lo manden el Emperador y el gran Duque. Están llenos de rabia contra él, e inflaman a todos los pueblos, a todo el mundo y aun a mi hijo, que defiere a ellos en todo. Lo mismo sucede relativamente al Rey, mi esposo, y a mí. Nosotros estamos puestos en manos del gran Duque y del Emperador; le rogamos que tenga la complacencia de venir a vernos, de hacer que el pobre Príncipe de la Paz sea puesto en salvo lo más pronto posible, y de concedernos todo lo demás que tenemos suplicado.

»El Embajador es todo de mi hijo, lo cual me hace temblar, porque mi hijo no quiere al gran Duque ni al Emperador, sino sólo el despotismo. El gran Duque debe estar persuadido que no digo esto por venganza ni resentimiento de los malos tratos que nos hace sufrir, pues nosotros no deseamos sino la tranquilidad del gran Duque y del Emperador. Estamos totalmente puestos en manos del gran Duque, deseando verle para que conozca todo el valor que damos a su augusta persona y a sus tropas, como a todo lo que le sea relativo.»

Carta de la Reina de Etruria para el gran Duque de Berg, en Madrid, a 29 de Marzo de 1808, con una nota de la Reina de España, su madre.

«Mi señor y querido hermano: Mi madre os escribe algunas líneas. Yo os incluyo la adjunta mía para el Emperador, rogándoos dispongáis que llegue prontamente a su destino. Recomendadme a S. M., y prometedme, como os suplico, ir después de mañana a Aranjuez. Tomad en mis asuntos el interés que yo me tomo en lo relativo a vuestra persona, y creedme que soy de todo mi corazón vuestra afecta hermana y amiga. — *María Luisa.*»

Nota de puño y letra de la Reina de España.

«No quisiéramos ser importunos al gran Duque. El Rey me hace tomar perador insinuando que convendría que S. M. I. diese órdenes, sostenidas con la fuerza, para que mi hijo o el Gobierno nos dejen tranquilos al Rey, a mí y al Príncipe de la Paz, hasta tanto que S. M. llegue. En fin, el gran Duque y el Emperador sabrán tomar las medidas necesarias para que se esperen su arribo u órdenes, sin que antes seamos víctimas. — *Luisa.*»

Carta de la Reina de Etruria al gran Duque de Berg, en Madrid, a 30 de Marzo de 1808, con otra de su madre, y un artículo escrito de mano propia de Carlos IV.

«Señor y hermano: Os remito una carta que mi madre me ha enviado, y os suplico que me digáis si vuestra guardia o vuestras tropas han pasado a guardar al Príncipe de la Paz. Deseo también saber cuál es el estado de la salud del Príncipe, y qué opina vuestro médico en el asunto. Respondedme al instante, porque pienso visitar a mi madre uno de estos días, sin detenerme allí más que lo preciso para hablar y volver aquí. Id pronto, pues sólo vos podéis ser mi defensor, y vuelvo a rogaros que me respondáis sin detención: entre tanto soy de corazón vuestra afectísima hermana y amiga. — *María Luisa.*»

Carta de la Reina de España, citada en la anterior.

«Si el gran Duque no toma a su cargo que el Embajador exija prontamente órdenes de impedir los progresos de las intrigas que hay contra el Rey, mi esposo, contra el Príncipe de la Paz, su amigo, contra mí y aun contra mi hija Luisa, ninguno de nosotros está seguro. Todos los malévolos se reúnen en Madrid alrededor de mi hijo; éste los cree como a oráculos, y por sí mismo no es muy inclinado a la magnanimidad ni a la clemencia. Debe temerse de ellos toda mala resulta. Yo tiemblo, y lo mismo mi marido, si mi hijo ve al Emperador antes que éste haya dado sus órdenes, pues él y los que le acompañan contarán a S. M. I. tantas mentiras, que lo pongan por lo menos en estado de dudar de la verdad. Por este motivo rogamos al gran Duque consiga del Emperador que proceda sobre el supuesto de que nosotros estamos absolutamente puestos en sus manos, esperando que nos dé la tranquilidad para el Rey, mi esposo, para mí y para el Príncipe de la Paz, de quien deseamos que nos lo deje a nuestro lado para acabar nuestros días tranquilamente en un país conveniente a nuestra salud, sin que ninguno de nosotros tres les hagamos la menor sombra. Rogamos con la mayor instancia al gran Duque que se sirva mandar darnos diariamente noticias de nuestro amigo común el Príncipe de la Paz, pues nosotros ignoramos todo absolutamente.»

El siguiente artículo está escrito de letra de Carlos IV.

«Yo he hecho a la Reina escribir todo lo que precede, porque no puedo escribir mucho a causa de mis dolores. — *Carlos.*»

Sigue escribiendo la Reina.

«El Rey, mi marido, ha escrito esta línea y media y la ha firmado, para que os aseguréis de ser él quien escribe.»

Nota de la Reina de España para el gran Duque de Berg, remitida por medio de la Reina de Etruria, sin fecha, en 1808.

«El Rey, mi esposo, y yo no quisiéramos ser importunos ni enfadosos al gran Duque, que tiene tantas ocupaciones, pero no tenemos otro amigo ni apoyo que él y el Emperador, en quien están fundadas todas las esperanzas del Rey, las del Príncipe de la Paz, amigo del gran Duque e íntimo nuestro, las de mi hija Luisa y las mías. Mi hija me escribió ayer por la tarde lo que el gran Duque le había dicho, y nos ha penetrado el corazón, dejándonos llenos de reconocimiento y de consuelo, esperando todo bien de las dos sagradas e incomparables personas del Emperador y del gran Duque. Pero no queremos que ignoren lo que nosotros sabemos, a pesar de que nadie nos dice nada ni aún responden a lo que preguntamos, por más necesidad que tengamos de respuesta. Sin embargo, miramos esto con indiferencia, y sólo nos interesa la buena suerte de nuestro único e inocente amigo el Príncipe de la Paz, que también lo es del gran Duque, como él mismo exclamaba en su prisión en medio de los horribles tratos que se le hacían, pues perseveraba llamando siempre amigo suyo al gran Duque, lo mismo que lo había hecho antes de la conspiración, y solía decir: "Si yo tuviera la fortuna de que el gran Duque estuviese cerca y llegase aquí, no tendría nada que temer." El deseaba su arribo a la corte, y se lisonjeaba con la satisfacción de que el gran Duque quisiese aceptar su casa por alojamiento. Tenía preparados algunos regalos para hacerle; y en fin, no pensaba sino en que llegara el momento, y después presentarse ante el Emperador y el gran Duque con todo el afecto imaginable; pero ahora nosotros estamos siempre temiendo que se le quite la vida, o se le aprisione más si sus enemigos llegan a entender que se trata de salvarle. ¿No sería posible tomar por precaución algunas medidas antes de la resolución definitiva? El gran Duque pudiera enviar tropas sin decir a qué; llegar a la prisión del Príncipe de la Paz y separar la guardia que le custodia, sin darle tiempo de disparar una pistola ni hacer nada contra el Príncipe; pues es de temer que su guardia lo hiciese, porque todos sus deseos son de que muera, y tendrán gloria en matarle. Así la guardia sería mandada absolutamente por las órdenes del gran Duque; y si no, puede estar seguro el gran Duque de que el Príncipe de la Paz morirá si prosigue bajo el poder de los traidores indignos y a las órdenes de mi hijo. Por lo mismo volvemos a hacer al gran Duque la misma súplica de que haga sacarle del poder de las manos sanguinarias, esto es, de los guardias de Corps, de mi hijo y de sus malos lados, porque si no, debemos estar siempre temblando por su vida, aunque el gran Duque y el Emperador la quieran salvar, mediante que no lo podrán conseguir. De gracia volvemos a pedir al gran Duque que tome todas las medidas convenientes para el objeto, porque, como se pierda tiempo, ya no está segura la vida; pues es cosa cierta que sería más fácil de conservar si el Príncipe estuviese entre las manos de leones y de tigres carnívoros.

»Mi hijo estuvo ayer, después de comer, con Infantado, con Escóiquiz, que es un clérigo maligno, y con Carlos, que es peor que todos ellos; y esto nos hace temblar, porque duró la conferencia secreta desde la una y media hasta las tres y media. El gentilhombre que va con mi hijo Carlos es primo de San Carlos; tiene talento y bastante instrucción, pero es un americano maligno y muy enemigo nuestro, como su primo San Carlos, sin embargo de que todo lo que son lo han recibido del Rey, mi marido, a instancias del pobre Príncipe de la Paz, de quien ellos decían ser parientes. Todos los que van con mi hijo Carlos son incluidos en la misma intriga, y muy propios para hacer todo el mal posible, y que sea reputado por verdad lo que es una grande mentira.

»Yo ruego al gran Duque que perdone mis borrones y defectos que cometo cuando escribo francés, mediante hacer ya cincuenta y dos años que hablo español desde que vine a casar en España, a la edad de trece años y medio, motivo por el cual, aunque hablo francés, no sé hablarlo muy bien. El gran Duque conocerá la razón que me asiste, y disimulará los defectos del idioma en que yo incurra. — *Luisa.*»

Nota de la Reina de España para el gran Duque de Berg, por medio de la Reina de Etruria, su hija, sin fecha, en 1808.

«Ayer recibí un papel de un mahonés, que quería tener una audiencia secreta conmigo después que el Rey, mi marido, estaba ya en cama, diciéndome que me daría grandes luces sobre todo lo que sucede actualmente.

»El quería que yo le diese por mí misma seis u ocho millones, diciendo que yo los podría pedir a la Compañía de Filipinas, y que él haría una contrarrevolución que librase al Príncipe de la Paz y fuese también contra los franceses.

CARTA DIRIGIDA A JOSE NAPOLEON

Levantamiento general contra Napoleón

»El Rey y yo lo hicimos prender sin permitirle comunicación, y permanecerá preso hasta que se averigüe la verdad de todo lo que hay en este asunto; pues creemos que sea un emisario de los ingleses para perdernos, supuesto que el Rey y el Príncipe de la Paz siempre han sido únicamente amigos de los franceses, del Emperador, y en particular del gran Duque, sin haberlo sido jamás para los ingleses, nuestros enemigos naturales.

»Creemos también muy necesario que el gran Duque haga asegurar al pobre Príncipe de la Paz, que siempre ha sido y es amigo del gran Duque, de quien (así como del Emperador) esperaba su asilo en la forma que lo tenía escrito, por medio de Izquierdo, al mismo gran Duque, y aun al Emperador mismo, bien que no sé si estas cartas habrán llegado a sus manos.

»Convendría sacar de las manos de los guardias de Corps y de las tropas de mi hijo al pobre Príncipe de la Paz, su amigo, pues es de recelar que se le quite la vida o se le envenene y se diga que ha muerto de sus heridas; y por cuanto no tendrá seguridad de vivir mientras estén a su lado algunos de estos malignos, será forzoso que el gran Duque, después de asegurar la persona del Príncipe de la Paz en su poder, tome medidas bien fuertes para conservarle, pues las intrigas cada día crecen contra ese pobre amigo del gran Duque y aun contra el Rey, mi marido, cuya vida tampoco está bastante segura.

»Mi hijo hizo llamar al hijo de Biergol, que es oficial de la secretaría de Relaciones exteriores. Estuvieron presentes a la sesión Infantado y todos los ministros. Mi hijo le preguntó qué había de nuevo en el sitio, y qué hacía el Rey, mi marido: Biergol respondió lo que había de verdad, diciendo: "No hay nada de nuevo: el Rey sale muy poco; la Reina no ha salido: se ocupan en preparar una habitación para el caso de que el gran Duque y el Emperador vayan allí." Mi hijo le dio orden de volver aquí y de estar al servicio de su padre hasta que éste emprenda su viaje, porque es uno que interviene en nuestras cuentas como tesorero. A todos los que nos siguen aplican el título de desertores. Yo recelo que traman alguna grande intriga contra nosotros y que estamos en grande riesgo, porque Infantado y los otros son tan malos y peores que los demás. Me persuado que el Rey, y yo, y el pobre Príncipe de la Paz estamos muy expuestos, porque no manifiestan sino mala voluntad contra nosotros, y nuestra vida no está segura si no lo remedian el gran Duque y el Emperador. Es necesario que tomen algunas medidas para contener las abominables intenciones de estos malignos, y para que mi hijo se canse de dedicarse a pensar todo lo que sea contra su padre y contra el pobre Príncipe de la Paz. Nosotros hemos tenido esta noticia después que salió de aquí el edecán. El clérigo Escóiquiz es también de los más malos. — *Luisa.*»

Carta del rey Carlos IV al gran Duque de Berg, con otra de la Reina, su esposa, en Aranjuez, a 1.º de Abril de 1808.

«Mi señor y muy querido hermano: V. A. verá por el escrito adjunto que nosotros nos interesamos en la vida del Príncipe de la Paz más que en la nuestra.

»Todo lo que se dice en la *Gaceta extraordinaria* sobre el proceso del Escorial, ha sido compuesto a gusto de los que lo publican, sin decir nada de la declaración que mi hijo hizo espontáneamente, la cual habrán mudado sin duda: ella está escrita por un gentilhombre, y firmada solamente por mi hijo. Si V. A. no hace esfuerzos para que el proceso se suspenda hasta la venida del Emperador, temo mucho que quiten antes la vida al Príncipe de la Paz. Nosotros contamos con el afecto de V. A. para nosotros tres, fundados en la alianza y amistad con el Emperador. Espero que V. A. me dará una respuesta consolatoria que me tranquilice, y comunicará al Emperador esta carta mía, con expresión de que yo descanso en su amistad y generosidad. Excusadme lo mal escrita que va esta carta, pues los dolores que padezco son la causa. En este supuesto, mi señor y muy querido hermano, de V. A. I. y R. soy su más afecto. — *Carlos.*»

Carta de la Reina.

«Señor mi hermano: Yo junto mis sentimientos a los del Rey, mi marido, rogando a V. A. la bondad de hacer lo que le pedimos ahora; y esperamos que su amistad y humanidad tomará a su cargo la buena causa de su íntimo y desgraciado amigo el pobre Príncipe de la Paz, así como nuestra propia causa, que está unida a la suya, para que así cese y se suspenda todo hasta que la generosidad y grandeza de alma sin igual del Emperador nos salve a todos tres y haga que acabemos nuestros días tranquilamente y en reposo. No espero menos del Emperador y de V. A., que nos concederá esta gracia, pues es la única que deseamos. En este supuesto, ruego a Dios que tenga a V. A. en su santa y digna guarda. Señor mi hermano: de V. A. I. y R. muy afecta hermana y amiga. — *Luisa.*»

Nota de la Reina de España para el gran Duque de Berg, remitida por medio de la Reina de Etruria, en 1.º de Abril de 1808.

«Habiendo visto la *Gaceta extraordinaria,* que habla solamente de haberse encontrado la causa del Escorial entre los papeles del pobre Príncipe de la Paz, veo que está llena de mentiras. El Rey era quien guardaba la causa en la papelera de su mesa, y la confió al pobre Príncipe de la Paz, para que la diera al gran Duque, con el fin de que la presentase al Emperador, de parte del Rey, mi marido. Como esta causa se halla escrita por el Ministro de la Guerra y de Justicia, y firmada por mi hijo, éste y aquél mudarán lo que quieran, como si fuese original y verdadero; y lo mismo sucederá en lo que quieran mudar relativo a los demás comprendidos en la causa, pues todos están ahora alrededor de mi hijo, y harán lo que éste mande y lo que quieran ellos mismos.

»Si el gran Duque no tiene la bondad y humanidad de hacer que el Emperador mande prontamente hacer suspender el curso de la causa del pobre Príncipe de la Paz, amigo del mismo gran Duque, y del Emperador, y de los franceses, y del Rey, y mío, van sus enemigos a hacerle cortar la cabeza en público, y después a mí, pues lo desean también. Yo temo mucho que no den tiempo para que pueda llegar la respuesta y resolución del Emperador; pues precipitarán la ejecución para que cuando llegue aquélla no pueda surtir efecto favorable, por estar ya decapitado el Príncipe. El Rey, mi marido, y yo no podemos ver con indiferencia un atentado tan horrible contra quien ha sido íntimamente amigo nuestro y del gran Duque. Esta amistad, y la que ha tenido en favor del Emperador y de los franceses, es la causa de todo lo que sufre; sobre lo cual no se debe dudar.

»Las declaraciones que mi hijo hizo en su causa no se manifiestan ahora; y caso de que se publiquen algunas, no serán las que de veras hizo entonces. Acusan al pobre Príncipe de la Paz de haber atentado contra la vida y trono de mi hijo; pero esto es falso, y sólo es verdad todo lo contrario. No tratan sino de acriminar a este inocente Príncipe de la Paz, nuestro único amigo común, para inflamar más al público y hacerle creer contra él todas las infamias posibles.

»Después harán lo mismo contra mí, pues tienen la voluntad preparada para ello. Así convendrá que el gran Duque haga decir a mi hijo que se suspenda toda causa y asunto de papeles hasta que el Emperador venga o dé disposiciones; y tomar el gran Duque bajo sus órdenes la persona del pobre Príncipe de la Paz, su amigo, separando los guardias y poniendo tropas suyas para impedir que lo maten, pues esto es lo que quieren, además de infamarle, lo que también proyectan contra el Rey, mi marido, y contra mí, diciendo que es necesario formarnos causa y hacer que después demos cuenta de todas nuestras operaciones.

»Mi hijo tiene muy mal corazón; su carácter es cruel; jamás ha tenido amor a su padre ni a mí; sus consejeros son sanguinarios; no se complacen sino en hacer desdichados, sin exceptuar al padre ni a la madre. Quieren hacernos todo el mal posible, pero el Rey y yo tenemos mayor interés en salvar la vida y el honor de nuestro inocente amigo que nuestra misma vida.

»Mi hijo es enemigo de los franceses, aunque diga lo contrario. No extrañaré que cometa un atentado contra ellos. El pueblo está ganado con dinero y lo inflamará contra el Príncipe de la Paz, contra el Rey, mi marido, y contra mí, porque somos aliados de los franceses, y dicen que nosotros les hemos hecho venir.

»A la cabeza de todos los enemigos de los franceses está mi hijo, aunque aparente ahora lo contrario, y quiera ganar al Emperador, al gran Duque y a los franceses para dar mejor y seguro su golpe.

»Ayer tarde dijimos nosotros al general comandante de las tropas del gran Duque que nosotros siempre permanecemos aliados de los franceses, y que nuestras tropas estarán siempre unidas con las suyas. Esto se entiende de las nuestras que tenemos aquí, pues de las otras no podemos disponer; y aun en cuanto a éstas, ignoramos las órdenes que mi hijo habrá dado; pero nosotros nos pondríamos a su cabeza para hacerlas obedecer lo que queremos, que es que sean amigas de los franceses. — *Luisa.*»

Nota de la Reina de España para el gran Duque de Berg, por medio de la Reina de Etruria, su hija, en Abril de 1808.

«Nosotros remitimos al gran Duque la respuesta de mi hijo a la carta que el Rey, mi marido, le escribió antes de ayer, cuya copia fue remitida ayer al gran Duque. No estamos contentos con el modo de explicarse mi hijo, ni aun con la sustancia de lo que responde; pero el gran Duque, por su amistad con nosotros, tendrá la bondad de componerlo todo y de hacer que el Emperador nos salve a todos tres; es decir: al Rey, mi marido, al pobre Príncipe de la Paz, su amigo, y a mí. El gran Duque debe estar persuadido, y persuadir al Emperador, que habiendo puesto nuestra suerte en sus manos, sólo pendemos de la generosidad, grandeza de alma y amistad que tenga para nosotros tres, que siempre hemos sido sus buenos y fieles aliados, amigos y afectos, y que si no, nuestra suerte será muy infeliz.

»Se nos ha dicho que nuestro hijo Carlos va a partir mañana o antes para recibir al Emperador, y que si no lo encuentra, avanzará hasta París. A nosotros se nos oculta esta resolución, porque no quieren que la sepamos el Rey ni yo, lo cual nos hace recelar un mal designio; pues mi hijo Fernando no se separa un momento de sus hermanos, y los hace malos con promesas y con los atractivos que agradan a los jóvenes que no conocen al mundo por experiencia, etcétera.

»Por esto conviene que el gran Duque procure que el Emperador no se deje engañar por medio de mentiras que lleven las apariencias de la verdad, respecto de que mi hijo no es afecto a los franceses, sino que ahora manifiesta serlo porque cree tener necesidad de aparentarlo. Yo recelo de todo si el gran Duque, en quien habemos puesto nuestras esperanzas, no hace todos sus esfuerzos para que el Emperador tome nuestra causa como suya propia. Tampoco dudamos que la amistad del gran Duque sostendrá y salvará a su amigo, y nos lo dejará a nuestro lado, para que todos tres juntos acabemos nuestros días tranquilamente retirados. Asimismo creemos que el gran Duque tomará todos los medios para que el pobre Príncipe de la Paz, amigo suyo y nuestro, sea trasladado a un pueblo cercano a Francia, de manera que su vida no peligre, y sea fácil de transportarlo a Francia y librarlo de las manos de sus sanguinarios enemigos.

»Deseamos igualmente que el gran Duque envíe al Emperador alguna persona que le informe de todo a fondo, para evitar que S. M. I. pueda ser preocupado por las mentiras que se fraguan aquí, de día y de noche, contra nosotros y contra el pobre Príncipe de la Paz, cuya suerte preferimos a la misma nuestra, porque estamos temblando de las dos pistolas que hay cargadas para quitarle la vida en caso necesario, y sin duda son efecto de alguna orden de mi hijo, que hace conocer así cuál sea su corazón; y deseo que no se verifique jamás un atentado semejante con ninguno, aunque fuese el mayor malvado; y vos debéis creer que el Príncipe no lo es.

»En fin, el gran Duque y el Emperador son los únicos que pueden salvar al Príncipe de la Paz, así como a nosotros, pues si no resulta salvo, y si no se nos concede su compañía, moriremos el Rey, mi marido, y yo. Ambos creemos que si mi hijo perdona la vida al Príncipe de la Paz, será cerrándolo en una prisión cruel, donde tenga una muerte civil; por lo cual rogamos al gran Duque y al Emperador que lo salve enteramente, de manera que acabe sus días en nuestra compañía donde se disponga.

»Conviene saber que se conoce que mi hijo teme mucho al pueblo; y los guardias de Corps son siempre sus consejeros y sus tiranos. — *Luisa.*»

Carta del rey Carlos IV al gran Duque de Berg, con otra de la Reina, su esposa, en Aranjuez, a 3 de Abril de 1808.

«Mi señor y mi querido hermano: Teniendo que pasar a Madrid D. Joaquín de Manuel de Villena, gentil hombre de cámara y muy fiel servidor mío, para negocios particulares suyos, le he encargado presentarse a V. A., y asegurarle todo mi reconocimiento al interés que V. A. toma en mi suerte y en la del Príncipe de la Paz, que está inocente. Podéis fiaros de hablar con D. Joaquín de Villena, porque yo aseguro su fidelidad. No hablaré ya de mis dolores, y mi esposa os dará en posdata razón detallada de los asuntos. Pudiera suceder que Villena no se atreva a entrar en casa de V. A. por no hacerse sospechoso. En tal caso mi hija dispondrá que recibáis esta carta. Perdonadme tantas importunidades, y ruego a Dios que tenga a V. A. en su santa y digna guarda. Mi señor y muy querido hermano: de V. A. I. y R. afecto hermano y amigo. — *Carlos.*»

Carta de la Reina.

«Mi señor y hermano: La partida tan pronta de mi hijo Carlos, que será mañana, nos hace temblar. Las personas que le acompañan son malignas. El secreto inviolable que se les hace observar para con nosotros, nos causa grande inquietud, temiendo que sea conductor de papeles falsos, contrahechos e inventados.

»El Príncipe de la Paz no hacía ni escribía nada sin que lo supiéramos y viésemos el Rey, mi marido, y yo; y podemos asegurar que no ha cometido crimen alguno contra mi hijo ni contra nadie, pero mucho menos contra el gran Duque, contra el Emperador, ni contra los franceses. El escribió de propio puño al gran Duque y al Emperador, pidiendo a éste un asilo y hablando de matrimonio; pero yo creo que el pícaro de Izquierdo no la entregó y la ha devuelto. El Príncipe de la Paz estaba ya desengañado de la mala fe de Izquierdo, y por lo menos dudaba de su sincerida. Los enemigos del pobre Príncipe de la Paz, amigo de V. A., pintarán con los colores más vivos y apariencias de verdad cualesquiera mentiras. Son muy diestros para esto, y cuantos ocupan ahora los empleos son enemigos comunes suyos. ¿No podría V. A. enviar alguno que llegase antes que mi hijo Carlos a ver al Emperador y prevenirle de todo, contándole la verdad y las imposturas de nuestros enemigos?

»Mi hijo tiene veinte años, sin experiencia ni conocimientos del mundo. Los que le acompañan y todos los demás le habrán dado instrucciones a su gusto. ¡Ojalá que V. A. tome todas las medidas necesarias para anticipar noticias al Emperador! Mi hijo hace todo lo posible para que no veamos al Emperador; pero nosotros queremos verle, así como a V. A., en quien hemos depositado nuestra confianza y la seguridad de todos tres, que esperamos conceda el Emperador.

»En este supuesto, ruego a Dios que tenga a V. A. en su santa y digna guarda. Mi señor y hermano: de V. A. I. y R. muy afecta hermana y amiga. — *Luisa.*»

Carta de la Reina de España al gran Duque de Berg, en Aranjuez, a 8 de Abril de 1808.

«Mi señor y hermano: El Rey no puede escribir por estar muy incomodado con la hinchazón de su mano. Cuando ha leído la carta de V. A., en que le deja elección de partir mañana u otro día, ha tenido presente que todo estaba preparado; que una parte de sus criados parte hoy y que la dilación podía dar que pensar a tantos intérpretes como hay, malignos e impostores; por lo que se ha decidido a salir mañana a la una, como tenía ya dicho, esperando que así le sería más fácil también ir a ver al Emperador. Tendremos mucho gusto de saber el arribo del Emperador a Bayona. Nosotros le esperamos con impaciencia, y que V. A. nos dirá cuándo debemos ir. El Rey, mi marido, y yo deseamos con vehemencia ver a V. A.; apetecemos con ansia este momento, y nos ha servido de gran placer el recado de V. A. de que vendría a vernos después de dos días. Repetimos nuestras súplicas, confiando enteramente en vuestra amistad, y pido a Dios tenga a V. A. en su santa y digna guarda.

»Mi señor y hermano: de V. A. I. y R. muy afecta hermana y amiga. — *Luisa.*»

Carta del rey Fernando a su padre, en Madrid, a 8 de Abril de 1808.

«Padre mío: El general Savary acaba de separarse de mi compañía. Estoy muy satisfecho de él, como también de la buena inteligencia que hay entre el Emperador y mi persona, por la buena fe que me ha manifestado.

»Por este motivo me parece justo que V. M. me dé una carta para el Emperador, felicitándole de su arribo, y asegurándole que tengo para con él los mismos sentimientos que V. M. le ha demostrado.

»Si V. M. considera conveniente, me enviará en respuesta dicha carta, porque yo saldré después de mañana y he dado orden de que vengan después los tiros que debían servir a VV. MM.

»Vuestro más sumiso hijo. — *Fernando.*»

Segunda carta de la Reina de España al gran Duque de Berg, en 8 de Abril de 1808.

»Mi señor y mi hermano: No quisiéramos ocupar a V. A.; pero no teniendo otro apoyo, es necesario que V. A. sepa todo lo relativo a nuestras personas. Remitimos a V. A. la carta que el Rey ha recibido de su hijo Fernando, en respuesta de la que su padre le escribió, diciéndole que partíamos el lunes.

»Las pretensiones de mi hijo me parecen fuera de propósito; y siguiendo las mismas ideas, le ha escrito el Rey, hace un instante, que nosotros llevamos menos familia y personas de servidumbre que plazas había, quedándose aquí algunas; que pasaríamos la Semana Santa en el Escorial, sin poder decir cuántos días duraría aquella residencia, y que en cuanto a guardias de Corps no importaba nada que no fuesen. Quisiéramos no verlos, y sí fuera de su poder a nuestro pobre Príncipe de la Paz. Ayer tarde se me advirtió que viviésemos con cuidado, porque se intentaba hacer una cosa secreta, y que aunque fuese tranquila la noche de ayer, no lo sería la siguiente. Yo dudo de todo y no vemos a los guardias de Corps; pero es necesario vivir con cautela, por lo que lo hemos advertido al general Watier. Los guardias son los autores de todo y hacen a mi hijo hacer lo que quieren; lo mismo que los malignos ministros, que son muy crueles, sobre todo el clérigo Escóiquiz.

»Por gracia, V. A. líbrenos a todos tres, e igualmente a mi pobre hija Luisa que padece por la propia razón que nuestro pobre amigo común el Príncipe de la Paz y nosotros; y todo porque somos amigos de V. A., de los franceses y del Emperador. Mi hijo Fernando habló aquí de las tropas francesas que había en Madrid con bastante desprecio, lo cual es prueba de que no las mira con afecto. Nos han asegurado que los carabineros son como los demás, y que los otros residentes en el sitio, como el capitán de guardias de Corps, no hacen sino averiguar lo que pueden para hacerlo saber a mi hijo.

»Si el Emperador dijera dónde quiere que le veamos, tendríamos en ello mucho gusto; y rogamos a V. A. procure que el Emperador nos saque de España cuanto antes al Rey, mi marido, y a nuestro amigo el Príncipe de la Paz, a mí y a mi pobre hija, y sobre todo a los tres, lo más pronto posible, porque de otro modo no estamos seguros. No dude V. A. que nos hallamos en el mayor peligro, y con especialidad nuestro amigo, cuya seguridad deseamos antes que la nuestra; la que confiamos lograr de V. A. y del Emperador, en cuyo supuesto pido a Dios tenga a V. A. en su santa y digna guarda.

»Mi señor y hermano: de V. A. I. y R. afecta hermana y amiga. — *Luisa.*»

Carta de la Reina de España al gran Duque de Berg, en Aranjuez, a 9 de abril de 1808.

«Mi señor y hermano: El reconocimiento a los favores de V. A. será eterno, y le damos un millón de gracias por la seguridad que nos anuncia de que su amigo y nuestro, el pobre Príncipe de la Paz, estará libre dentro de tres días. El Rey y yo ocultaremos con un secreto inviolable tan necesario la alegría que V. A. nos ha producido con una noticia tan deseada. Ella nos reanima, y nunca hemos dudado de la amistad de V. A., quien tampoco deberá dudar de la nuestra, pues se la hemos profesado siempre, como también el pobre amigo de V. A., cuyo crimen es el ser afecto al Emperador y a los franceses. No así mi hijo, pues no lo es, aunque lo aparente. Su ambición sin límites le ha hecho seguir los consejos de todos los infames consejeros que ha puesto ahora en los empleos más principales y elevados.

»Tenga V. A. la bondad de decirnos cuándo debemos ir a ver al Emperador, y en dónde; pues lo deseamos mucho, igualmente que V. A. no se olvide de mi pobre hija Luisa.

»Damos gracias a V. A. de habernos enviado al general Watier, pues se ha conducido perfectamente aquí. Mi marido quería escribir a V. A.; pero es absolutamente imposible, pues padece muchos dolores en la mano derecha, los cuales le han quitado el sueño esta noche pasada.

»Nosotros saldremos a la una para el Escorial, adonde llegaremos a las ocho de la tarde. Rogamos a V. A. que disponga que sus tropas y V. A. libren a su amigo de los peligros de todos los pueblos y tropas que están contra él y contra nosotros, no sea que lo maten si no lo salva V. A., pues como no esté asegurado por la guardia de V. A., hay mucho peligro de que le quiten la vida.

»Deseamos mucho ver a V. A., pues somos totalmente suyos; en cuyo supuesto pido a Dios que tenga a V. A. en su santa y digna guarda.

»Mi señor y hermano: de V. A. I. y R. muy afecta hermana y amiga. — *Luisa.*»

Segunda carta de la Reina de España al gran Duque de Berg, en el Escorial, a 9 de Abril de 1808.

«Mi señor y hermano: Son las diez y hemos recibido una carta de mi hijo Fernando, que el Rey, mi marido, envía a V. A. para que la vea y me diga lo que debemos hacer. El Rey y yo no queremos hacer lo que nos pide mi hijo, cuya pretensión nos ha sorprendido infinito, y creemos que no nos conviene de ningún modo condescender. El Rey ha encargado decir que estaba ya en cama, por lo que no podía responder a la carta. Esto ha sido un pretexto por si V. A. quiere decirnos lo que se le haya de responder, en inteligencia de que mientras tanto suspendemos el hacerlo, bien que será forzoso no dilatarlo más que hasta mañana por la tarde.

»Nos hallamos con la satisfacción de no tener guardias de Corps, ni las de infantería en el Escorial, sino sólo los carabineros. Con vuestras tropas estamos seguros, y no con las otras.

»El Rey y yo no escribimos la carta que mi hijo pide sino en el caso de que se nos haga escribir por fuerza, como sucedió con la abdicación, contra la cual hizo por eso la protesta que envió a V. A. Lo que dice mi hijo es falso, y sólo es verdadero que mi marido y yo tememos que se procure hacer creer al Emperador un millón de mentiras, pintándolas con los más vivos colores en agravio nuestro y del pobre Príncipe de la Paz, amigo de V. A., admirador y afectísimo del Emperador, bien que nosotros estamos totalmente puestos en manos de S. M. I. y V. A., lo cual nos tranquiliza de modo, que con tales amigos y protectores no tememos a nadie. Ruego a Dios que tenga a V. A. en su santa y digna guarda. Mi señor y hermano: de V. A. I. y R. muy afecta hermana y amiga. — *Luisa.*»

Tercera carta de la Reina de España al gran Duque de Berg, en el Escorial, a 9 de Abril de 1808.

«Mi señor y hermano: Estamos muy agradecidos al obsequio de V. A. en habernos enviado sus tropas, que nos han acompañado con la mayor atención y cuidado. También le damos gracias por las que nos ha destinado para este sitio. Hemos dicho al general Budet que cuide de hacer patrullas con sus tropas día y noche, pues hemos encontrado aquí una compañía de guardias españolas y walonas, lo que nos ha sorprendido.

»V. A. nos ha dado pruebas completas de su amistad. Nosotros no habíamos dudado jamás, y tanto el Rey como yo creemos firmemente que V. A. nos librará de todo riesgo, igualmente que a su amigo el Príncipe de la Paz, y estamos satisfechos de que el Emperador nos protegerá y hará felices a todos tres, como aliados, afectos y amigos suyos. Esperamos con grande impaciencia la satisfacción de ver a V. A. y al Emperador. Aquí estamos en mayor proporción de salir al encuentro de S. M. I.

»Nuestro viaje ha sido muy feliz, y no podía dejar de serlo con tan buena compañía. Los pueblos por donde hemos pasado nos han aclamado más que antes.

»Esperamos con ansia la respuesta de V. A. a la carta que le escribimos esta mañana, y no queremos incomodarle más ni quitarle el tiempo precioso que necesita para tantas ocupaciones. Ruego a Dios que tenga a V. A. en su santa y digna guarda. Mi señor y hermano: de V. A. I. y R. muy afecta hermana y amiga. — *Luisa.*»

Carta de la Reina de España al gran Duque de Berg, en 10 de Abril de 1808.

«Señor mi hermano: La carta que V. A. nos ha escrito, y hemos recibido hoy muy temprano, me ha tranquilizado. Nosotros estamos puestos en las manos del Emperador y de V. A. No debemos temer nada el Rey, mi marido, nuestro amigo común y yo. Lo esperamos todo del Emperador, que decidirá pronto nuestra suerte.

»Tenemos el mayor placer y consuelo en esperar mañana el momento de ver y poder hablar a V. A. Será para nosotros un instante bien feliz, así como el de ver al Emperador. Mientras tanto que esto se verifica rogamos de nuevo a V. A. que proceda de modo que saque al Príncipe de la Paz, su amigo, del poder de las horribles manos que lo tienen, y lo ponga en seguridad de que no se le mate ni se le haga mal alguno, pues los malignos y falsos ministros actuales harán todo lo posible para anticiparse cuando llegue el Emperador.

»Mi hijo habrá partido ya, y procurará en su viaje persuadir al Emperador todo lo contrario de lo que ha pasado en verdad. El y los que lo rodean habrán preparado tales datos y mentiras, aparentándolas como verdades, que el Emperador, cuando menos, entraría en dudas, si no hubiera sido informado ya de la verdad por V. A.

»Mi hijo ha dejado todas sus facultades al infante D. Antonio, su tío, el cual tiene muy poco talento y luces; pero es cruel, e inclinado a todo cuanto pueda ser pesadumbre del Rey, mi marido, y mía, y del Príncipe de la Paz y de mi hija Luisa. Aunque debe proceder de acuerdo de un Consejo que se le ha nombrado, éste se compone de toda la facción tan detestable que ha ocasionado toda la revolución actual, y que no está en favor de los franceses más que mi hijo Fernando, a pesar de todo lo que se ha dicho en la *Gaceta* de ayer, pues sólo el miedo al Emperador hace hablar así.

»Me atrevo también a decir a V. A. que el Emperador está totalmente por el partido de mi hijo, de acuerdo con el maligno hipócrita clérigo Escóiquiz, y harán lo que no es imaginable para ganar a V. A., y sobre todo al Emperador. Prevenid todo esto a S. M. antes que lo vea mi hijo; pues como éste sale hoy, y el Rey, mi marido, tiene la mano tan hinchada, no ha escrito la carta que mi hijo le pedía, por lo cual éste no llevará ninguna; y el Rey no puede escribir de su mano a V. A., lo que le es muy sensible, pues nosotros no tenemos otro amigo, ni confianza sino en V. A. y en el Emperador, de quien esperamos todo.

»Vivid bien persuadido del grande afecto que tenemos a V. A., así como confianza y seguridad; en cuyo supuesto ruego a Dios que tenga a V. A. en su santa y digna guarda. Señor mi hermano: de V. A. I. y R muy afecta hermana y amiga. — *Luisa.*»

NOTA. Toda esta correspondencia se halla inserta en el *Monitor* del 5 de Febrero de 1810, excepto el informe del general Monthion, que se insertó en el de 3 de Mayo de 1808. En el *Monitor* algunas de las cartas de las de la Reina de Etruria y de Carlos IV están en italiano. Hemos tomado la traducción de todas ellas de las *Memorias de Nellerto,* tomo II, después de haberla confrontado con las cartas originales insertas en los *Monitores* citados. Nos hemos cerciorado de la exactitud, objeto principal en la inserción de estos documentos, sin habernos detenido en reparos acerca del estilo; pero no creemos inoportuno advertir que debe leerse con desconfianza la calificación que se hace en algunas de estas cartas del carácter y conducta de los personajes nombrados en ellas, por ser hija del resentimiento de una señora sobrecogida, a la sazón, de todo género de recelos, y cuya vehemente imaginación, alterada por el cúmulo de sucesos extraordinarios y adversos ocurridos en aquellos memorables días, le presentaba las cosas y las personas con los más negros colores.

11. Protesta publicada en el *Diario de Madrid* de 12 de Mayo de 1808.

12. Don Bartolomé Muñoz de Torres, del Consejo de S. M., su secretario, escribano de Cámara más antiguo y de gobierno del Consejo.

Certifico que por el Excmo. Sr. D. Pedro Cevallos, primer secretario de Estado y del Despacho, se ha comunicado al Illmo. Sr. Decano, gobernador interino del Consejo, la Real orden siguiente:

«Illmo. Sr.: Uno de los primeros cuidados del Rey, nuestro señor, después de su advenimiento al trono, ha sido el participar al Emperador de los franceses y Rey de Italia tan feliz acontecimiento, asegurando al mismo tiempo a S. M. I. y R. que, animado de los mismos sentimientos que su augusto padre, lejos de variar en lo más mínimo el sistema político respecto a la Francia, procurará por todos los medios posibles estrechar más y más los vínculos de amistad y estrecha alianza que felizmente subsisten entre la España y el imperio francés. S. M. me manda participarlo a V. I., para que, publicándolo en el Consejo, proceda el tribunal a consecuencia en todas las medidas que tome para restablecer la tranquilidad pública en Madrid y para recibir y suministrar a las tropas francesas, que están dispuestas a entrar en esa villa, todos los auxilios que necesiten; procurando persuadir al pueblo que vienen como amigos y con objetos útiles al Rey y a la nación. S. M. se promete de la sabiduría del Consejo que, enterado de los vivos deseos que le animan de consolidar cada día más los estrechos vínculos que unen a S. M. con el Emperador de los franceses, procurará el Consejo por todos los medios que estén a su alcance inspirar estos mismos sentimientos en todos los vecinos de Madrid. Dios guarde a V. I. muchos años. Aranjuez, 10 de Marzo de 1808. — *Pedro Cevallos.* — Señor Gobernador interino del Consejo.»

Publicada en el Consejo pleno de este día la antecedente Real orden, se ha mandado guardar y cumplir; y para que llegue a noticia de todos se imprima y fije en los sitios públicos y acostumbrados de esta corte. Y para el efecto lo firmo en Madrid, a 21 de Marzo de 1808. — *Don Bartolomé Muñoz.* — (Véase el *Diario de Madrid* del 22 de Marzo de 1808.)

13. BANDO. — Con fecha 23 del presente mes se ha comunicado al Ilmo. Sr. Decano del Consejo una Real orden, que, entre otras cosas, contiene lo siguiente:

«Teniendo noticia el Rey, nuestro señor, que dentro de dos y medio a tres días llegará a esta corte S. M. el Emperador de los franceses, me manda S. M. decir a V. I. que quiere sea recibido y tratado con todas las demostraciones de festejo y alegría que corresponden a su alta dignidad e íntima amistad y alianza con el Rey, nuestro señor, de la que espera la felicidad de la nación; mandando asimismo S. M. que la villa de Madrid proporcione objetos agradables a S. M. I. y que contribuyan al mismo fin todas las clases del Estado.»

Y habiéndose publicado en el Consejo, ha resuelto se entere de ello al público por medio de este edicto. Madrid, 24 de Marzo de 1808. — *Don Bartolomé Muñoz,* etc.

14. *Mémorial de Sainte Hélène,* vol. IV, pág. 246, ed. de 1823.

15. *Carta de S. M. el Emperador de los franceses, rey de Italia y protector de la confederación del Rin.*

«Hermano mío: He recibido la carta de V. A. R. Ya se habrá convencido V. A. por los papeles que ha visto del Rey, su padre, del interés que siempre le he manifestado; V. A. me permitirá que en las circunstancias actuales le hable con franqueza y lealtad. Yo esperaba, en llegando a Madrid, inclinar a mi augusto amigo a que hiciese en sus dominios algunas reformas necesarias, y que diese alguna satisfacción a la opinión pública. La separación del Príncipe de la Paz me parecía una cosa precisa para su felicidad y la de sus vasallos. Los sucesos del Norte han retardado mi viaje: las ocurrencias de Aranjuez han sobrevenido. No me constituyo juez de lo que ha sucedido, ni de la conducta del Príncipe de la Paz; pero lo que sé muy bien es que es muy peligroso para los reyes acostumbrar sus pueblos a derramar la sangre haciéndose justicia por sí mismos. Ruego a Dios que V. A. no lo experimente un día. No sería conforme al interés de la España que se persiguiese a un príncipe que se ha casado con una princesa de la familia real, y que tanto tiempo ha gobernado el reino. Ya no tiene más amigos: V. A. no los tendrá tampoco si algún día llega a ser desgraciado. Los pueblos se vengan gustosos de los respetos que nos tributan. Además, ¿cómo se podría formar causa al Príncipe de la Paz sin hacerla también al Rey y a la Reina, vuestros padres? Esta causa fomentaría el odio y las pasiones sediciosas; el resultado sería funesto para vuestra corona. V. A. R. no tiene a él otros derechos sino los que su madre le ha transmitido; si la causa mancha su honor, V. A. destruye sus derechos. No preste V. A. oídos a consejos débiles y pérfidos. No tiene V. A. derecho para juzgar al Príncipe de la Paz; sus delitos, si se le imputan, desaparecen en los derechos del trono. Muchas veces he manifestado mi deseo de que se separase de los negocios al Príncipe de la Paz; si no he hecho más instancias, ha sido por un efecto de mi amistad por el rey Carlos, apartando la vista de las flaquezas de su amistad. ¡Oh miserable humanidad! Debilidad y error: tal es nuestra divisa. Más todo esto se puede conciliar: que el Príncipe de la Paz sea desterrado de España, y yo le ofrezco un asilo en Francia.

»En cuanto a la abdicación de Carlos IV, ella ha tenido efecto en el momento en que mis ejércitos ocupaban la España, y a los ojos de la Europa y de la posteridad podría parecer que yo he enviado todas esas tropas con el solo objeto de derribar del trono a mi aliado y amigo. Como soberano vecino debo enterarme de lo ocurrido antes de reconocer esta abdicación. Lo digo a V. A. R., a los españoles, al universo entero: si la abdicación del rey Carlos es espontánea, y no ha sido forzado a ella por la insurrección y motín sucedido en Aranjuez, yo no tengo dificultad en admitirla y en reconocer a V. A. R.

como rey de España. Deseo, pues, conferenciar con V. A. R. sobre este particular.

»La circunspección que de un mes a esta parte he guardado en este asunto debe convencer a V. A. del apoyo que hallará en mí si jamás sucediese que facciones de cualquiera especie viniesen a inquietar en su trono. Cuando el rey Carlos me participó los sucesos del mes de Octubre próximo pasado, me causaron el mayor sentimiento, y me lisonjeo de haber contribuido por mis instancias al buen éxito del asunto del Escorial. V. A. no está exento de faltas: basta para prueba la carta que me escribió y que siempre he querido olvidar. Siendo rey, sabrá cuán sagrados son los derechos del trono; cualquier paso de un príncipe hereditario cerca de un soberano extranjero es criminal. El matrimonio de una princesa francesa con V. A. R. le juzgo conforme a los intereses de mis pueblos, y sobre todo como una circunstancia que me uniría con nuevos vínculos a una casa a quien no tengo sino motivos de alabar desde que subí al trono. V. A. R. debe recelarse de las consecuencias de las emociones populares: se podrá cometer algún asesinato sobre mis soldados esparcidos; pero no conducirán sino a la ruina de España. He visto con sentimiento que se han hecho circular en Madrid unas cartas del capitán general de Cataluña, y que se ha procurado exasperar los ánimos. V. A. R. conoce todo lo interior de mi corazón: observará que me hallo combatido por varias ideas, que necesitan fijarse; pero puede estar seguro de que en todo caso me conduciré con su persona del mismo modo que lo he hecho con el Rey, su padre. Esté V. A. persuadido de mi deseo de conciliarlo todo, y de encontrar ocasión de darle pruebas de mi afecto y perfecta estimación. Con lo que ruego a Dios os tenga, hermano mío, en su santa y digna guarda. En Bayona, a 16 de Abril de 1808. — *Napoleón.*» — (Véase el *Manifiesto de D. Pedro Cevallos.*)

16. El Rey, nuestro señor, haciendo el más alto aprecio de los deseos que el Emperador de los franceses ha manifestado de disponer de la suerte del preso D. Manuel de Godoy, escribió desde luego a S. M. I., mostrando su pronta y gustosa voluntad de complacerle, asegurado S. M. de que el preso pasaría inmediatamente la frontera de España, y que jamás volvería a entrar en ninguno de sus dominios.

El Emperador de los franceses ha admitido este ofrecimiento de S. M. y mandado al gran duque de Berg que reciba el preso y le haga conducir a Francia con escolta segura.

La Junta de Gobierno, instruida de estos antecedentes y de la reiterada expresión de la voluntad de S. M., mandó ayer al general, a cuyo cargo estaba la custodia del citado preso, que lo entregase al oficial que destinase para su conducción el gran Duque; disposición que ya queda cumplida en todas sus partes. Madrid, 21 de Abril de 1808.

17. *Oficio del general Belliard a la Junta de Gobierno* (Véase la *Memoria de Ofárril y Azanza.*)

«Habiendo S. M. el Emperador y Rey manifestado a S. A. el gran Duque de Berg que el Príncipe de Asturias acababa de escribirle diciendo «que le hacía dueño de la suerte del Príncipe de la Paz», S. A. me encarga en consecuencia que entere a la Junta de las intenciones del Emperador, que le reitera la orden de pedir la persona de este príncipe y de enviarle a Francia.

»Puede ser que esta determinación de S. A. R. el Príncipe de Asturias no haya llegado todavía a la Junta. En este caso se deja conocer que S. A. R. habrá esperado la respuesta del Emperador; pero la Junta conprenderá que el responder al Príncipe de Asturias sería decidir una cuestión muy diferente, y ya es sabido que S. M. I. no puede reconocer sino a Carlos IV.

»Ruego, pues, a la Junta se sirva tomar esta nota en consideración, y tener la bondad de instruirme sobre este asunto, para dar cuenta a S. A. I. el gran Duque de la determinación que tomase.

»El gobierno y la nación española sólo hallarán en esta resolución de S. M. I. nuevas pruebas del interés que toma por la España; porque, alejando al Príncipe de la Paz, quiere quitar a la malevolencia los medios de creer posible que Carlos IV volviese al poder y su confianza al que debe haberla perdido para siempre; y por otra parte la Junta de Gobierno hace ciertamente justicia a la nobleza de los sentimientos de S. M. el Emperador, que no quiere abandonar a su fiel aliado.

Tengo el honor de ofrecer a la Junta las seguridades de mi alta consideración. — El general y jefe del estado mayor general, *Augusto Belliard.* — Madrid, 20 de Abril de 1808.»

18. *Carta remitiendo la protesta al Emperador y Rey.*

«Hermano y señor: V. M. sabrá ya con sentimiento el suceso de Aranjuez y sus resultas, y no dejará de ver sin algún tanto de interés a un rey, que forzado a abdicar la corona, se echa en los brazos de un gran monarca su aliado, poniéndose en todo y por todo a su disposición, pues que es el único que puede hacer su dicha, la de toda su familia y la de sus fieles y amados vasallos... Heme visto obligado a abdicar; pero seguro en el día y lleno de confianza en la magnanimidad y genio del grande hombre que siempre se ha manifestado mi amigo, he tomado la resolución de dejar a su arbitrio lo que se sirviese hacer de nosotros, mi suerte, la de la Reina... Dirijo a V. M. I. una protesta contra el acontecimiento de Aranjuez y contra mi abdicación. Me pongo y confío enteramente en el corazón y amistad de V. M. I. Con esto ruego a Dios que os mantenga en su santa y digna guarda. — Hermano y señor: de V. M. I. su afectísimo hermano y amigo. — *Carlos.*»

Reiteración de la protesta dirigida al Sr. infante D. Antonio.

«Muy amado hermano: El 19 del mes pasado he confiado a mi hijo un decreto de abdicación... En el mismo día extendí una protesta contra el decreto, dado en medio del tumulto y forzado por las críticas circunstancias... Hoy, que la quietud está restablecida; que mi protesta ha llegado a las manos de mi augusto amigo y fiel aliado el Emperador de los franceses y Rey de Italia, que es notorio que mi hijo no ha podido lograr que le reconozca bajo ese título..., declaro solemnemente que el acto de la abdicación que firmé el día 19 del pasado mes de Marzo es nulo en todas sus partes; y por eso quiero que hagáis conocer a todos mis pueblos que su buen rey, amante de sus vasallos, quiere consagrar lo que le queda de vida en trabajar para hacerlos dichosos. Confirmo provisionalmente en sus empleos de la Junta actual de gobierno los individuos que la componen, y todos los empleos civiles y militares que han sido nombrados desde el 19 del mes de Marzo último. Pienso en salir luego al encuentro de mi augusto aliado, después de lo cual transmitiré mis últimas órdenes a la Junta. San Lorenzo, a 17 de Abril de 1808. — *Yo el Rey.* — A la Junta superior de Gobierno.»

19. Illmo. Sr.: Al folio 33 del manifiesto del Consejo se dice que se presentó un oidor del de Navarra, disfrazado, que había logrado introducirse en la habitación del Sr. D. Fernando VII, y traía instrucciones verbales de S. M., reducidas a estrechos encargos y deseos de que se siguiese el sistema de amistad y armonía con los franceses. Las consideraciones que debo a ese supremo tribunal por haber suprimido mi nombre y lo más esencial de la comisión sólo con el objeto de evitar que padeciese mi persona, sujeta al tiempo de la publicación a la dominación francesa, exigen mi gratitud y reconocimiento, y así pido a V. S. I. que se lo haga presente; pero ahora que aunque a costa de dificultades y contingencias me veo en este pueblo libre de todo temor, juzgo preciso que sepa el público mi misión en toda su extensión.

Hallábame yo en Bayona con otros ministros de los tribunales de Navarra cuando llegó el Rey a aquella ciudad: no tardó muchas horas el Emperador de los franceses en correr el velo que ocultaba su misteriosa conducta; hizo saber a cara descubierta a S. M. el escandaloso e inesperado proyecto de arrancarle violentamente la corona de España; y persuadido sin duda de que a su más pronto logro convenía estrechar al Rey por todos medios, uno de los que primero puso en ejecución fue la interceptación de correos. Diariamente se expedían extraordinarios; pero la garantía del derecho de las gentes no era un sagrado que los asegurase contra las tropelías de un gobierno acostumbrado a no escrupulizar en la elección de los medios para realizar sus depravados fines: en estas circunstancias creyó S. M. preciso añadir nuevos y desconocidos conductos de comunicación con la Junta suprema, presidida por el infante D. Antonio, y me honró con la confianza de que fuese yo el que, pasando a esa capital, la informase verbalmente de los sucesos ocurridos en aquellos tres primeros aciagos días. Salí a su virtud de Bayona sobre las seis de la tarde del 23, y llegué a esta villa por caminos y sendas extraviadas, no sin graves peligros y trabajos, al anochecer del 29 de Abril: inmediatamente me dirigí a la Junta y anunciándola la Real orden dije: «que el Emperador de los franceses quería exigir imperiosamente del Rey D. Fernando VII que renunciase por sí y en nombre de la familia toda de los Borbones, el trono de España y todos sus dominios en favor del mismo Emperador y de su dinastía, prometiéndole en recompensa el reino de Etruria; y que la comitiva que había acompañado a S. M. hiciese igual renuncia en representación del pueblo español; que desentendiéndose S. M. I. y R. de la evidencia con que se demostró que ni el Rey ni la comitiva podían ni debían en justicia acceder a tal renuncia, y despreciando las amargas quejas que se le dieron por haber sido conducido S. M. a Bayona con el engaño y perfidia que carecen de ejemplo, tanto más execrables, cuanto que iban encubiertos con el sagrado título de amistad y utilidad recíproca, afianzadas en palabras las más decisivas y terminantes, insistía en ella sin otras razones que dos pretextos indignos de pronunciarse por un soberano que no haya perdido todo respeto a la moral de los gabinetes y aquella buena fe que forma el vínculo de las naciones; reducidos el primero a que su política no le permitía otra cosa, pues que su persona no estaba segura mientras que alguno de los Borbones, enemigos de su casa, reinase en una nación poderosa; y el segundo a que no era tan estúpido que despreciase la ocasión tan favorable que se le presentaba de tener un ejército formidable dentro de España, ocupadas sus plazas y puntos principales, nada que temer por la parte del Norte, y en su poder las personas del Rey y del señor Infante D. Carlos; ventajas todas bien difíciles para que se las ofreciesen los tiempos venideros. Que con la ida de procurar dilaciones y sacar de ellas el mejor partido posible se había pasado una nota, dirigida a que se autorizase un sujeto que explicase sus intenciones por escrito; pero que cuando el Emperador se obstinase en no retroceder, estaba S. M. resuelto a perder primero la vida que acceder a tan inicua renuncia: que con esta seguridad y firme inteligencia procediese la Junta en sus deliberaciones. Y concluí añadiendo que habiendo preguntado yo voluntariamente al señor D. Pedro Cevallos, al despedirme de S. E., si provendría algo a la Junta sobre la conducta que debiera observar con los franceses, me respondió que, aunque la comisión no comprendía este punto, podía decir que estaba acordado por la regla general que por entonces no se hiciese novedad, porque era de temer de lo contrario que resultasen funestas consecuencias contra el Rey, el Sr. Infante y cuantos españoles se hallaban acompañando a S. M., y el reino se arriesgaba descubriendo ideas hostiles antes que estuviese preparado para sacudir el yugo de la opresión.» V. S. I. sabe que con esas mismas o semejantes expresiones lo expuse todo, no sólo en la noche del 29, sino también en la inmediata del 30 de Abril, en que quiso S. A. el Sr. Infante D. Antonio que asistiese yo a la sesión que se celebró en ella, compuesta, a más de los señores individuos de la Junta suprema, de todos los presidentes de los tribunales y de dos ministros de cada uno, con el doble objeto de que todos se informasen de mi comisión, y yo de las novedades de aquel día y demás de que se tratase, a fin de que diese cuenta de todo a S. M. en Bayona, adonde regresé la tarde del 6 de Mayo, con continuos riesgos y sobresaltos, que se aumentaron a mi salida; y pues es, a mi parecer, muy debido que no se ignore este rasgo heroico de carácter firme de nuestro amado soberano, y yo tampoco debo prescindir de que conste del modo más auténtico el exacto cumplimiento y desempeño de mi comisión en todas sus partes, ruego a V. I. y al Consejo que, no hallando inconveniente, mande insertar este papel en la *Gaceta* y *Diario* de esta corte. Dios guarde a V. S. I. muchos años. Madrid, 27 de Septiembre de 1808. — *Justo María Ibarnavarro*. — Illmo. Sr. D. Antonio Arias Mon y Velarde.

20. *Orden del día.*

Soldados: La población de Madrid se ha sublevado, y ha llegado hasta el asesinato. Sé que los buenos españoles han gemido de estos desórdenes; estoy muy lejos de mezclarlos con aquellos miserables que no desean más que el crimen y el pillaje. Pero la sangre francesa ha sido derramada; clama por la venganza: en su consecuencia mando lo siguiente:

Artículo 1.º El general Grouchi convocará esta noche la comisión militar.

Art. 2.º Todos los que han sido presos en el alboroto y con las armas en la mano serán arcabuceados.

Art. 3.º La Junta de Estado va a hacer desarmar los vecinos de Madrid. Todos los habitantes y estantes, quienes después de la ejecución de esta orden se hallasen armados o conservasen armas sin una permisión especial serán arcabuceados.

Art. 4.º Todo lugar en donde sea asesinado un francés será quemado.

Art. 5.º Toda reunión de más de ocho personas será considerada como una junta sediciosa, y deshecha por la fusilería.

Art. 6.º Los amos quedarán responsables de sus criados; los jefes de talleres, obradores y demás, de sus oficiales; los padres y madres, de sus hijos, y los ministros de los conventos, de sus religiosos.

Art. 7.º Los autores, vendedores y distribuidores de libelos impresos o manuscritos provocando a la sedición, serán considerados como unos agentes de la Inglaterra, y arcabuceados.

Dado en nuestro cuartel general de Madrid, a 2 de Mayo de 1808. — *Joachin*. — Por mandato de S. A. I. y R. — El jefe del estado mayor general, *Belliard*.

21. *Carta de Fernando VII a su padre, Carlos IV.*

«Venerado padre y señor: V. M. ha convenido en que yo no tuve la menor influencia en los movimientos de Aranjuez, dirigidos, como es notorio y a V. M. consta, no a disgustarle del gobierno y del trono, sino a que se mantuviese en él y no abandonase la multitud de los que en su existencia dependían absolutamente del trono mismo. V. M. me dijo igualmente que su abdicación había sido espontánea, y que aun cuando alguno me asegurase lo contrario, no lo creyese, pues jamás había firmado cosa alguna con más gusto. Ahora me dice V. M. que aunque es cierto que hizo la abdicación con toda libertad, todavía se reservó en su ánimo volver a tomar las riendas del gobierno cuando lo creyese conveniente. He preguntado, en consecuencia, a V. M. si quiere volver a reinar, y V. M. me ha respondido que ni quería reinar, ni menos volver a España. No obstante, me manda V. M. que renuncie en su favor la corona que me han dado las leyes fundamentales del reino, mediante su espontánea abdicación. A un hijo que siempre se ha distinguido por el amor, respeto y obediencia a sus padres, ninguna prueba que pueda calificar estas cualidades es violenta a su piedad filial, principalmente cuando el cumplimiento de mis deberes con V. M. como hijo suyo no están en contradicción con las relaciones que, como rey, me ligan con mis amados vasallos. Para que ni éstos, que tienen el primer derecho a mis atenciones, queden ofendidos, ni V. M. descontento de mi obediencia, estoy pronto, atendidas las circunstancias en que me hallo, a hacer la renuncia de mi corazón en favor de V. M. bajo las siguientes limitaciones:

»1.ª Que V. M. vuelva a Madrid, hasta donde le acompañaré y serviré yo como su hijo más respetuoso. 2.ª Que en Madrid se reunirán las Cortes; y puesto que V. M. resiste una congregación tan numerosa, se convocarán al efecto todos los tribunales y diputados de los reinos. 3.ª Que a la vista de esta Asamblea se formalizará mi renuncia, exponiendo los motivos que me conducen a ella: éstos son el amor que tengo a mis vasallos, y el deseo de corresponder al que me profesan, procurándoles la tranquilidad, y redimiéndoles de los horrores de una guerra civil por medio de una renuncia dirigida a que V. M.

vuelva a empuñar el cetro y a regir unos vasallos dignos de su amor y protección. 4.ª Que V. M. no llevará consigo personas que justamente se han concitado el odio de la nación. 5.ª Que si V. M., como me ha dicho, ni quiere reinar ni volver a España, en tal caso yo gobernaré en su real nombre como lugarteniente suyo. Ningún otro puede ser preferido a mí: tengo el llamamiento de las leyes, el voto de los pueblos, el amor de mis vasallos, y nadie puede interesarse en su prosperidad con tanto celo ni con tanta obligación como yo. Contraída mi renuncia a estas limitaciones, compareceré a los ojos de los españoles como una prueba de que prefiero el interés de su conservación a la gloria de mandarlos, y la Europa me juzgará digno de mandar a unos pueblos a cuya tranquilidad he sabido sacrificar cuanto hay de más lisonjero y seductor entre los hombres. Dios guarde la importante vida de V. M. muchos y felices años, que le pide, postrado a L. R. P. de V. M., su más amante y rendido hijo. — *Fernando.* — *Pedro Cevallos.* — Bayona, 1.º de Mayo de 1808.» (Véase la *Exposición* o *Manifiesto de D. Pedro Cevallos,* núm. 7.)

22. *Carta de Carlos IV a su hijo, Fernando VII.*

«Hijo mío: Los consejos pérfidos de los hombres que os rodean han conducido la España a una situación crítica; sólo el Emperador puede salvarla.

»Desde la paz de Basilea he conocido que el primer interés de mis pueblos era inseparable de la conservación de buena inteligencia con la Francia. Ningún sacrificio he omitido para obtener esta importante mira: aun cuando la Francia se hallaba dirigida por gobiernos efímeros, ahogué mis inclinaciones particulares para no escuchar sino la política y el bien de mis vasallos.

»Cuando el Emperador hubo restablecido el orden en Francia se disiparon grandes sobresaltos, y tuve nuevos motivos para mantenerme fiel a mi sistema de alianza. Cuando la Inglaterra declaró la guerra a la Francia, logré felizmente ser neutro y conservar a mis pueblos los beneficios de la paz. Se apoderó después de cuatro fragatas mías, y me hizo la guerra aun antes de habérsela declarado, y entonces me vi precisado a oponer la fuerza a la fuerza, y las calamidades de la guerra asaltaron a mis vasallos.

»La España, rodeada de costas, y que debe una gran parte de su prosperidad a sus posesiones ultramarinas, sufrió con la guerra más que cualquiera otro estado; la interrupción del comercio, y todos los estragos que acarrea, afligieron a mis vasallos, y cierto número de ellos tuvo la injusticia de atribuirlos a mis ministros.

»Tuve al menos la felicidad de verme tranquilo por tierra, y libre de la inquietud en cuanto a la integridad de mis provincias, siendo el único de los reyes de Europa que se sostenía en medio de las borrascas de estos últimos tiempos. Aún gozaría de esta tranquilidad sin los consejos que os han desviado del camino recto. Os habéis dejado seducir con demasiada facilidad por el odio que vuestra primera mujer tenía a la Francia, y habéis participado irreflexivamente de sus injustos resentimientos contra mis ministros, contra vuestra madre y contra mí mismo.

»Me creí obligado a recordar mis derechos de padre y de rey; os hice arrestar, y hallé en vuestros papeles la prueba de vuestro delito; pero al acabar mi carrera, reducido al dolor de ver perecer a mi hijo en un cadalso, me dejé llevar de mi sensibilidad al ver las lágrimas de vuestra madre. No obstante, mis vasallos estaban agitados por las prevenciones engañosas de la facción de que os habéis declarado caudillo. Desde este instante perdí la tranquilidad de mi vida, y me vi precisado a unir las penas que me causaban los males de mis vasallos a los pesares que debí a las disensiones de mi misma familia.

»Se calumniaban mis ministros cerca del Emperador de los franceses, el cual, creyendo que los españoles se separaban de su alianza, y viendo los espíritus agitados (aun en el seno de mi familia), cubrió, bajo varios pretextos, mis estados con sus tropas. En cuanto éstas ocuparon la ribera derecha del Ebro, y que mostraban tener por objeto mantener la comunicación con Portugal, tuve la esperanza de que no abandonaría los sentimientos de aprecio y de amistad que siempre me había dispensado; pero al ver que sus tropas se encaminaban hacia mi capital, conocí la urgencia de reunir mi ejército cerca de mi persona, para presentarme a mi augusto aliado como conviene al Rey de las Españas. Hubiera yo aclarado sus dudas y arreglado mis intereses: di orden a mis tropas de salir de Portugal y de Madrid, y las reuní, sobre varios puntos de mi monarquía, no para abandonar a mis vasallos, sino para sostener dignamente la gloria del trono. Además, mi larga experiencia me daba a conocer que el Emperador de los franceses podía muy bien tener algún deseo conforme a sus intereses y a la política del vasto sistema del continente, pero que estuviese en contradicción con los intereses de mi casa. ¿Cuál ha sido en estas circunstancias vuestra conducta? El haber introducido el desorden en mi palacio, y amotinado el cuerpo de guardias de Corps contra mi persona. Vuestro padre ha sido vuestro prisionero; mi primer ministro, que había yo criado y adoptado en mi familia, cubierto de sangre, fue conducido de un calabozo a otro. Habéis desdorado mis canas, y las habéis despojado de una corona poseída con gloria por mis padres, y que había conservado sin mancha. Os habéis sentado sobre mi trono, y os pusisteis a la disposición del pueblo de Madrid y de tropas extranjeras que en aquel momento entraban.

»Ya la conspiración del Escorial había obtenido sus miras: los actos de mi administración eran el objeto del desprecio público. Anciano y agobiado de enfermedades, no he podido sobrellevar esta nueva desgracia. He recurrido al Emperador de los franceses, no como un rey al frente de sus tropas y en medio de la pompa del trono, sino como un rey infeliz y abandonado. He hallado protección y refugio en sus reales: le debo la vida, la de la Reina y la de mi primer ministro. He venido, en fin, hasta Bayona, y habéis conducido este negocio de manera, que todo depende de la mediación de este gran príncipe.

»El pensar en recurrir a agitaciones populares es arruinar la España, y conducir a las catástrofes más horrorosas a vos, a mi reino, a mis vasallos y mi familia. Mi corazón se ha manifestado abiertamente al Emperador: conoce todos los ultrajes que he recibido, y las violencias que se me han hecho; me ha declarado que no os reconocerá jamás por rey, y que el enemigo de su padre no podrá inspirar confianza a los extraños. Me ha mostrado, además, cartas de vuestra mano, que hacen ver claramente vuestro odio a la Francia.

»En esta situación, mis derechos son claros, y mucho más mis deberes. No derramar la sangre de mis vasallos, no hacer nada al fin de mi carrera que pueda acarrear asolamiento e incendio a la España, reduciéndola a la más horrible miseria. Ciertamente que, si fiel a vuestras primeras obligaciones y a los sentimientos de la naturaleza hubierais desechado los consejos pérfidos, y que constantemente sentado a mi lado para mi defensa, hubierais esperado el curso regular de la naturaleza, que debía señalar vuestro puesto dentro de pocos años, hubiera yo podido conciliar la política y el interés de España con el de todos. Sin duda hace seis meses que las circunstancias han sido críticas; pero, por más que lo hayan sido, aún hubiera obtenido de las disposiciones de mis vasallos, de los débiles medios que aún tenía, y de la fuerza moral que hubiera adquirido, presentándome dignamente al encuentro de mi aliado, a quien nunca diera motivo alguno de queja, un arreglo que hubiera conciliado los intereses de mis vasallos con los de mi familia. Empero, arrancándome la corona, habéis deshecho la vuestra, quitándola cuanto tenía de augusta y la hacía sagrada a todo el mundo.

»Vuestra conducta conmigo, vuestras cartas interceptadas, han puesto una barrera de bronce entre vos y el trono de España; y no es de vuestro interés ni de la patria el que pretendáis reinar. Guardaos de encender un fuego que causaría inevitablemente vuestra ruina completa y la desgracia de España.

»Yo soy rey por el derecho de mis padres; mi abdicación es el resultado de la fuerza y de la violencia; no tengo pues nada que recibir de vos, ni menos puedo consentir a ninguna reunión en junta: nueva necia sugestión de los hombres sin experiencia que os acompañan.

»He reinado para la felicidad de mis vasallos, y no quiero dejarles la guerra civil, los motines, las juntas populares y la revolución. Todo debe hacerse para el pueblo, y nada por él; olvidar esta máxima es hacerse cómplice de todos los delitos que le son consiguientes. Me he sacrificado toda mi vida por mis pueblos; y en la edad a que he llegado no haré nada que esté en oposición con su religión, su tranquilidad y su dicha. He reinado para ellos: olvidaré todos mis sacrificios; y cuando, en fin, esté seguro que la religión de España, la integridad de sus provincias, su independencia y sus privilegios serán conservados, bajaré al sepulcro perdonándoos la amargura de mis últimos años.

»Dado en Bayona, en el palacio imperial llamado del Gobierno, a 2 de Mayo de 1808. — *Carlos.*» — *(Cevallos,* núm. 8.)

23. *Carta de Fernando VII a su padre, en respuesta a la anterior.*

«Señor: Mi venerado padre y señor: He recibido la carta que V. M. se ha dignado escribirme con fecha de antes de ayer, y trataré de responder a todos los puntos que abraza con la moderación y respeto debido a V. M.

»Trata V. M., en primer lugar, de sincerar su conducta con respecto a la Francia desde la paz de Basilea, y en verdad que no creo haya habido en España quien se haya quejado de ella; antes bien todos unánimes han alabado a V. M. por su constancia y fidelidad en los principios que había adoptado. Los míos, en este particular, son enteramente idénticos a los de V. M., y he dado pruebas irrefragables de ello desde el momento en que V. M. abdicó en mí la corona.

»La causa del Escorial, que V. M. da a entender tuvo por origen el odio que mi mujer me había inspirado contra la Francia, contra los ministros de V. M., contra mi amada madre y contra V. M. mismo, si se hubiese seguido por todos los trámites legales, habría probado evidentemente lo contrario; y no obstante que yo no tenía la menor influencia ni más libertad que la aparente, en que estaba guardado a vista por los criados que V. M. quiso ponerme, los once consejeros elegidos por V. M. fueron unánimemente de parecer que no había motivo de acusación, y que los supuestos reos eran inocentes.

»V. M. habla de la desconfianza que le causaba la entrada de tantas tropas extranjeras en España, y de que si V. M. había llamado las que tenía en Portugal, y reunido en Aranjuez y sus cercanías las que había en Madrid, no era para abandonar a sus vasallos, sino para sostener la gloria del trono. Permítame V. M. le haga presente que no debía sorprenderle la entrada de unas tropas amigas y aliadas, y que bajo este concepto debían inspirar una total confianza. Permítame V. M. observarle igualmente que las órdenes comunicadas por V. M. fueron para su viaje y el de su familia a Sevilla; que las tropas las tenían para mantener libre aquel camino, y que no hubo una sola persona que no estuviese persuadida de que el fin de quien lo dirigía todo era transportar a V. M. y real familia a América. V. M. publicó un decreto para aquietar el ánimo de sus vasallos sobre este particular; pero como seguían embargados los carruajes y apostados los tiros, y se veían todas las disposiciones de un próximo viaje a la costa de Andalucía, la desesperación se apoderó de los ánimos y resultó el movimiento de Aranjuez. La parte que yo tuve en él, V. M. sabe que no fue otra que ir, por su mandato, a salvar del furor del pueblo al objeto de su odio, porque le creía autor del viaje.

»Pregunte V. M. al Emperador de los franceses, y S. M. I. le dirá sin duda lo mismo que me dijo a mí en una carta que me escribió a Vitoria, a saber: que el objeto del viaje de S. M. I. a Madrid era inducir a V. M. a algunas reformas y a que separase de su lado al Príncipe de la Paz, cuya influencia era a causa de todos los males.

»El entusiasmo que su arresto produjo en toda la nación es una prueba evidente de lo mismo que dijo el Emperador. Por lo demás, V. M. es buen testigo de que en medio de la fermentación de Aranjuez no se oyó una sola palabra contra V. M. ni contra persona alguna de su real familia; antes bien aplaudieron a V. M. con mayores demostraciones de júbilo y de fidelidad hacia su augusta persona; así es que la abdicación de la corona, que V. M. hizo en mi favor, sorprendió a todos y a mí mismo, porque nadie la esperaba ni la había solicitado. V. M. comunicó su abdicación a todos sus ministros, dándome a reconocer a ellos por su rey y señor natural; la comunicó verbalmente al cuerpo diplomático que residía cerca de su persona, manifestándole que su determinación procedía de su espontánea voluntad y que la tenía tomada de antemano. Esto mismo lo dijo V. M. a su muy amado hermano el infante D. Antonio, añadiéndole que la firma que V. M. había puesto al decreto, de abdicación era la que había hecho con más satisfacción en su vida, y últimamente me dijo V. M. a mí mismo tres días después que no creyese que la abdicación había sido involuntaria, como alguno decía, pues había sido totalmente libre y espontánea.

»Mi supuesto odio contra la Francia, tan lejos de aparecer por ningún lado, resultará de los hechos que voy a recorrer rápidamente todo lo contrario.

»Apenas abdicó V. M. la corona en mi favor, dirigí varias cartas desde Aranjuez al Embajador de los franceses, las cuales son otras tantas protestas de que mis principios con respecto a las relaciones de amistad y estrecha alianza que felizmente subsisten entre ambos estados eran los mismos que V. M. me había inspirado y había observado inviolablemente. Mi viaje a Madrid fue otra de las mayores pruebas que pude dar a S. M. I. de la confianza ilimitada que me inspiraba, puesto que habiendo entrado el príncipe Murat el día anterior en Madrid con una gran parte de su ejército y estando la villa sin guarnición, fue lo mismo que entregarme en sus manos. A los dos días de mi residencia en la corte se me dio cuenta de la correspondencia particular de V. M. con el Emperador, y hallé que V. M. le había pedido recientemente una princesa de su familia para enlazarla conmigo y asegurar más de este modo la unión y estrecha alianza que reinaba entre los dos estados. Conforme enteramente con los principios y con la voluntad de V. M., escribí una carta al Emperador, pidiéndole la princesa por esposa.

»Envié una diputación a Bayona para que cumplimentase en mi nombre a S. M. I.; hice que partiese poco después mi muy querido hermano, el infante D. Carlos, para que le obsequiase en la frontera; y no contento con esto, salí yo mismo de Madrid, en fuerza de las seguridades que me había dado el Embajador de S. M. I., el gran Duque de Berg y el general Savary, que acababa de llegar de París y me pidió una audiencia para decirme de parte del Emperador que S. M. I. no deseaba saber otra cosa de mí sino si mi sistema con respecto a la Francia sería el mismo que el de V. M., en cuyo caso el Emperador me reconocería como rey de España y prescindiría de todo lo demás.

»Lleno de confianza en estas promesas, y persuadido de encontrar en el camino a S. M. I., vine hasta esta ciudad, y en el mismo día en que llegué se hicieron verbalmente proposiciones a algunos sujetos de mi comitiva tan ajenas de lo que hasta entonces se había tratado, que ni mi honor, ni mi conciencia, ni los deberes que me impuse cuando las Cortes me juraron por su príncipe y señor, ni los que me impuse nuevamente cuando acepté la corona que V. M. tuvo a bien abdicar en mi favor, me han permitido acceder a ellas.

»No comprendo cómo puedan hallarse cartas mías en poder del Emperador que prueben mi odio contra la Francia, después de tantas pruebas de amistad como le he dado, y no habiendo escrito yo cosa alguna que lo indique.

»Posteriormente se me ha presentado una copia de la protesta que V. M. hizo al Emperador sobre la nulidad de la abdicación; y luego que V. M. llegó a esta ciudad, preguntándole yo sobre ello, me dijo V. M. que la abdicación había sido libre, aunque no para siempre. Le pregunté asimismo por qué no me lo había dicho cuando la hizo, y V. M. me respondió porque no había querido; de lo cual se infiere que la abdicación no fue violenta y que yo no pude saber que V. M. pensaba en volver a tomar las riendas del gobierno. También me dijo V. M. que ni quería reinar ni volver a España.

»A pesar de esto, en la carta que tuve la honra de poner en las manos de V. M. manifestaba estar dispuesto a renunciar la corona en su favor, mediante la reunión de las Cortes, o en falta de éstas, de los Consejos y diputados de los reinos; no porque esto lo creyese necesario para dar valor a la renuncia, sino porque lo juzgo muy conveniente para evitar la repugnancia de esta novedad, capaz de producir choques y partidos y para salvar todas las consideraciones debidas a la dignidad de V. M., a mi honor y a la tranquilidad de los reinos.

»En el caso que V. M. no quiera reinar por sí, reinaré yo en su real nombre o en el mío, porque a nadie corresponde sino a mí el representar su persona, teniendo, como tengo, en mi favor el voto de las leyes y de los pueblos, ni es posible que otro alguno tenga tanto interés como yo en su prosperidad.

»Repito a V. M. nuevamente que en tales circunstancias y bajo dichas condiciones estaré pronto a acompañar a V. M. a España para hacer allí mi abdicación en la referida forma, y en cuanto a lo que V. M. me ha dicho de no querer volver a España, le pido con las lágrimas en los ojos, y por cuanto hay de más sagrado en el cielo y en la tierra, que en caso de no querer, con efecto, reinar, no deje un país ya conocido en que podrá elegir el clima más análogo a su quebrantada salud, y en el que le aseguro podrá disfrutar las mayores comodidades y tranquilidad de ánimo que en otro alguno.

»Ruego, por último, a V. M. encarecidamente que se penetre de nuestra situación actual y de que se trata de excluir para siempre del trono de España nuestra dinastía, sustituyendo en su lugar la imperial de Francia; que esto no podemos hacerlo sin el expreso consentimiento de todos los individuos que tienen y puedan tener derecho a la corona, ni tampoco sin el mismo expreso consentimiento de la nación española, reunida en Cortes y en lugar seguro; que además de esto, hallándonos en un país extraño, no habría quien se persuadiese que obrábamos con libertad, y esta sola circunstancia anularía cuanto hiciésemos, y podríamos producir fatales consecuencias.

»Antes de acabar esta carta, permítame V. M. decirle que los consejeros que V. M. llama pérfidos, jamás me han aconsejado cosa que desdiga del respeto, amor y veneración que siempre he profesado y profesaré a V. M., cuya importante vida ruego a Dios conserve felices y dilatados años. Bayona, 4 de Mayo de 1808. — Señor: a L. R. P. de V. M., su más humilde hijo. — *Fernando.*» — (*Cevallos,* núm. 9.)

24. *Carta de Fernando VII a su padre Carlos IV.*

«Venerado padre y señor: El 1.º del corriente puse en las reales manos de V. M. la renuncia de mi corona en su favor. He creído de mi obligación modificarla con las limitaciones convenientes al decoro de V. M., a la tranquilidad de mis reinos y a la conservación de mi honor y reputación. No sin grande sorpresa he visto la indignación que han producido en el real ánimo de V. M. unas modificaciones dictadas por la prudencia y reclamadas por el amor de que soy deudor a mis vasallos.

»Sin más motivo que éste ha creído V. M. que podía ultrajarme a la presencia de mi venerada madre y del Emperador con los títulos más humillantes; y no contento con esto, exige de mí que formalice la renuncia sin límites ni condiciones, so pena de que yo y cuantos componen mi comitiva seremos tratados como reos de conspiración. En tal estado de cosas hago la renuncia que V. M. me ordena, para que vuelva el gobierno de la España al estado en que se hallaba el 19 de Marzo, en que V. M. hizo la abdicación espontánea de su corona en mi favor.

»Dios guarde la importante vida de V. M. los muchos años que le desea, postrado a L. R. P. de V. M., su más amante y rendido hijo. — *Fernando.* — *Pedro Cevallos.* — Bayona, 6 de Mayo de 1808.» — (*Cevallos,* núm. 10.)

25. *Copia del tratado entre Carlos IV y el Emperador de los franceses.*

Carlos IV, rey de las Españas y de las Indias, y Napoleón, emperador de los franceses, rey de Italia y protector de la confederación del Rin, animados de igual deseo de poner un pronto término a la anarquía a que está entregada la España, y libertar esta nación valerosa de las agitaciones de las facciones; queriendo asimismo evitarle todas las convulsiones de la guerra civil y extranjera, y colocarla sin sacudimientos políticos en la única situación que, atendida la circunstancia extraordinaria en que se halla, puede mantener su integridad, afianzarle sus colonias y ponerla en estado de reunir todos sus recursos con los de la Francia, a efecto de alcanzar la paz marítima, han resuelto unir todos sus esfuerzos y arreglar en un convenio privado tamaños intereses.

Con este objeto han nombrado, a saber:

S. M. el Rey de las Españas y de las Indias a S. A. S. D. Manuel Godoy, príncipe de la Paz, conde de Evora-Monte.

Y S. M. el Emperador, etc., al señor general de división Duroc, gran mariscal de palacio.

Los cuales, después de cangeados sus plenos poderes, se han convenido en lo que sigue:

Artículo 1.º S. M. el rey Carlos, que no ha tenido en toda su vida otra mira que la felicidad de sus vasallos, constante en la idea de que todos los actos de un soberano deben únicamente dirigirse a este fin; no pudiendo las circunstancias actuales ser sino un manantial de disensiones, tanto más funestas, cuanto las desavenencias han dividido su propia familia, ha resuelto ceder, como cede por el presente, todos sus derechos al trono de las Españas y de las Indias a S. M. el emperador Napoleón, como el único que, en el estado a que han llegado las cosas, puede restablecer el orden: entendiéndose que dicha cesión sólo ha de tener efecto para hacer gozar a sus vasallos de las condiciones siguientes: 1.ª La integridad del reino será mantenida; el príncipe que el emperador Napoleón juzgue deber colocar en el trono de España será independiente, y los límites de la España no sufrirán alteración alguna. 2.ª La religión católica apostólica romana será la única en España. No se tolerará en su territorio religión alguna reformada, y mucho menos infiel, según el uso establecido actualmente.

Art. 2.º Cualesquiera actos contra nuestros fieles súbditos desde la revolución de Aranjuez son nulos, y sus propiedades les serán restituidas.

Art. 3.º S. M. el rey Carlos, habiendo así asegurado la prosperidad, la integridad y la independencia de sus vasallos, S. M. el Emperador se obliga a dar un asilo en sus estados al rey Carlos, a su familia, al Príncipe de la Paz, como también a los servidores suyos que quieran seguirles, los cuales gozarán en Francia de un rango equivalente al que tenían en España.

Art. 4.º El palacio imperial de Compiegne, con los cotos y bosques de su dependencia, quedan a la disposición del rey Carlos mientras viviere.

Art. 5.º S. M. el Emperador da y afianza a S. M. el rey Carlos una lista civil de 30.000.000 de reales, que S. M. el emperador Napoleón le hará pagar directamente todos los meses por el tesoro de la Corona

A la muerte del rey Carlos, 2.000.000 de renta formarán la viudedad de la Reina.

Art. 6.º El emperador Napoleón se obliga a conceder a todos los infantes de España una renta anual de 400.000 francos, para gozar de ella perpetuamente, así ellos como sus descendientes, y en caso de extinguirse una rama, recaerá dicha renta en la existente a quien corresponda, según las leyes civiles.

Art. 7.º S. M. el Emperador hará con el futuro Rey de España el convenio que tenga por acertado para el pago de la lista civil y rentas comprendidas en los artículos antecedentes; pero S. M. el rey Carlos no se entenderá directamente para este objeto sino con el tesoro de Francia.

Art. 8.º S. M. el emperador Napoleón da en cambio a S. M. el rey Carlos el sitio de Chambord, con los cotos, bosques y haciendas de que se compone, para gozar de él en toda propiedad y disponer de él como le parezca.

Art. 9.º En consecuencia, S. M. el rey Carlos renuncia en favor de S. M. el emperador Napoleón todos los bienes alodiales y particulares no pertenecientes a la corona de España, de su propiedad privada en aquel reino.

Los infantes de España seguirán gozando de las rentas de las encomiendas que tuvieren en España.

Art. 10.º El presente convenio será ratificado, y las ratificaciones se canjearán dentro de ocho días o lo más pronto posible.

Fecho en Bayona, a 5 de Mayo de 1808. —*El príncipe de la Paz — Duroc.*

26. *Copia del tratado entre el Príncipe de Asturias y el Emperador de los franceses.*

S. M. el Emperador de los franceses, etc., y S. A. R. el Príncipe de Asturias, teniendo varios puntos que arreglar, han nombrado por sus plenipotenciarios, a saber:

S. M. el Emperador al señor general de división Duroc, gran mariscal de palacio, y S. A. el Príncipe a D. Juan Escóiquiz, consejero de Estado de S. M. C., caballero gran cruz de Carlos III.

Los cuales, después de canjeados sus plenos poderes, se han convenido en los artículos siguientes:

Artículo 1.º S. A. R. el Príncipe de Asturias adhiere a la cesión hecha por el rey Carlos de sus derechos al trono de España y de las Indias en favor de S. M. el Emperador de los franceses, etc., y renuncia, en cuanto sea menester, a los derechos que tiene, como príncipe de Asturias, a dicha corona.

Art. 2.º S. M. el Emperador concede en Francia a S. A. el Príncipe de Asturias el título de A. R., con todos los honores y prerrogativas de que gozan los príncipes de su rango. Los descendientes de S. A. R. el Príncipe de Asturias conservarán el título de príncipe y el de A. S., y tendrán siempre en Francia el mismo rango que los príncipes dignatarios del imperio.

Art. 3.º S. M. el Emperador cede y otorga por las presentes en toda propiedad a S. A. R. y sus descendientes los palacios, cotos, haciendas de Navarra y bosques de su dependencia hasta la concurrencia de 50.000 *arpens,* libres de toda hipoteca, para gozar de ellos en plena propiedad desde la fecha del presente tratado.

Art. 4.º Dicha propiedad pasará a los hijos y herederos de S. A. R. el Príncipe de Asturias; en defecto de éstos, a los del infante don Carlos, y así progresivamente hasta extinguirse la rama. Se expedirán letras patentes y privadas del Monarca al heredero en quien dicha propiedad viniese a recaer.

Art. 5.º S. M. el Emperador concede a S. A. R. 400.000 francos de renta sobre el tesoro de Francia, pagados por dozavas partes mensualmente, para gozar de ella y transmitirla a sus herederos en la misma forma que las propiedades expresadas en el art. 4.º.

Art. 6.º A más de lo estipulado en los artículos antecedentes, S. M. el Emperador concede a S. A. el Príncipe una renta de 600.000 francos, igualmente sobre el tesoro de Francia, para gozar de ella mientras viviere. La mitad de dicha renta formará la viudedad de la princesa su esposa si le sobreviviere.

Art. 7.º S. M. el Emperador concede y afianza a los infantes don Antonio, D. Carlos y D. Francisco: 1.º El título de A. R. con todos los honores y prerrogativas de que gozan los príncipes de su rango; sus descendientes conservarán el título de príncipes y el de A. S., y tendrán siempre en Francia el mismo rango que los príncipes dignatarios del imperio. 2.º El goce de las rentas de todas sus encomiendas en España, mientras vivieren. 3.º Una renta de 400.000 francos para gozar de ella y transmitirla a sus herederos perpetuamente, entendiendo S. M. I. que si dichos infantes muriesen sin dejar herederos, dichas rentas pertenecerán al Príncipe de Asturias o a sus descendientes y herederos; todo esto bajo la condición de que SS. AA. RR. se adhieran al presente tratado.

Art. 8.º El presente tratado será ratificado y se canjearán las ratificaciones dentro de ocho días, o antes si se pudiere. — Bayona, 10 de Mayo de 1808. — *Duroc. — Escóiquiz.*

27. *Proclama dirigida a los españoles en consecuencia del tratado de Bayona,* (Véase la *Idea sencilla de Escóiquiz,* en su núm. 8.)

«Don Fernando, príncipe de Asturias, y los infantes D. Carlos y D. Antonio, agradecidos al amor y a la fidelidad constante que les han manifestado todos sus españoles, los ven con el mayor dolor en el día sumergidos en la confusión, y amenazados, de resulta de ésta, de las mayores calamidades; y conociendo que esto nace en la mayor parte de ellos de la ignorancia en que están, así de las causas de la conducta que SS. AA. han observado hasta ahora, como de los planes que para la felicidad de su patria están ya trazados, no pueden menos de procurar darles el saludable desengaño de que necesitan para no estorbar su ejecución, y al mismo tiempo el más claro testimonio del afecto que les profesan.

No pueden, en consecuencia, dejar de manifestarles que las circunstancias en que el Príncipe, por la abdicación del Rey, su padre, tomó las riendas del gobierno, estando muchas provincias del reino y todas las plazas fronterizas ocupadas por un gran número de tropas francesas, y más de 70 000 hombres de la misma nación situados en la corte y sus inmediaciones, como muchos datos que otras personas no podrían tener, les persuadieron que, rodeados de escollos, no tenían más arbitrio que el de escoger, entre varios partidos, el que produjese menos males, y eligieron como tal el de ir a Bayona.

Llegados SS. AA. a dicha ciudad, se encontró inpensadamente el Príncipe (entonces rey) con la novedad de que el Rey, su padre, había protestado contra su abdicación, pretendiendo no haber sido voluntaria. No habiendo admitido la corona sino en la buena fe de que lo hubiese sido, apenas se aseguró de la existencia de dicha protesta, cuando su respeto filial le hizo devolverla, y poco después el Rey, su padre, la renunció, en su nombre y en el de toda su dinastía, a favor del Emperador de los franceses, para que éste, atendiendo al bien de la nación, eligiese la persona y dinastía que hubiesen de ocuparla en adelante.

En este estado de cosas, considerando SS. AA. la situación en que se hallan, las críticas circunstancias en que se ve la España, y que en ellas todo esfuerzo de sus habitantes en favor de sus derechos parece serla, no sólo inútil, sino funesto, y que sólo serviría para derramar ríos de sangre, asegurar la pérdida cuando menos de una gran parte de sus provincias y las de todas sus colonias ultramarinas; haciéndose cargo también de que será un remedio eficacísimo para evitar estos males el adherir cada uno de SS. AA. de por sí en cuanto esté de su parte a la cesión de sus derechos a aquel trono, hecha ya por el Rey, su padre; reflexionando igualmente que el expresado Emperador de los franceses se obliga en este supuesto a conservar la absoluta independencia y la integridad de la monarquía española, como de todas sus colonias ultramarinas, sin reservarse ni desmembrar la menor parte de sus dominios; a mantener la unidad de la religión católica, las propiedades, las leyes y usos, lo que asegura para muchos tiempos y de un modo incontrastable el poder y la prosperidad de la nación española; creen SS. AA. darla la mayor muestra de su generosidad, del amor que la profesan, y del agradecimiento con que corresponden al afecto que la han debido, sacrificando en cuanto está de su parte sus intereses propios y personales en beneficio suyo, y adhiriendo para esto, como han adherido por un convenio particular, a la cesión de sus derechos al trono, absolviendo a los españoles de sus obligaciones en esta parte, y exhortándoles, como lo hacen, a que miren por los intereses comunes de la patria, manteniéndose tranquilos, esperando su felicidad de las sabias disposiciones del emperador Napoleón, y que, pronto a conformarse con ellas, crean que darán a su príncipe y a ambos infantes el mayor testimonio de su lealtad, así como SS. AA. se lo dan de su paternal cariño, cediendo todos sus derechos, y olvidando sus propios intereses por hacerla dichosa, que es el único objeto de sus deseos. — Burdeos, 12 de Mayo de 1808.

28. *Decreto de Carlos IV.*

Habiendo juzgado conveniente dar una misma dirección a todas las fuerzas de nuestro reino para mantener la seguridad de las propiedades y la tranquilidad pública contra los enemigos, así del interior como del exterior, hemos tenido a bien nombrar lugarteniente general del reino a nuestro primo el gran Duque de Berg, que al mismo tiempo manda las tropas de nuestro aliado el Emperador de los franceses. Mandamos al Consejo de Castilla, a los capitanes generales y gobernadores de nuestras provincias que obedezcan sus órdenes, y en calidad de tal presidirá la Junta de Gobierno. Dado en Bayona, en el palacio imperial llamado del Gobierno, a 4 de Mayo de 1808. — *Yo el Rey.*

29. «En este día he entregado a mi amado padre una carta concebida en los términos siguientes:

«Mi venerado padre y señor: Para dar a V. M. una prueba de mi amor, »de mi obediencia y de mi sumisión, y para acceder a los deseos que V. M. »me ha manifestado reiteradas veces, renuncio mi corona en favor de V. M., »deseando que pueda gozarla muchos años. Recomiendo a V. M. las personas »que me han servido desde el 19 de Marzo: confío en las seguridades que »V. M. me ha dado sobre este particular. Dios guarde a V. M. muchos años. »— Bayona, 6 de Mayo de 1808. — Señor: a L. R. P. de V. M., su más humil- »de hijo. — *Fernando.*»

»En virtud de esta renuncia de mi corona que he hecho en favor de mi amado padre, revoco los poderes que había otorgado a la Junta de Gobierno antes de mi salida de Madrid para el despacho de los negocios graves y urgentes que pudiesen ocurrir durante mi ausencia. La Junta obedecerá las órdenes y mandatos de nuestro muy amado padre y soberano, y las hará ejecutar en los reinos.

»Debo, antes de concluir, dar gracias a los individuos de la Junta, a las autoridades constituidas y a toda la nación por los servicios que me han prestado, y recomendarles se reúnan de todo corazón a mi padre amado y al Emperador, cuyo poder y amistad pueden, más que otra cosa alguna, conservar el primer bien de las Españas, a saber: su independencia y la integridad de su territorio. Recomiendo asimismo que no os dejéis seducir por las asechanzas de nuestros eternos enemigos, de vivir unidos entre vosotros y con nuestros aliados, y de evitar la efusión de sangre y las desgracias, que sin esto serían el resultado de las circunstancias actuales, si os dejáseis arrastrar por el espíritu de alucinamiento y desunión.

»Tendráse entendido en la Junta para los efectos convenientes y se comunicará a quien corresponda. En Bayona, a 6 de Mayo de 1808. — *Fernando.*» — (Véase *Ofárril y Azanza,* pág. 63.)

30. El Sermo. Sr. gran duque de Berg, lugarteniente general del reino, y la Junta suprema de Gobierno se han enterado de que los deseos de S. M. I. y R. el Emperador de los franceses son de que en Bayona se junte una diputación general de ciento cincuenta personas, que deberán hallarse en aquella ciudad el día 15 del próximo mes de Junio, compuesta del clero, nobleza y estado general, para tratar allí de la felicidad de toda España, proponiendo todos los males que el anterior sistema le han ocasionado, y las reformas y remedios más convenientes para destruirlos en toda la nación y en cada provincia en particular. A su consecuencia, para que se verifique a la mayor brevedad el cumplimiento de la voluntad de S. M. I. y R., ha nombrado la Junta desde luego algunos sujetos que se expresarán, reservando a algunas corporaciones, a las ciudades de voto en Cortes y otras, el nombramiento de los que aquí se señalan, dándoles la forma de ejecutarlo, para evitar dudas y dilaciones, del modo siguiente:

1.º Que si en algunas ciudades y pueblos de voto en Cortes hubiese turno para la elección de diputados, elijan ahora las que lo están actualmente para la primera elección.

2.º Que si otras ciudades o pueblos de voto en Cortes tuviesen derecho de votar para componer un voto, ya sea entrando en concepto de media, tercera o cuarta vez, o de otro cualquiera modo, elija cada ayuntamiento un sujeto y remita a su nombre a la ciudad o pueblo donde se acostumbre a sortear el que ha de ser nombrado.

3.º Que los ayuntamientos de dichas ciudades y pueblos de voto en Cortes, así para esta elección como para la que se dirá, puedan nombrar sujetos, no sólo de la clase de caballeros y nobles, sino también del estado general, según en los que hallaren más luces, experiencia, celo, patriotismo, instrucción y confianza, sin detenerse en que sean o no regidores, que estén ausentes del pueblo, que sean militares o de cualquiera otra profesión.

4.º Que los ayuntamientos a quienes corresponda por estatuto elegir o nombrar de la clase de caballeros, puedan elegir en la misma forma grandes de España y títulos de Castilla.

5.º Que a todos los que sean elegidos se les señale por sus respectivos ayuntamientos las dietas acostumbradas o que estimen correspondientes, que se pagarán de los fondos públicos que hubiere más a mano.

6.º Que de todo el estado eclesiástico deben ser nombrados dos arzobispos, seis obispos, diez y seis canónigos o dignidades, dos de cada una de las ocho metropolitanas, que deberán ser elegidos por sus cabildos canónicamente, y veinte curas párrocos del arzobispado de Toledo y obispados que se referirán.

7.º Que vayan igualmente seis generales de las órdenes religiosas.

8.º Que se nombren diez grandes de España, y entre ellos se comprendan los que ya están en Bayona o han salido para aquella ciudad.

9.º Que sea igual el número de los títulos de Castilla y el mismo el de la clase de caballeros, siendo estos últimos elegidos por las ciudades que se dirán.

10.º Que por el reino de Navarra se nombren dos sujetos, cuya elección hará su diputación.

11.º Que la diputación de Vizcaya nombre uno, la de Guipúzcoa otro, haciendo lo mismo el diputado de la provincia de Alava con los consiliarios, y oyendo a su asesor.

12.º Que si la isla de Mallorca tuviese diputado en la Península, vaya éste; y si no, el sujeto que hubiese más a propósito de ella, y se ha nombrado a D. Cristóbal Cladera y Company.

13.º Que se ejecute lo mismo por lo tocante a las islas Canarias; y si no hay aquí diputados, se nombra a D. Estanislao Lugo, ministro honorario del Consejo de las Indias, que es natural de dichas islas, y también a D. Antonio Saviñón.

14.º Que la diputación del principado de Asturias nombre asimismo un sujeto de las propias circunstancias.

15.º Que el Consejo de Castilla nombre cuatro ministros de él, dos el de las Indias, dos el de Guerra, el uno militar y el otro togado, uno el de Ordenes, otro el de Hacienda y otro el de la Inquisición, siendo los nombrados ya por el de Castilla D. Sebastián de Torres y D. Ignacio Martínez de Villela, que se hallan en Bayona, y D. José Colon y D. Manuel de Lardizábal, asistiendo con ellos el alcalde de casa y corte D. Luis Marcelino Pereira, que está igualmente en aquella ciudad, y los demás, los que elijan a pluralidad de votos los mencionados Consejos.

16.º Que por lo tocante a la Marina concurran el bailío D. Antonio Valdés y el teniente general D. José Mazarredo; y por lo respectivo al ejército de tierra el teniente general D. Domingo Cerviño, el mariscal de campo D. Luis Idiaquez, el brigadier D. Andrés de Errasti, comandante de reales guardias españolas, el coronel D. Diego de Porras, capitán de walonas, el coronel D. Pedro de Torres, exento de las de Corps, todos con el Príncipe de Castel-Franco, capitán general de los reales ejércitos, y con el teniente general Duque del Parque.

17.º Que cada una de las tres universidades mayores, Salamanca, Valladolid y Alcalá, nombren de su claustro un doctor.

18.º Que por el ramo de Comercio vayan catorce sujetos, los cuales serán nombrados por los consulados y cuerpos que se citarán luego.

19.º Los arzobispos y obispos nombrados por la Junta de Gobierno, presidida por S. A. I., son los siguientes: el Arzobispo de Burgos, el de Laodicea, coadministrador del de Sevilla, el Obispo de Palencia, el de Zamora, el de Orense, el de Pamplona, el de Gerona y el de Urgel.

20.º Los generales de las órdenes religiosas serán el de San Benito, Santo Domingo, San Francisco, Mercenarios calzados, Carmelitas descalzos y San Agustín.

21.º Los obispos que han de nombrar los mencionados veinte curas párrocos deben ser los de Córdoba, Cuenca, Cádiz, Málaga, Jaén, Salamanca, Almería, Guadix, Segovia, Avila, Plasencia, Badajoz, Mondoñedo, Calahorra, Osma, Huesca, Orihuela y Barcelona, debiendo asimismo nombrar dos el Arzobispo de Toledo, por la extensión y circunstancias de su arzobispado.

22.º Los grandes de España que se nombran son: el Duque de Frías, el de Medinaceli, el de Híjar, el Conde de Orgaz, el de Fuentes, el de Fernán-Núñez, el de Santa Coloma, el Marqués de Santa Cruz, el Duque de Osuna y el del Parque.

23.º Los títulos de Castilla nombrados son: el Marqués de la Granja y Cartojal, el de Castellanos, el de Cilleruelo, el de la Conquista, el de Ariño, el de Lupiá, el de Bendaña, el de Villa-Alegre, el de Jura-Real y el Conde de Polentinos.

24.º Las ciudades que han de nombrar sujetos por la clase de caballeros son: Jerez de la Frontera, Ciudad-Real, Málaga, Ronda, Santiago de Galicia, La Coruña, Oviedo, San Felipe de Játiva, Gerona y la villa y corte de Madrid.

25.º Los consulados y cuerpos de comercio que deben nombrar cada uno un sujeto son: los de Cádiz, Barcelona, Coruña, Bilbao, Valencia, Málaga, Sevilla, Alicante, Burgos, San Sebastián, Santander, el Banco nacional de San Carlos, la Compañía de Filipinas y los cinco gremios mayores de Madrid.

Siendo, pues, la voluntad de S. A. I. y de la suprema Junta que todos los individuos que hayan de componer esta Asamblea nacional contribuyan por su parte a mejorar el actual estado del reino, encargan a V. muy particularmente que, consistiendo en el buen desempeño de esta comisión la felicidad de España, presente en la citada asamblea con todo celo y patriotismo las ideas que tenga, ya sobre todo el sistema actual, y ya respecto a esa provincia en particular, adquiriendo de las personas más instruidas de ella en los diversos ramos de instrucción pública, agricultura, comercio e industria, cuantas noticias pueda, para que en aquellos puntos en que haya necesidad de reforma se verifique del mejor modo posible; esperando igualmente S. A. y la Junta que las ciudades, cabildos, obispos y demás corporaciones que, según queda dicho, deberán nombrar personas para la Asamblea, elegirán aquellas de más instrucción, probidad, juicio y patriotismo, y cuidarán de darles y remitirles las ideas más exactas del estado de la España, de sus males, y de los modos y medios de remediarlos, con las observaciones correspondientes, no sólo a lo general del reino, sino también a lo que exijan las particulares circunstancias de las provincias, exhortando V. a todos los miembros de ese cuerpo y a los españoles celosos de esa ciudad, partido o pueblo a que instruyan con sus luces y experiencia al que vaya de diputado a Bayona, entregándole o dirigiéndole igualmente las noticias y reflexiones que consideren útiles al intento.

Todo lo cual participo a V., de orden de S. A. y de la Junta, para su inteligencia y puntual cumplimiento en la parte que le toca; en el supuesto de que todos los sujetos que han de componer la referida diputación se han de hallar en Bayona el expresado 15 de Junio próximo, como se ha dicho; y de que así por V. como por todos los demás se ha de avisar por mi mano a S. A. y a la Junta de los sujetos que se hayan nombrado.

Dios guarde a V. muchos años. Madrid, de Mayo de 1808.

NOTA. Después de impresa esta carta se ha excusado el Marqués de Cilleruelo, y en su lugar ha nombrado S. A. al Conde de Castañeda.

También se ha admitido la excusa del general de Carmelitas descalzos, y se ha nombrado en su lugar al de San Juan de Dios.

Además el mismo gran Duque, con acuerdo de la Junta, ha nombrado seis sujetos naturales de las dos Américas, en esta forma: al Marqués de San Felipe y Santiago, por la Habana; a D. José del Moral, por Nueva-España; a D. Tadeo Bravo y Rivero, por el Perú; a D. León Altolaguirre, por Buenos-Aires; a D. Francisco Cea, por Goatemala, y a D. Ignacio Sánchez de Tejada, por Santa Fe.

LIBRO TERCERO

1. Las relaciones de los levantamientos de las provincias están tomadas: 1.º De las *Gacetas,* proclamas y papeles de oficio publicados entonces. 2.º De las relaciones particulares manuscritas dadas por las personas que compusieron las juntas o tomaron parte en la insurrección o fueron testigos de los acontecimientos.

2. Este oficio está sacado de la correspondencia manuscrita que tenemos en nuestro poder, y que fue entonces seguida por los diputados con el gobierno de S. M. B. También lo insertaron las *Gacetas* de aquel tiempo.

3. *Parlamentary Debates,* vol. XI, pág. 885.

4. Entre las demostraciones extraordinarias que entonces hubo, fue una de ellas el haber sido recibidos los enviados de Asturias con tales aplausos y aclamaciones el primer día que asistieron a la ópera en el palacio del Duque de Queensbury, que se suspendió la representación cerca de una hora.

5. *Tribuni ut fere reguntur a multitudine magis quam regunt.* (Tit. Liv., lib. III, cap. LXXI.)

6. *Les provinciales,* 7.me *lettre. De la méthode de diriger l'intention.*

7. Don Lorenzo Calvo de Rozas, intendente general del ejército y reino de Aragón, secretario de la suprema junta de las Cortes del mismo, celebrada en la capital de Zaragoza en el día 9 del mes de Junio del presente año de 1808. — Certifico:

Que reunidos en la sala consistorial de la ciudad los diputados de las de voto en Cortes y de los cuatro brazos del reino, cuyos nombres se anotan al fin, y habiéndose presentado el Excmo. Sr. D. José Rebolledo de Palafox y Melci, gobernador y capitán general del mismo, y su presidente, fui llamado y se me hizo entrar en la asamblea para que ejerciese las funciones de tal secretario, y habiéndolo verificado así, se me entregó el papel de S. E., que original existe en la secretaría; se leyó y dice así:

«Excmo. Sr.: Consta ya a V. E. que por el voto unánime de los habitantes de esta capital fui nombrado y reconocido de todas las autoridades establecidas como gobernador y capitán general del reino; que cualquiera excusa hubiera producido infinitos males a nuestra amada patria, y sido demasiado funesta para mí

»Mi corazón, agitado ya largo tiempo, combatido de penas y amarguras, lloraba la pérdida de la patria, sin columbrar aquel fuego sagrado que la vivifica; lloraba la pérdida de nuestro amado rey Fernando VII, esclavizado por la tiranía y conducido a Francia con engaños y perfidias; lloraba los ultrajes de nuestra santa religión, atacada por el ateísmo, sus templos violentados sacrílegamente por los traidores el día 2 de Mayo, y manchados con sangre de los inocentes españoles; lloraba la existencia precaria que amenazaba a toda la nación si admitía el yugo de un extranjero orgulloso, cuya insaciable codicia excede a su perversidad, y por fin, la pérdida de nuestras posesiones en América, y el desconsuelo de muchas familias, unas porque verían convertida la deuda nacional en un crédito nulo, otras que se verían despojadas de sus empleos y dignidades, y reducidas a la indigencia o la mendicidad, otras que gemirían en la soledad la ausencia o el exterminio de sus hijos y hermanos, conducidos al Norte para sacrificarse, no por su honor, por su religión, por su rey ni por la patria, sino por un verdugo, nacido para azote de la humanidad, cuyo nombre tan sólo dejará a la posteridad el triste ejemplo de los horrores, engaños y perfidias que ha cometido, y de la sangre inocente que su proterva ambición ha hecho derramar.

»Llegó el día 24 de Mayo, día de gloria para toda España, y los habitantes de Aragón, siempre leales, esforzados y virtuosos, rompieron los grillos que les preparaba el artificio, y juraron morir o vencer. En tal estado, lleno mi corazón de aquel noble ardor que a todos nos alienta, renace y se enajena de pensar que puedo participar con mis conciudadanos de la gloria de salvar nuestra patria.

»Las ciudades de Tortosa y Lérida, invitadas por mí, como puntos muy esenciales, se han unido a Aragón; he nombrado un gobernador en Lérida, a petición de su ilustre ayuntamiento; les he auxiliado con algunas armas y gente, y puedo esperar que aquellas ciudades se sostendrán, y no serán ocupadas por nuestros enemigos.

»La ciudad de Tortosa quiere participar de nuestros triunfos: ha conferenciado de mi orden con los ingleses; les ha comunicado el manifiesto del día 31 de Mayo para que lo circulen en toda Europa, y trata de hacer venir nuestras tropas de Mallorca y de Menorca, siguiendo mis instrucciones; ha enviado un diputado para conferenciar conmigo, y yo he nombrado otro, que partió antes de ayer con instrucciones secretas, dirigidas al mismo fin y al de entablar correspondencia con el Austria.

»La merindad de Tudela y la ciudad de Logroño me han pedido un jefe y auxilios; quieren defenderse e impedir la entrada en Aragón a nuestros enemigos. He nombrado con toda la plenitud de poderes por mi teniente y por general del ejército destinado a este objeto al Excmo. Sr. Marqués de Lazán y Cañizar, mariscal de campo de los reales ejércitos, que marchó el día 6 a las doce de la noche con algunas tropas, y las competentes armas y municiones. No puedo dudar de su actividad, patriotismo y celo, ni dudará V. E.; otros muchos pueblos de Navarra han enviado sus representantes, y la ciudad y provincia de Soria sus diputados. He dispuesto comunicaciones con Santander; establecido postas en el camino de Valencia, y pedido armas y artilleros, dirigiendo por aquella vía todos los manifiestos y órdenes publicadas, con encargo de que se circulen a Andalucía, Mancha, Extremadura, Galicia y Asturias, invitándolos a proceder de acuerdo. He enviado al coronel Barón de Versajes, y al teniente coronel y gobernador que ha sido en América, D. Andrés Boggiero, a organizar y mandar la vanguardia del ejército destinado hacia las fronteras de la Alcarria y Castilla la Nueva.

»Para dirigir el ramo de Hacienda con la rectitud, energía y acierto que exige tan digna causa, y velar sobre las rentas y fondos públicos, he nombrado por intendente a D. Lorenzo Calvo de Rozas, cuyos conocimientos en este ramo, y cuya probidad incorruptible me son notorias, y me hacen esperar los más felices resultados. La casualidad de haber enviado aquí a principios de Mayo su familia para librarla del peligro, y el temor de permanecer él mismo en Madrid en circunstancias tan críticas, lo trajo a Zaragoza el día 28 del pasado, le hice detener, y le he precisado a admitir este encargo a pesar de que sus negocios y la conservación de su patrimonio reclamaban imperiosamente su vuelta a Madrid. Fiado este importante ramo a un sujeto de sus circunstancias, presentaré a su tiempo a la nación el estado de rentas, su procedencia e inversión, y en ellas un testimonio público de la pureza con que se manejarán.

»Resta, pues, el sacrificio que es más grato a nuestros corazones: que reunamos nuestras voluntades, y aspiremos al fin que nos hemos propuesto. Salvemos la patria aunque fuera a costa de nuestras vidas, y velemos por su conservación. Para ello propongo a V. E. los puntos siguientes:

»1.º Que los diputados de las Cortes queden aquí en junta permanente o nombren otra, que se reunirá todos los días para proponerme y deliberar todo lo conveniente para el bien de la patria y del Rey.

»2.º Que V. E. nombre entre sus ilustres individuos un secretario para extender y uniformar las resoluciones, en las cuales debe haber una reserva inviolable, extendiendo por hoy el acuerdo uno de los que se hallan presentes como tales o el intendente.

»3.º Que cada diputado corresponda con su provincia, le comunique las disposiciones, ya generales, ya particulares, que tomaré como jefe militar y político del reino, y las que acordaremos para mayor bien de la España.

»4.º Que la Junta medite y me proponga sucesivamente las medidas de hacer compatible con la energía y rapidez que requiere la organización del ejército, el cuidado de la recolección de granos que se aproxima y no debe desatenderse.

»5.º Que medite y me proponga la adopción de medios de sostener el ejército, que presentará el intendente de él y del reino don Lorenzo Calvo.

»6.º Que me proponga todas las disposiciones que crea conveniente tomar para conservar la policía, el buen orden y la fuerza militar en cada departamento del reino.

»7.º Que cuide de mantener las relaciones con los demás reinos y provincias de España, que deben formar con nosotros una sola y misma familia.

»8.º Que se encargue y cuide de firmar y circular en todo el reino, impresas o manuscritas, las órdenes emanadas de mí o las que con mi acuerdo expidiese la junta de diputados del reino.

»9.º Que acuerde desde luego si deben o no concurrir los diputados que vinieren de las provincias o merindades de fuera del reino de Aragón, mediante que la reunión de sus luces será interesante a la defensa de la causa pública.

»10.º Que decida desde luego la proclamación de nuestro rey Fernando VII, determinando el día en que haya de verificarse.

»11.º Que resuelva igualmente acerca de si deben reunirse en un solo punto las diputaciones de las demás provincias y reinos de España, conforme a lo anunciado en el manifiesto del 31 de Mayo último.

»12.º Que declare desde luego la urgencia del día, y que la primera atención debe ser la defensa de la patria. — Zaragoza, 9 de Junio de 1808. — *José de Palafox y Melci.*»

ACUERDOS. Resolvió la Asamblea por aclamación que se proclamase a Fernando VII, dejando al arbitrio de S. E. señalar el día en que hubiese de verificarse, que sería cuando las circunstancias lo permitiesen.

La misma asamblea de diputados de las Cortes, enterada de la exposición antecedente, después de manifestar al Excmo. Sr. Capitán general su satisfacción y gratitud por todo cuanto había ejecutado, y aprobándolo unánimemente, le reconoció por aclamación como capitán general y gobernador militar y político del reino de Aragón, y lo mismo al intendente.

El Sr. D. Antonio Franquet, regidor de la ciudad de Tortosa, que hallándose comisionado en esta capital concurrió a la Asamblea, hizo lo mismo a nombre de aquella ciudad, a quien ofreció daría parte de ello.

Acto continuo se leyeron los avisos que se habían pasado a todos los individuos que debían concurrir a la Asamblea o junta de Cortes para saber si todos ellos habían sido citados o se hallaban presentes, y resultó que se había convocado a todos, y que sólo habían dejado de concurrir el Sr. Marqués de Tosos, que avisó no podía por estar enfermo, y el Sr. Conde de Torresecas, que igualmente manifestó su imposibilidad de concurrir.

Se tomó en consideración el primer punto indicado en el manifiesto de S. E. que antecede, relativo a si debía quedar permanente la junta de diputados, o nombrar otra presidida por S. E. con toda la plenitud de facultades, y después de un serio y detenido examen, acordó unánimemente nombrar una junta suprema compuesta de sólo seis individuos y de S. E. como presidente con todas las facultades.

Se nombró en seguida una comisión compuesta de doce de los señores vocales, tomados de los cuatro brazos del reino, que lo fueron: por lo eclesiástico, el Sr. Abad de Monte-Aragón, el Sr. Deán de esta santa Iglesia, y el Sr. Arcipreste de Santa Cristina; por el de la nobleza, el Excmo. Sr. Conde de Sástago, el Sr. Marqués de Fuente Olivar y el Sr. Marqués de Zafra; por el de hidalgos, el Sr. Barón de Alcalá, el Sr. D. Joaquín María Palacios y el señor D. Antonio Soldevilla; y por el de la ciudad, el Sr. D. Vicente Lisa, el señor

Conde de la Florida y el Sr. D. Francisco Pequera, para que propusiesen a la Asamblea doce candidatos, entre los cuales pudiese elegir los seis representantes que con S. E. habían de formar la Junta suprema; y habiéndose reunido en una pieza separada los doce señores proponentes que quedan expresados, volvieron a entrar en la sala de la junta e hicieron su propuesta en la forma siguiente:

Propusieron para los seis individuos que habían de elegirse y componer la suprema junta al Ilmo. Sr. Obispo de Huesca, al M. R. padre Prior del Sepulcro de Calatayud, al Excmo. Sr. Conde de Sástago, al Sr. Regente de la Real Audiencia, a D. Valentín Solanot, abad del monasterio de Beruela; Arcipreste del Salvador, Barón de Alcalá, Marqués de Fuente Olivar, Barón de Castiel y D. Pedro María Ric. Se procedió en seguida a la votación por escrutinio, y de ella resultó que los propuestos tuvieron los votos siguientes: El Sr. Obispo de Huesca, 32; el Prior de Calatayud, 11; el Conde de Sástago, 27; D. Antonio Cornel, 33; el Sr. Regente, 29; D. Valentín Solanot, 11; Abad de Beruela, 2; Arcipreste del Salvador, 12; Barón de Alcalá, 2; Marqués de Fuente Olivar, 17; Barón de Castiel, 10, y D. Pedro María Ric, 18; resultando electos a pluralidad de votos para individuos de la suprema Junta de Gobierno los señores D. Antonio Cornel, Obispo de Huesca, Regente de la Real Audiencia, Conde de Sástago, D. Pedro María Ric y el Marqués de Fuente Olivar; y por muerte u otra causa legítima que impidiese el ejercicio de su empleo a los electos, lo harían, según uso y costumbre, los que les siguen en votos.

Se trató del nombramiento de un secretario para la Junta suprema, y toda la Asamblea manifestó al Excmo. Sr. Capitán general sus deseos de que S. E. indicase una o dos personas para este destino; S. E. lo rehusó, declarando a los señores vocales que nombrasen a quien tuviesen por más conveniente y a propósito para el buen desempeño; más al fin, condescendiendo con las reiteradas insinuaciones y deseos de la Junta, propuso para primer secretario al Sr. D. Vicente Lisa, y para segundo al Sr. Barón de Castiel, que quedaron electos en consecuencia.

Habiendo meditado la Junta sobre las proposiciones 3, 4, 5, 6, 7, 8, 9, 11 y 12, las estimó y tuvo por muy atendibles, y acordó tomarlas en consideración, para lo cual se reunirían de nuevo todos los señores vocales proponentes y presentes el próximo martes, 14 del corriente mes de Junio, a las diez de su mañana, y que por el Secretario se enviase una copia de dichas proposiciones a cada individuo, y se avisaría a los Sres. Marqués de Tosos y Conde de Torresecas, que no habían concurrido, por si podían hacerlo, con lo cual se concluyó la sesión, quedando todos los señores advertidos para volver sin más aviso el día señalado, y se rubricó el acuerdo en borrador por los Excmos. Sres. Capitán general y Conde de Sástago, y el Ilmo. Sr. Obispo de Huesca, de que certifico y firmo en la ciudad de Zaragoza, a 9 de Junio de 1808. — *Lorenzo Calvo de Rozas,* secretario. — V.º B.º — *Palafox.*

NOTA. Todos los señores vocales manifestaron en seguida su voluntad de nombrar al Excmo. Sr. D. José Rebolledo de Palafox por capitán general efectivo de ejército; más S. E. dio gracias a la Junta y lo resistió absolutamente, pidiendo que no constase la indicación, y expresando que era brigadier de los reales ejércitos, nombrado por S. M., y que no admitiría ni deseaba otras gracias ni otra satisfacción ni ascenso que el ser útil a la patria y sacrificarse en su obsequio y en el de su rey. La Junta, en consecuencia, no insistió en su empeño, vista la delicadeza de S. E., y se reservó llevar a efecto su voluntad en una de las primeras sesiones a que no asistiese S. E., por considerarlo así de justicia, de todo lo cual certifico *ut-supra.* — *Calvo.*

Hemos insertado aquí el acta de instalación de las Cortes de Aragón, de que poseemos un ejemplar, por ser documento, aunque entonces impreso, que empieza a ser raro.

INDICE

Esta obra ha sido confeccionada por
el CIRCULO DE AMIGOS DE LA HISTORIA
según maquetas originales
propiedad de Editions Ferni, Genève.
Ha sido compuesta en tipo Times del cuerpo 9

Esta edición está exclusivamente reservada
a los suscriptores

Compuesto, impreso y encuadernado por
Printer, industria gráfica sa   Tuset, 19   Barcelona
San Vicente dels Horts   1974
ISBN 84-225-0338-7 (colección completa)
ISBN 84-225-0339-5 (vol. I)
Depósito legal B. 47086-1973
Printed in Spain